腦內心機

SUGGESTIBLE YOU

The Curious Science of Your Brain's Ability to Deceive, Transform, and Heal

艾瑞克・文斯 Erik Vance 著　　賈可笛 譯

NATIONAL
GEOGRAPHIC

腦內心機
SUGGESTIBLE YOU
The Curious Science of Your Brain's Ability to Deceive, Transform, and Heal

從催眠、安慰劑和虛假記憶
揭開大腦自我暗示的祕密

艾瑞克·文斯 Erik Vance 著　　賈可笛 譯

Boulder Media 大石文化

腦內心機
從催眠、安慰劑和虛假記憶
揭開大腦自我暗示的祕密

作　　者：艾瑞克・文斯
翻　　譯：賈可笛
主　　編：黃正綱
資深編輯：魏靖儀
美術編輯：謝昕慈
圖書版權：吳怡慧

發 行 人：熊曉鴿
總 編 輯：李永適
發行副總：鄭允娟
印務經理：蔡佩欣
圖書企畫：林祐世

出 版 者：大石國際文化有限公司
地　　址：新北市汐止區新台五路
　　　　　一段 97 號 14 樓之 10
電　　話：(02) 2697-1600
傳　　真：(02) 8797-1736
印　　刷：群鋒企業有限公司

2024 年（民 113）5 月二版一刷
定價：新臺幣 390 元 ／ 港幣 130 元
本書正體中文版由
National Geographic Partners, LLC 授權
大石國際文化有限公司出版
版權所有，翻印必究
ISBN：471-800-94634-0-0（平裝）
＊ 本書如有破損、缺頁、裝訂錯誤，
請寄回本公司更換

總代理：大和書報圖書股份有限公司
地　　址：新北市新莊區五工五路 2 號
電　　話：(02) 8990-2588
傳　　真：(02) 2299-7900

國家地理合股企業是國家地理學會和華特迪士尼公司合資成立的企業。結合國家地理電視頻道與其他媒體資產，包括《國家地理》雜誌 國家地理影視中心 相關媒體平臺、圖書、地圖、兒童媒體，以及附屬活動如旅遊、全球體驗、圖庫銷售、授權和電商業務等。《國家地理》雜誌以 33 種語言版本，在全球 75 個國家發行，社群媒體粉絲數居全球刊物之冠，數位與社群媒體每個月有超過 3 億 5000 萬人瀏覽。國家地理合股公司會提撥收益的部分比例，透過國家地理學會用於獎助科學、探索、保育與教育計畫。

國家圖書館出版品預行編目（CIP）資料

腦內心機：從催眠、安慰劑和虛假記憶揭開大腦
自我暗示的祕密 / 艾瑞克 . 文斯 (Erik Vance) 著
; 賈可笛譯 . -- 二版 . -- 新北市：大石國際文化，
民 107.08　　304 頁；14.8× 21 公分
譯自：Suggestible you : the curious science of
your brain's ability to deceive, transform, and
heal
ISBN 471-800-94634-0-0(平裝)
1. 安慰劑 2. 醫學心理學

172.4　　　　　　　　　　　　　107010174

給莉茲

我的死黨，我的冒險夥伴，我最堅定不移的粉絲。
妳是我的磐石、我的布偶，我最喜歡的編輯。

當然，也是我的妻。

目錄

你的期望是什麼？

　　1978 年，南加州爆發了退伍軍人症的小流行。這次當然比不上它在 1976 年爆發時的規模，當時造成 34 人死亡，讓全世界都知道了這種病；但這一次也屢屢登上新聞版面。它是在費城一場美國退伍軍人大會上發現的，因而得名。這是一種急性的細菌性肺炎，會引起發燒、劇烈咳嗽，有時甚至會咳血；沒有疫苗，有可能致命。那年春天的一天傍晚，加州有許多人守在電視前收看令人恐慌的新聞報導；山迪和蒂也是。這對年輕夫婦是基督科學教會（Christian Science）的信徒。根據他們的信仰，上帝是以祂自己的完美形象創造出所有的子民，而且憑藉禱告的力量，就可以治癒自己，治癒家人，甚至遠在千里之外的人。但要運用這種能力，必須先經過心智訓練，忽略世界上其他人對疾病的看法。

在此之前，這個信仰一直使他們受惠良多。新聞中描述的症狀，聽起來和他們一歲半的兒子完全一致，這孩子已經好一陣子都臉色蒼白、無精打采。這對夫婦已經向一位基督科學教會的行醫者（或稱治療師）求助，請他幫助他們為孩子禱告，但似乎一直沒有效果。

蒂從小就是基督科學教會信徒，之前從未質疑過信仰的力量。她曾目睹這種力量治癒了數十人甚至數百人，認為這是她能給兒子的最好照顧。山迪則是個皈依者，以前是職業棒球選手，因肩部受傷，被洛杉磯道奇隊從球員名單上剔除；但六個月後，他加入基督科學教會，肩傷竟奇蹟似地康復了。這件事在各方面都使他的信念比妻子更加堅定，更確信這是對他兒子最有效的治療方法。

但恐懼的力量是很強大的，尤其在與孩子有關的事情上。今天我們已經知道退伍軍人症是經由空氣傳染（經常是透過受污染的通風系統散播），也已經發展出有效的抗體。但在 1978 年時，我們只知道這種病會無預警爆發，對成人有 15% 的致死率。蒂和山迪從新聞上得知，他們居住的地區已經有數十人感染了類似的疾病，因而慌了手腳，害怕會發生最糟的狀況。基督科學教會認為，恐懼會破壞信徒的復原能力──隔天果然不出所料，小男孩的病況惡化了。有一天晚上他面色轉灰、翻白眼，彷彿就要在父母的懷裡死去。

蒂無計可施之餘，腦海中第一次出現把孩子送去醫院的念頭──這通常是基督科學教會信徒不得已才會採取的手段，例如發生骨折這類的外傷。對我們來說，合理的第一反應大概都是將孩子送醫──任何愛子女的父母都會覺得有責任這麼做。但對蒂來說，這個想法是駭人的，可是她又因為太害怕，無法有效地禱

告，也不知道還能怎麼辦。這個社群的人都把生命託付給信仰，除非你在這樣的環境裡生活過，否則你很難了解背離這樣的指導原則，承認畢生的信念不再有效所代表的意義。但更難了解的，是接下來發生的事。

蒂把兒子放下來，走到隔壁房間，再次打電話給她在基督科學教會的治療師。她幾乎是對著話筒怒吼，給那女人最後一次機會向她證明她冒著兒子的生命危險所奉行的這個信仰不會讓她失望。「我不知道這個宗教有沒有效——但它最好現在就給我生效！」她說著，語氣充滿了絕望與深深的質疑，「我兒子都快死了！」

行醫者安撫蒂的情緒，說道：「這個宗教有沒有效不是重點，重點是神愛你的孩子。」接下來的幾分鐘，蒂身旁的一切都轉變了。她放下了自己，把信心交付給神。她的世界從兒子快死了，整個社群都無能為力，變成一切都是完美的，上帝的愛像一張溫暖、舒適的毯子，蓋在她的家人身上。

蒂走回隔壁房間，這時她看見的景象大部分人會說是奇蹟。她的孩子坐了起來，幸福地靠在父親的懷裡，臉上恢復了血色，並且帶著笑容。之後的幾個星期內，他似乎痊癒了。他們把兒子與其他小孩暫時隔離，教友也前來幫忙照護。他很開心，再也沒人擔心他生了這場病。他們的宗教發揮了作用，信心也得到了回報。

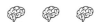

老天，從小到大這個故事我應該聽了有上千遍了。因為我就是那個在鬼門關前走一遭的小孩。在我的前半生中，基督科學教會的信條是我唯一的醫療保健形式，直到18歲我才第一次看醫生。

生病時我不吞藥丸，也不把一匙匙苦澀的藥水塞進嘴裡；我對抗疾病的工具是《聖經》、基督科學教會的著作，以及我本身的意念。

基督科學教會是美國的宗教，創立於 1866 年。創立者瑪麗‧貝格‧艾迪（Mary Baker Eddy）深富感召力，聲稱她發現了《聖經》的真義，那就是所有基督徒都和耶穌一樣，擁有治癒的能力。簡單來說，基督科學教會相信，一切物質（例如你的汽車、這本書，或是一劑抗生素）都能由更深層的、反映上帝意念的現實來取代。在這個現實中，每個人以及一切事物都是完美的。因此，治癒不是改變身體，而是感受到更完美、更真實的自我。

今天基督科學教會的信徒只有數十萬人，關於他們行醫的研究也少之又少。1989 年，基督科學教會的波士頓總部曾提出一項樣本有限的研究，試圖量化之前 20 多年來發生過的治癒案例。在這份（公認不夠客觀的）報告中，超過 2000 名基督科學教會信徒聲稱自己曾患有經過醫療確診的疾病，後來自動痊癒，這些病症包括小兒麻痺症、骨癌、闌尾破裂、甲狀腺腫、鬥雞眼等。甚至 1966 年有個南非的開放性骨折案例，在短短一天之內就痊癒。連我這種思想開明的人，都覺得這個說法是在濫用自己的可信度。

只要你想得到的病，基督科學教會都宣稱曾經治癒過；而且他們並不是唯一這麼做的。網路上充斥著各種案例，例如用果汁輸液消滅了腫瘤，聖靈治癒了癱瘓，催眠可以去除肉疣，一次針灸療程就徹底消除劇痛。無論是佛羅里達州西北部的培靈會、墨西哥東部叢林裡的巫醫、或北京某個知道怎麼用腳底按摩來紓解胃痛的人，神祕療法在我們周遭隨處可見。遇到這種我們無法理解的療法時，多數人的反應大概分為兩種：「一定有某些超乎我們理解的力量存在」；以及同樣模糊、但稍微科學一點的「人的

意念真的是一種很強大的東西」。

　　這兩種說法都沒有錯，但都不足以說服我，你也不該這樣就滿意。如今我們已經可以即時直播大腦運作的影像，讓全世界看見少了一隻手臂的人如何透過意念操控機械手指，拿起甚至觸摸塑膠杯。時代都已經進步到這樣，我們總該要求更好的答案。

　　在我們周遭生活中的每個層面，到處都是深奧難解的謎題等待我們解答。明星在日間電視節目上推銷神奇的維他命丸是一個例子；有人一邊焚香一邊在你額頭上扎針就能帶來不可思議的治癒能力是一個例子；當年南加州那個小家庭的父母尋求超越自身的力量挽回孩子的性命也是一個例子。從順勢療法（homeopathy）到薩滿教（shamanism），從針灸到異於常理的時尚減肥餐（fad diet），我們似乎天生就有能力運用不合乎現代邏輯的方法來紓緩疼痛、減輕體重，甚至改善生活。

　　至少，我曾經是這麼認為的。

　　事實上，有一個科學領域正在蓬勃發展，參與其中的是一群背景各異、思想前衛的人士，願意以批判性的眼光正視一般籠統地稱為「身心治療」（mind/body healing）的概念。過去幾年來我大量研讀他們的研究，終於開始了解我童年時目睹的治療方法。這些科學家解釋了人腦有一種獨特的力量，基本上就是能夠欺騙它自己，不管這樣做是好是壞。這種力量能安撫我們，讓我們生病或好轉，甚至能救我們一命。當然目前的了解遠遠稱不上完備，但卻是我們第一次得到這樣的認識，也提供了一個吸引人的契機，使目前所知的 21 世紀醫學改頭換面。

　　但在我開始探討這個議題之前，你可能會好奇，一個在郊區長大的信仰療法信徒怎麼會成為科普作家？其實在前半生中，我

從未質疑過上帝的治癒力量。即使聽說某人被切斷的腳趾長了回來，或是愛滋病自動痊癒，我都全盤接受。我相信自己甚至聽得見上帝的聲音，還有這整個世界只要一轉念，所有的人都能自行治癒。那麼到底是怎麼回事？是什麼動搖了一個年輕人對宗教的堅定信念，讓他決定放棄？

是攀岩。

每個人到了青春期或多或少都叛逆過。但我沒有加入搖滾樂團的天賦，沒有用烈性毒品的本事，也沒有吸引女孩和我上床的魅力。所以我選擇極限運動。不久之後，我在週日早晨愈來愈少上教堂，更常跑去懸崖邊冒險。18 歲那年，我和兩個朋友決定去優勝美地谷的落箭塔（Lost Arrow Spire）攀岩。想像一座約 600 公尺高的峭壁，左邊是世界上最高的瀑布之一，右邊是空的，什麼也沒有。再想像一根高聳的花崗岩柱從峭壁上斜著凸出來，像一根巨大的尖刺——這就是落箭塔。我們計畫攀登到懸崖頂端，繞繩垂降到岩柱與峭壁分離的空隙，爬上岩柱，再沿著繩子凌空越過寬約 42 公尺的間距回到起點。

對經驗豐富的攀岩者來說，這並不是特別困難的行程，我們預計下午三、四點左右應該就能完成。但沒料到的是，我們幾個人正掛在谷地上方 600 公尺高的半空中時，會有一場大雷雨來襲。我很想說這場雷雨讓我們措手不及，但事實上我們知道氣象預報說過當天下午可能會有雷雨。我們只是覺得自己動作應該夠快不會被困住，覺得我們不會出事。

那場風暴真不是蓋的，就像 B-2 轟炸機從空中扔下一整個軍團的砂石車一樣。幸好雨勢不算太大，但驚天動地的雷鳴閃電卻是我這輩子沒見過的（到現在又過了 20 幾年也一樣沒見過）。一陣陣

響雷在我們頭頂上爆裂，造成巨大低沉的共鳴，把天空整個打亮；兇殘的閃電夾帶著超現實的熱氣，短暫地分開了我們周圍的雨滴，砸在附近兩座山峰上。我手臂上的毛都豎了起來。我披著鋁箔毯，緊緊攀附在一根巨大的花崗岩避雷針旁邊，覺得自己肯定沒命了。從頭到尾，優勝美地瀑布不停地在我們左邊怒吼。

當時的處境，足以讓最叛逆的青少年把信心交付給上帝。

所以我嘗試這樣做。我等候同行友人爬上最後 30 公尺的高度，只靠一對鎖在陡峭、裸露的山壁上的金屬環吊在半空中，同時開始禱告。另外我也哭喊、尖叫、無謂地亂踢山壁，哼哼唧唧地哀嚎了老半天。但我最記得的是禱告，因為在那一刻，身為多年信徒的我一點感覺也沒有。沒有什麼「微小的聲音」，沒有誰現身指引，沒有靈光一現，只是讓我確定我只能靠自己。

輪到我爬的時候，我感到片刻的平靜與果決，接著爬上那塊岩石，速度比我預期的還要快。我們用最快的速度沿著繩索跨越落箭塔的間隙，抵達主山壁的安全處；所有人都平安離開岩柱的那一刻，風雨也停了。

或許有人還是會覺得，是上帝的恩典保全了我的性命，甚至認為祂藉由風雨讓我聽見了祂的聲音。也有人覺得我在攀上繩索前感受到的片刻寧靜，是上帝正在給我力量。但根本不是這樣。我聽人說過很多次，上帝在一些小地方插手了他們的生活，比如幫忙找到停車位，或是鼓勵他們和隔壁桌的可愛男生搭訕。他們怎麼知道那是上帝？因為他們感受到祂的在場。

那天在落箭塔，我除了自己的心跳以外什麼都沒感覺到，只知道我的命運掌握在我自己手裡。正如其他人能感受到上帝、知道祂就在身邊一樣，我的「無感」也同樣確切，很清楚祂並沒有

出現——至少不是以我一直以為的那種方式出現。那一天，沒有任何證據顯示祂出現，恰是祂沒有出現的證據。無論救我一命的是神，還是純屬運氣，從此我再也感受不到兒時深刻的信仰。我就讀基督科學教會的大學是因為他們給我一筆優渥的獎學金，我也遵守學校的所有規定。但我其實早已退場，已經剪票出站了。我下車的地方實實在在地是由醫藥、疾病和缺陷構成的物質世界，不但混亂，而且往往十分嚇人。

　　儘管如此，我仍時常想起小時候目睹、經歷過的治療過程。在我們那個社群裡，從病痛中感受到的緩解是非常真切、具體的。每個週三晚上，基督科學教會都會進行一項特殊的服事，不像週日的禮拜那麼照本宣科。信眾會從觀眾席上起立，分享自己的治癒經歷。他們沒有說謊，也不是在自欺欺人，而是有別的事情在發生——也正是這件事情賦予年幼的我自癒的力量。

　　對這件事情的好奇一直在我耳邊鼓譟，促使我寫下這本書。我並不滿足於諸如「人的意念是種強大的東西」這類說法。在1978 年的那一天，南加州那個幼童身上到底發生了什麼？我們該如何解釋為什麼有無數的案例顯示，那些過去已經被科學否定、甚至鄙夷的方式，能夠治癒那麼多人？就像哥白尼拉開迷信的簾幕，讓世人看見一個嶄新宇宙一樣，如今腦科學家也已經開始拉動另一張簾幕，準備揭露這些問題的解答。

　　最重要的答案之一來自這項發現：我們的大腦與生俱來就會不時欺騙自己。這項能力的關鍵就在於兩個字：「期望」。在人

腦的運作上，期望具有無比的重要性。這裡指的不是你在等待下一季《冰與火之歌》播出前的心情，或是想要知道應徵的工作有沒有錄取時的感受。期望既是大腦的「職務內容」，也是「流通貨幣」。它塑造了我們的思考模式，以及在人世間的行為舉止，主宰了我們對音樂的反應、對食物的體驗，以及溝通的方式。廣告主研究期望，以塑造品牌；經濟學家研究期望，以了解市場；語言學家研究期望，以探討我們如何解讀別人的話。打網球時在擊球之前調整手和腳的姿勢，或是早上喝下第一口咖啡之前先吸一口氣，這些舉動背後都是期望在運作。想想看，光是把一隻腳踏到另一隻腳前面，都需要期望才做得到。總之，期望就是人腦處理這個世界的方式。

在你的一生中，腦會本能地一次花幾個鐘頭、幾年，甚至幾十年來建立期望，然後盡可能把期望變成現實。簡單來說，大腦不喜歡「錯誤」的感覺；因此為了讓期望與現實相符，腦很樂意曲解少數規定，甚至直接作弊。本書後面會提到，大腦期望的力量遠比我們所能想像的還要強大。當期望與現實碰撞，獲勝的往往會是你頑固的大腦。

1996 年，哲學家兼人工智慧先驅丹尼爾・丹尼特（Daniel Dennett）這樣寫過：「人的意念基本上是一種預測裝置，一種期望生成器。」我們的腦大部分的時間都在處理過去的經歷，以預期未來會發生的事。想像一下，若大腦無法產生期望會是什麼樣子。你本質上等於回到嬰孩時期，在你眼中一切都是新的、無可預測的。突然之間一切都毫無道理，就像把一顆球拋起來它就一直往上飛，或是在街上遇到一頭龍長著尼可拉斯・凱吉的臉，過來跟你問路那麼荒唐。

期望是大腦發展出來的捷徑系統，讓我們得以順暢地度過日常生活，不至於每五秒鐘就要停下來把事情弄清楚。你負責盡可能仔細觀察這個世界，大腦則負責把你漏掉的地方填補起來。但有時候我們會遇到一些情境不符合大腦建構的世界模型，此時它偶爾會決定不改變內建的期望，反而扭曲現實，以使你觀察到的狀況與期望相符。所以，如果你的期望是負面的，你的意念會讓事情看起來（或感覺起來）比現實更糟。相反地，若你抱著最好的期望，那麼你的身體可能會發生非常不可思議的變化；接下來的章節會介紹許多實例。人類心智的自癒力量，就存在於期望與現實之間的某個地方。

要取用這種力量——也就是利用大腦來影響身體的能力——需要一把能夠解鎖期望的鑰匙。有很多鑰匙都能把期望打開，塑造我們每天看見的周遭世界。但數百年來醫生、薩滿巫醫、治療師、街頭小販所用的鑰匙，是「暗示」（suggestion）。暗示與期望這兩種相輔相成的概念，是打開你的內在藥櫃的關鍵，也是我深入探尋自己童年奇蹟的關鍵。

暗示與期望的力量雖然無所不在，但利用起來並不容易，而且它出現的時候我們不一定看得出來。要利用它，就必須徹底把期望轉成對你有利。簡單來說，你要讓自己容易受到暗示。要做到這一點，其中一種方式是「說故事」。一個好的故事總是最令人著迷；這在進行暗示時可能會非常有用。比方說，你知道人類只是許多分子的集合，分子由原子構成，而原子本身其實只是能量？能量有好的能量也有壞的能量，有時候壞的能量會滲入身體的某些部位，讓你生病。不過你只要淨化那些能量，用好的能量把它沖掉，身上的症狀自然會瓦解。這是真的嗎？當然不是。但

對很多人而言，這聽起來是真的。因此這個故事——這種暗示——就足以讓他們的期望與治癒交織在一起。

　　人類自我欺騙的神奇能力，對我們的健康和幸福感會造成驚人的影響。所謂的治癒，往往與腦內的化學物質如類鴉片或多巴胺息息相關。其中有的涉及安慰劑效應（placebo effect），可誘發腦中與疼痛、反胃、帕金森氏症、憂鬱、腸躁症候群及其他疾病相關的區域產生顯著反應。這種無可否認的神經化學現象，或許正是大腦扭轉現實的能力最純粹的展現。而大腦的另一項把戲：反安慰劑效應（nocebo effect），是安慰劑效應的另一種型態，它會欺騙自己來「提升」我們的不適感，甚至憑空創造出疾病來。第三個類型是催眠，這是腦中一個奇特的小開關，被啟動時就會打開通往期望的後門。另外，虛假記憶（false memory）現象則是會欺騙我們相信沒有發生過的事。

　　我會在書中探討人類暗示感受性（suggestibility）的隱藏力量、歷史和科學；過程中我們會一一與催眠師、治療師、魔術師和江湖郎中相遇，我會被他們又刺又戳、電擊、燒燙，甚至詛咒。希望到了結尾的時候，我能把這個人類最古老的故事之一背後的祕密全部揭開，並讓你了解它影響我們人生的諸多方式。

　　現代科學已經開始向我們展現，信仰療法（faith healing）、神藥（miracle pill）和很大一部分的另類醫療（alternative medicine）都有一個共通點：那就是你。人類是非常容易犯錯的生物，會自行建構框架來解釋這個混亂、令人困惑又危險的世界，對於和他們的先前概念（preconception）不符的事物，他們就會拋到一旁，不然就是加以扭曲，直到符合先前概念為止。

　　要是你覺得人類的這一面似乎很令人沮喪，那麼接下來的談

到的事一定會出乎你的意料之外。人類心智容易犯錯的特性——也可以說這就是我們的暗示感受性——並不是缺陷，實際上可能是我們最寶貴的資產之一。由於我們的心智有很強的適應性，只要運用得當，就能被扭轉成對我們有利，用來治療我們，讓我們活得更幸福、健康。但要是運用失當，這種暗示感受性可能會非常危險，甚至致命。

其實一直以來，大腦都以細微難察的方式在欺騙我們；只不過到了現在，我們才終於能看見這一點。今天我們已經來到揭開謎底的關口，不只是信仰療法，還有順勢療法、針灸、巫術、咒語、草藥，以及其他種種治療方式，很多人都在完全不明所以的情況下，獲得這些療法的幫助。我們要找的答案並不像日心宇宙論那麼單純明確，然而隨著科學家持續探究人類的想法與事實之間的巨大鴻溝，這個答案對科學前景的重要性可能不亞於前者。我們發現，這個世界原來並沒有那麼表裡如一。更重要的是，它並不像我們期望的那樣，而正是這一點蘊藏著難以想像的強大力量。

這個力量治癒了罹患退伍軍人症的小男嬰；這個力量已經確認與帕金森氏症和虛假記憶息息相關；這個力量可能是深受憂鬱症和慢性疼痛所苦的人最大的希望。追蹤這個故事，讓我得以穿越古代與現代醫療世界，來到一處刺激的新懸崖邊緣。現在請閉上眼睛，忘掉所有你以為知道的事，和我一起一躍而下。

第一部

安慰劑效應
的祕密

第一章

安慰劑、故事闡述，
以及現代醫學的誕生

醫學史其實就是安慰劑效應的故事。

——安慰劑研究學者亞瑟・夏皮羅（Arthur Shapiro）
與路易斯・莫里斯（Louis Morris），1978 年

　　回想一下你上次頭痛吃止痛藥的情形。那顆藥長什麼樣子？藥丸的大小和形狀如何？是白色還是粉紅色？你比較喜歡哪一種？藥丸上需不需要有品牌名稱的壓印才會讓你比較安心？

　　再來，回想一下你吞藥的時候的感覺。是不是藥一下肚，你就能想像藥的分子把清涼、舒緩的效果散播到你的頭部？你是不是馬上就覺得比較好了？如果答案是肯定的，那就怪了；因為大

多數止痛藥都需要 15 到 20 分鐘才會發揮效果。這種一吃了藥，不適症狀馬上得到緩解的感受很多人都經歷過──這就是安慰劑（placebo）效應，或許是暗示與期望最純粹的展現。placebo 這個字源自拉丁文，意思是「我將取悅」（I shall please）；最初安慰劑指的是所有能在病人身上發揮作用的惰性物質，例如糖片、生理食鹽水、假手術（sham surgery）等，且往往搭配一些障眼法，效果通常只持續不到一天，偶爾會更久。換句話說，這種治療其實就是「什麼也沒做」。但在期望的世界裡，只要用對了包裝方式，什麼都不做的力量有時比做了什麼更強大。

這裡所謂的「包裝」是因人而異的。至今科學家仍在設法了解安慰劑效應的成因。它是心理學、化學和遺傳學的綜合體，再輔以說故事的力量。一切都取決於安慰劑的登場方式，例如頭痛藥就以西藥的形象來包裝，凡是你已經對它養成信任感，它就能帶來舒緩的效果。但除此之外還有無數利用安慰劑的方式，科學家仍在持續發掘中。

與流行的觀念剛好相反，安慰劑並不是利用花招或詭計來治療容易上當或性格軟弱的人，而且效果也不必然是暫時性的。事實上，安慰劑效應是一種可測量的實質大腦活動，不該受到輕視不說，更是現代製藥業的基石；對某些人來說，還是通往健康和幸福人生的入場券。但它有時候很複雜，而且平心而論，確實使醫生和病人雙方都非常困惑。我舉個例子來說明。

2003 年，娜塔莉・葛拉姆斯（Natalie Grams）是個年輕的醫學院學生，在德國海德堡的一間醫院工作。當時她對醫療的看法與任何一位醫生都是一致的：疾病是人的生理狀況出了問題，只要了解其中的機轉，對症狀做出正確診斷，給予適當的治療，就能

戰勝疾病。她治療病人的方式和很多醫生差不多，一一從症狀下手，花幾分鐘問診、收集資訊，然後就開藥。

有一天，她在路上轉過一個彎，從此命運就改變了。那時她開著車快要到家，對面突然有一輛車逆向行駛到她的車道上。為了避免迎頭撞上，她只得急打方向盤，結果車子衝出路面，因為轉彎過猛，沿著邊坡往下翻滾了好幾圈，衝進林子裡。葛拉姆斯奇蹟般從汽車殘骸中走出來，除了頸部有點扭傷以外，沒有任何外傷。但不久之後，她開始出現嚴重到失能的恐慌症，發作時彷彿快要窒息。最初還只是造成生活困擾，後來變成必須正視的大問題。有一次她正在手術室工作時突然發作，才驚覺這個症狀已使她心神耗弱，或許會對她的病人造成致命危險。她諮詢了多位醫生，檢查是否有肺功能問題、感染，以及其他五、六種可能的肇因；也試過看精神科，服用抗焦慮藥物，但全都無用。最後，她尋求順勢療法的協助。

順勢療法是 19 世紀初德國一位名叫山姆‧哈尼曼（Samuel Hahnemann）的年輕醫師發明的，他對人性的觀察非常敏銳，厭惡當時的醫療手法，特別是放血。他認為和他同時代的醫生對患者造成的傷害比幫助更多，深信最佳的治療往往是靜養與健康飲食。他對各種不同的偏方非常著迷；他在自己身上做實驗，發現健康的人服用奎寧（治療瘧疾的藥物），會出現與瘧疾相似的症狀。

疾病與療法之間的這種相似性，會不會正是治癒的關鍵呢？或許醫生需要的療方，在包裝上必須與疾病本身非常類似。他是這麼解釋的：「以同治同」（similia similibus curantur），也就是以同類來治癒同類。這是個很有力的概念，在直覺上頗為可信。另外，哈尼曼還假設，緩解症狀的並非化學物質本身，

而是其中的本質成分（essence）；因此，你可以把解藥用水稀釋，直到其中的化合物不復存在，但水卻能帶有解藥的「本質」，以治癒病患。

「我本來不相信，」葛拉姆斯告訴我，「我以前從未接觸過這種所謂的『醫療』方式。但〔順勢治療師〕在我身上花的時間讓我非常詫異；在她眼中，我是個活生生的人，不是一堆症狀的集合體。當時我想，『這就是我的醫療生涯中缺失的部分。』」

葛拉姆斯的順勢治療師建議她服用顛茄（belladonna），這是一種有毒的灌木植物，歷史上常被用來進行政治暗殺。當然，她不是要服用純的顛茄，而是用水稀釋一兆萬載倍（novemdecillion）的顛茄，也就是 1 份顛茄溶入 10 的 60 次方份水。換句話說，溶液中的顛茄分子早已一絲不留，剩下的只有水而已。

沒有任何科學道裡可以說明，為什麼處方藥都治不好葛拉姆斯的恐慌症，顛茄（更不用說是徹底稀釋後的顛茄）卻辦到了。但事實擺在眼前，她的症狀消失無蹤。葛拉姆斯完全啞口無言；她推論，這個不可思議的治療技術背後，一定有某種未知的、還沒有人研究過的潛伏機制在運作，只是科學還沒發現而已。她不顧同事警告這可能會毀了她的醫師生涯，決定成為一名順勢治療師。她以順勢療法執業七年，三年後開了自己的診所。

她的處方針對的並非患者的症狀，而是他們描述症狀的方式。例如同樣是胸痛，若患者的形容是「壓迫感」、「胸悶」，她採取的治療方式會與表示「有灼熱感」的病人完全不同。那段時間葛拉姆斯有一位病人深受憂鬱症所苦，甚至無法踏出家門。她做過好幾年的心理治療和冥想，結果卻變得極度孤僻而消沉，並開始酗酒。葛拉姆斯和她聊了好幾個小時討論病情，發現她的悲傷

可追溯至童年時她和父母一起逃離納粹的那個嚴寒的夜晚。有趣的是，每到寒冷的德國冬季，她的症狀就會惡化。

秉持「以同治同」的原則，葛拉姆斯根據數十年前那個寒夜的力量開了一道處方——常規劑量的融雪；換言之，就是水。很神奇地，經過幾次療程之後，治療真的開始發揮效用，這位婦女的症狀改善了，不再酗酒，最後還開始到鄰近城鎮拜訪親友。每當覺得憂鬱或焦慮即將發作時，她就會拿一瓶融雪出來服用。

葛拉姆斯的診所不斷成長，後來她當順勢治療師的收入遠超過當醫師。因此她決定寫一本書說明順勢療法的力量，目標讀者是像她的老同事（還有以前的自己）這種懷疑順勢療法的人。她打算透過實徵證據，證明順勢療法是有效的，進而證實哈尼曼的哲學。

但她愈深入研究科學文獻，就愈發現，她所實行的順勢療法根本找不到任何審慎的科學根據。少數幾項宣稱獲得小幅成功的研究，通常不是受試人數太少、具有統計偏誤，就是在研究中使用的藥物稀釋程度都不像一般順勢療法這麼厲害（亦即含有較多的有效成分）。順勢治療師的論點是，一切的療效都是靠著某種神祕的有效成分在驅動，但數十年的研究都找不出任何東西。有一個質疑順勢療法的組織叫做「10:23」，為了點出這個問題，甚至喝下整瓶的療劑作為宣傳噱頭，證明順勢療劑是不會「服用過量」的。這個舉動背後的邏輯是：不可能「過量」的東西，怎麼可能含有有效成分？經過數百次的試驗之後，多數科學家得到的結論是：順勢療法的療劑，其實就是安慰劑。

這到底是怎麼回事？順勢療法確實改善了葛拉姆斯自己、她的病人，以及其他成千上萬人的健康，且是現存最受歡迎的另類

療法之一。如果它不是真的，為什麼效果會這麼好？葛拉姆斯一開始根本就不相信順勢療法的真實性，又怎麼會有安慰劑效應？

　　從本質上來說，順勢療法是透過專家的故事闡述來創造暗示——這是一把鑰匙，能解開我們大腦中神奇的期望之鎖。想想葛拉姆斯的順勢治療師花了多少時間與她交談，葛拉姆斯又花了多少時間設法理解病人的故事。這不是心理治療；心理治療的目的在於讓患者正視、面對、理解或克服困擾他們的問題。我們無法確定葛拉姆斯的病人嚴重的憂鬱症狀，是不是來自數十年前那個恐怖的夜晚。但這不是重點。「那晚的事可能是憂鬱的肇因」這個暗示，讓患者產生了深刻的共鳴，這就夠了。我們聽見的、或是告訴自己的故事，會形塑我們對世界的觀點。葛拉姆斯非常專業地選出一個讓病人最有共鳴的故事，將之轉化為助力，幫她脫離那種將她束縛在家的強烈恐懼。

　　然而，葛拉姆斯在寫書的那一年，慢慢意識到自己可能是個騙子。「那是非常難熬的一年，」她說，「許多個夜晚我都難以成眠，也掉了很多眼淚。到了某個階段，我甚至覺得害怕。我知道來求診的病人都有很嚴重的問題，比如癌症、憂鬱症或慢性疼痛。」

　　但她還是克服了痛苦的情緒，把書出版。但她在書中並沒有幫順勢療法說話，反而指責它只不過是個很有說服力的故事，由細心、熟練的照護者來闡述。書出版的那一天，她關閉了診所，永遠離開順勢療法的世界。如今，她專心當一個母親，並努力推動德國大專院校及醫療執業界捨棄順勢療法課程。

安慰劑當然不是從葛拉姆斯、甚至哈尼曼才開始出現的。柏拉圖就贊成偶爾用無傷大雅的謊言來哄騙病人，使他們對沒什麼實質效用的藥物產生反應。大約同一時代的希臘人希波克拉底，也了解人體有自癒的力量，但反對這種玩弄意念的方式。他畢生致力於反制薩滿訴諸神力來治療病人的虛矯手段，並觀察到，有時候什麼都不做，效果反而比江湖郎中的把戲更好。希波克拉底對醫療界兩項流傳久遠的貢獻之一，是提出好的治療始於靜養——在 2000 年後總結成「無傷為上」（do no harm）這個著名的準則——以及靜養本身就是一種安慰劑的觀念[1]。

從那時候起，人類發明了各式各樣的奇特療法，如今我們知道這些都是安慰劑效應，例如梅毒導管、竹雞腦、尿浴、鳥糞、嬰兒糞、黑雞血、蜘蛛、人體脂肪、水銀，還有由來已久的放血法。然而，隨著愈來愈多人捨棄神祕主義轉而相信科學，大家也慢慢了解那些在路邊叫賣蛇油的江湖郎中賣的藥不見得物有所值（但真正的蛇油可不算在內——我在越南的一間小酒吧發現，混了烈米酒的蛇油是超讚的止痛劑）。

後來終於有人開始想辦法從各種療法中區別出好的療法。約在 1025 年，傳奇的波斯醫生兼數學家阿威森那（Avicenna）寫下了《醫典》（Canon of Medicine），書中列舉新藥臨床試驗的參數，這些試驗與現代醫療標準出奇地吻合。他提出很多原則，其中包括：檢測的藥物必需是純的（不能含有可能混淆事實的額外添加物）、效果需有一致性，且需對人體有效（而不是只對馬匹或獅

---

1 他的另一項不朽貢獻，是提出以四種「體液」為基礎之醫學系統，從當時訴諸超自然神力的醫學觀點，向前邁出了劃時代的一步，認為疾病是來自於人體內部，而非奧林帕斯山。然而，體液學說除了這點以外，其他部分都是錯誤的，引致後來千年以體液為基礎的迷信醫療觀念。

子有效）。如今的研究室實驗也遵循類似的原則，除了很可惜地把獅子換成老鼠以外（想想看那樣的實驗室工作會變得多有趣）。最重要的是，他的七大原則中有三條都是警告不要做出「意外治癒」。儘管沒有用到「安慰劑」一詞，但他顯然在那麼早以前就已經開始擔憂，醫生可能會用到不含有效成分的藥物而不自知。

　　一般公認最早實施真正的「臨床」試驗來比對兩種藥物的效果的人，是蘇格蘭外科醫師詹姆斯・林德（James Lind）。1747 年，他發現柑橘類水果如柳橙、萊姆等有治療壞血病的作用；壞血病是因為飲食中缺乏維生素 C 而引起的口腔和牙齦疾病。他採用簡單的對照測試，讓患病的水手服用以下其中一種物質：柑橘類水果、醋、蘋果酒、硫酸、海水，或是一種他自己發明的香料雞尾酒（需要說明的是，嚴格來說，這些東西在當時已經都有傳言能治療壞血病，因此不能算是安慰劑）。幾天後，只有服用柑橘類水果的人可以上工。很可惜，起初他的發現並沒有受到重視，英國人的牙齦還得繼續受罪；最後總算有少數幾個有魄力的船長嘗試了這種方法，後來大受歡迎，很多英國水手嘴裡隨時都含著萊姆，還使得「limey」成了英國水手的暱稱[2]。

　　25 年後，一陣奇特的健康風潮，為真正的安慰劑控制實驗創造了契機。有一位聰慧、深具領袖魅力的醫師名叫法蘭茲・梅斯梅爾（Franz Mesmer），他對行星的運行可能對人體造成的影響非常著迷。這種想法是受約翰・約瑟夫・賈斯納（Johann Joseph

---

2 至於林德，他在 1753 年發現水手只要不時刮鬍子、洗澡，並固定洗床單，就可以杜絕傷寒 —— 這種疾病是由跳蚤、蝨子傳播。這項發現使英國在拿破崙戰爭中，得以擊敗受到傷寒疫情重創的法軍。林德過世後，獲得巴斯爵級司令勳章（Knight Commander of the Order of the Bath）的殊榮——別誤會，這裡的「巴斯」非指洗澡，可沒有半點諷刺意味。

Gassner）啟發；賈斯納是出身鄉村小鎮的神父，以僅發出威嚇的聲音就能進行驅魔而聲名大噪。他寫過無數文章說明他所用的技巧，用今天的眼光看來是屬於某種型態的催眠法（但他說那是上帝之聲，透過他的話語發揮作用）。以前從來沒有人見過這樣的事，可以理解梅斯梅爾當時大受震撼。

梅斯梅爾不相信惡魔的存在，對信仰也不是特別虔誠，所以不太能接受賈斯納對於他這種力量所做的解釋。但當他注意到神父在驚人的驅魔儀式中使用了金屬製的耶穌受難像十字架時，突然靈光一閃。這不是迷信，也不是宗教——這是科學！梅斯梅爾因此斷定，賈斯納的治癒能力並非來自他的聲音或上帝的力量，而是十字架不知不覺傳送出來的磁性。他推論這就是開啟宇宙萬物的鑰匙，當然也包括人體。梅斯梅爾認為，正如海水的潮汐、天上的行星一樣，人體也處在瀰漫的磁性之中；而正是那股使金屬物體彼此相吸的力量，創造出某種看不見的「無所不在的流體」，在我們周遭湧動（有點像《星際大戰》中的「原力」）。他也相信某些人（姑且稱他們為絕地武士好了）可以透過意念操控這種流體，就像指揮引導整個交響樂團一樣，甚至治癒病痛。他稱這種力量為「動物磁性」（animal magnetism）——與現代人用這個詞來指「性吸引力」的意思完全不同。

我們先不管潮汐或行星的運行都不是磁性控制的（而是受更強大、更難解的重力所控制）；也別去想人體根本沒什麼磁性，以及磁鐵根本沒有理由聽從人類的意念。以順勢療法的觀點來看，「磁性」這種概念在直覺層面是說得通的。「沒錯，就是磁性……原來道理就在這裡！」這和今天大家談論量子力學的方式是差不多的：大家都知道這是一種複雜的、缺乏充分理解的現象，好像

很重要，但就是不知道怎麼弄懂它，只好退而求其次，想出幾個比喻，大家就照著這樣說。

梅斯梅爾的想法很簡單。假設磁性流體無所不在，而且會聽從他的意志，那麼他就可以運用這種力量來磁化別的東西，比方說一缸水，那麼這些水就有能力治好碰觸到它的人。或者更厲害的，人只要碰觸到這些水碰觸過的東西，也會被治好；或者再神一點，只要靠近它就可以。如今看來，這個理論並不比賈斯納的惡魔觀更精確。但就像這位神父的驅魔方式有用一樣，梅斯梅爾的方法也是有用的。

當然，梅斯梅爾真正利用的並非磁性，而是安慰劑效應。是的，人體確實能夠釋放微量的電磁力；沒錯，水（包括人體內的水）也確實可以被磁化，也就是把所有的水分子排列成同一方向，正極朝向一邊，負極朝向另一邊。要做到這一點，只需要一個比一般手持式磁鐵強約3400倍的磁場就可以了，相當於人體磁性的16兆倍。

但梅斯梅爾和他的信徒都認為，他們只要憑藉意念，就能掌控磁性流體的力量。而且實際上還真的有效。為什麼？因為梅斯梅爾是營造戲劇效果的大師。首先，他的形象深植人心，每次現身總穿著絲質內裡的皮襯衫，衣服上掛著磁鐵，他說能避免磁性流體外洩。他魅力十足，聰穎過人，非常有說服力。他會在沙龍裡播放奇特的音樂，把光線調暗，房間中央擺一大鍋的磁化水。參與者虔誠地坐著，手拿一根鐵棒泡在水裡，另一隻手則握著旁邊的人的手指，或抓著一圈繩子，把磁性傳遞給隔壁的人。

治療結束後，參與者不管原本有什麼問題，全都表示自己痊癒了，包括心理病、慢性疼痛，甚至眼盲。這些人接觸到梅斯梅

爾的力量，或者甚至只是觸碰他「處理過」的水，就會開始抽搐，記錄中長達數小時，有時被害人——抱歉說錯了，是病人——還會吐出鮮血以及「汙濁的咳出物」（顯然是維多利亞時期的說法，指的是「痰」）。梅斯梅爾甚至特別打造了一個鋪了軟墊的房間，讓反應格外激烈的病人在抽搐期間使用。當時一位目擊者寫道：「正因為這些效應持續出現，讓人無法否認有一股強大的力量存在，貯存在磁化體中，能感動並控制病人。」

安慰劑效應有兩種經典的機轉，梅斯梅爾都非常擅長。第一是他說故事的能力。要駕馭期望，需要一個有說服力的說詞，必須天衣無縫，有吸引力，讓人沒有質疑的空間。無論是磁性、有魔力加持的水，還是烏骨雞的血，都要透過能讓個別患者有所共鳴的故事，才能產生暗示感受性。第二是他利用了「醫療劇場」（theater of medicine）的效果。和任何能令人信服的表演一樣，醫療劇場的全套「行頭」都要令人信服。就連現代醫療也必須倚賴服裝（白袍）、道具（脖子上的聽診器）和布景設計（診間乾淨的白牆上掛著人體構造圖）。儘管梅斯梅爾自己可能沒有意識到，但他已經同時掌握了故事，和用來闡述故事的劇場。

梅斯梅爾在維也納起家，最後到了法國，進入路易十六的宮廷。18 世紀的巴黎是歐洲的文化和經濟中心，對梅斯梅爾這樣胸懷大志的知識分子而言，更是全宇宙的中心。整個巴黎為這個迷人的外國人陷入瘋狂，要找他看診需提前好幾個星期預約（起初他會一一為病人進行「磁化」，最後為了消化求診的民眾，才改用一整缸的磁化水）。他的狂熱信徒包括沃夫岡・阿瑪迪斯・莫札特（但後來他對梅斯梅爾似乎不再那麼敬重，還在歌劇《女人皆如此》中挖苦他）以及法國王后瑪麗・安東妮。至於國王本人

似乎也同意他自由行醫，甚至支持過他一陣子。但到了 1784 年，他開始心生疑竇，並組織委員會調查梅斯梅爾的主張是否為真。

這個委員會的成員簡直是法國學術界的名人錄，包括安東尼・拉瓦節（一般稱他為現代化學之父）、約瑟夫－伊尼亞斯・吉約丹（有一種裝置因他的提倡而發明，之後用來砍掉拉瓦節與瑪麗・安東妮的頭），以及——我真的沒有在開玩笑——班傑明・富蘭克林；當時正是那種會被改編成好萊塢電影的偉大歷史時刻，富蘭克林擔任甫建國的美利堅合眾國第一任駐法大使，所以人在巴黎。

有趣的是，富蘭克林和同僚將調查重點放在梅斯梅爾最忠誠的學生查爾・德隆（Charles d'Eslon）身上；他也是幾年前（1780年）向法國醫學院提出動物磁性論的人。（至於為什麼不針對梅斯梅爾本人，原因不太清楚。我猜測有一部分是政治因素，要打擊一個在法國貴族階級中有眾多追隨者的人總要格外謹慎。）委員會對可憐的德隆窮追猛打，就像鳥餅乾大會上的一群鸚鵡一樣。他們從比較簡單的問題開始：真的有動物磁性這種東西嗎？當然他們的問法不是這麼簡單：「動物磁性就算沒有用處還是可以存在；但要是不存在，就不可能有用處。」（是我的話會說很多不存在的東西都很有用，例如順勢療法還有聖誕老人。）

調查團隊很有策略地針對這個問題進攻，把火力一次集中在一小塊。他們發現，動物磁性無法透過視覺、聽覺、嗅覺或味覺偵測到（不過他們沒有提到最後一項是怎麼驗證的）；奇怪的是，用磁鐵也感測不出來。事實上，幾乎沒有人能感覺到動物磁性的存在。將近 250 年後的今天，我們還是能聽出他們當時的挫敗感：「病人接著依照各人的不同狀態，展現出各式各樣的反應。有的很鎮定、安靜，什麼感覺也沒有；有的會咳嗽、吐痰，感到輕微

疼痛、局部或全身發熱，以及出汗；也有人焦躁不安、嚴重抽搐。」

這些突然發作的狀態立刻引起了委員會的疑心。當時大多數醫師並不比巫醫高明到哪裡去，很多都是一邊行醫，一邊摸索治療方法；蛇油販子在大西洋兩岸都非常猖獗。甚至有少數人還在使用希波克拉底的「體液說」幫人治病。但當時的人已經普遍知道心智的治癒力量；就連富蘭克林的朋友兼同事湯瑪斯·傑佛遜，也說過用麵包做成惰性藥丸來治療小病痛很有效。

於是調查團隊找來一群受試者，我猜他們招募實驗對象的方法和那個時代的男性科學家差不多，就是找家裡的僕人。在 11 名志願者中，有一個（是一位門房）聲稱她的皮膚能感覺到動物磁性（手在她身上移動時，她會感覺到灼熱，像火焰的熱）。梅斯梅爾的許多病人都是女性，這點使得科學家在寫給國王的密函中表示，他們懷疑這樣的反應是否與某種強化後的「女性敏感度」有關。

我們今天討論安慰劑效應時，都還看得到這種性別歧視式的假設，但就某方面來看，他們的想法並非無的放矢。18 世紀的法國對有錢又有閒的人來說，尤其是女性，是個沉悶又壓抑的地方。這時出現了一個梅斯梅爾，他的療程既刺激，又富有知性上的吸引力，奇特的是還頗具社交功能（我們會在後續章節討論到，暗示感受性一部分是靠著信念與良好的故事闡述來達成，但也會因社會壓力而增強）。調查委員會很快就發現，如果想找到真相，就得把德隆帶離他的地盤。他們邀請他和幾位他最愛的病人來到富蘭克林的宅院，進行一系列測試。

首先，他們讓德隆「磁化」果園裡的一棵樹，然後請其中一位病人猜測哪一棵樹被磁化了。病人果然開始冒汗、頭痛，最後

在接近其中一棵樹時暈倒——只不過不是正確的那棵，而且他遠離德隆加持過的樹時症狀反而還更嚴重。對此這位梅斯梅爾的信徒解釋，這是因為所有的樹都是生命體，因此都受到某種程度的磁化，而那個病人只是太敏感，才會連沒有被加持過的樹也能使他暈倒。

在之後的數週，委員會共做了 16 次類似的實驗，其中我最喜歡的案例是一位女性，她聲稱對磁化水很敏感。還是再強調一下，這裡的水並不是真的被磁化（跟那棵樹一樣）。水分子的結構確實是不均衡的（氧都在同一側），因此理論上可受磁鐵影響。然而要實際使它朝任何方向移動，可能要等到好幾個世紀以後出現更強力的磁鐵才有機會，而且磁化效果只能持續不到一秒鐘，對人的健康也沒有任何影響。

但這些都無所謂。實驗中，調查委員會請德隆磁化一杯水，然後拿另一杯外觀一模一樣的水給那位女性。她立即感受到磁化的魔力，當場就暈倒了。她醒來以後，委員會的男士安撫了她，給她一杯水恢復元氣。你可能已經猜到，這一杯才是被「磁化」過的水。她感激地一飲而盡，感覺好多了。

毫無意外地，委員會的調查結果不利於梅斯梅爾與德隆。他們宣布：「無疑地，往往是患者的想像力影響了本身病痛的治療……有一句名言說在醫療上，救命靠的是信念；所謂信念就是想像力的產物。」

那份調查報告對梅斯梅爾造成致命的打擊，揭露他騙子的真面目（儘管他的用意可能是好的）。不久之後他就在上流社會中消失，到鄉下度過餘生。我想事後富蘭克林根本不把這次調查放在心上；與他無比重要的科學生涯相比，這頂多算是個小小插曲。

但在劫難逃的路易十六委任他進行的這次理性分析，開始揭露出一個深埋已久的真相，有一天將會撼動現代醫學的基石。

「安慰劑」這個詞要到好幾年後才出現，但梅斯梅爾顯然了解這個概念，並且在某種程度上預見了現代腦科學的發展。我們知道，人腦精於尋找「模式」；我們會利用模式來偵測危險、覓食、預測即將發生的狀況。發現模式、繼而產生期望，是安慰劑反應中至關重要的一環，但這個過程多數不在意識層面發生。舉一項最原始的安慰劑觸發形式為例：古典制約。大家在高中時應該都學過，「制約」就是巴夫洛夫用來讓狗流口水的做法。搖鈴然後餵食、搖鈴然後餵食……重複的次數夠多以後，每次只要搖鈴，就算沒有食物狗還是會流口水。巴夫洛夫利用的正是狗的期望系統，狗被制約成只要聽見鈴聲，就自動期望會有食物出現。

多年來科學家已運用古典制約，在不知情的受試者身上引發各種安慰劑效應。1970 年代，他們設計實驗，以加入免疫抑制劑的甜水作為控制組，透過制約與期望使老鼠的免疫系統失效。每次老鼠喝下甜水，就會攝入環孢靈 A（cyclosporin A），這是一種阻斷免疫反應的藥物，常用於移植手術，避免接受移植者的身體對新器官產生排斥。一陣子之後，科學家改供給無加藥的甜水，但老鼠的免疫系統卻仍自動關閉了免疫反應，也就是 T 細胞不再啟動，就和服藥的反應一樣。

類似的實驗也證實，以同樣的方法能操控老鼠體內許多其他的免疫系統觸發機制，包括淋巴球、白血球和自然殺手細胞，這

些都在人體對感染性疾病的反應中扮演重要角色。最重要的是，研究者發現，這種方式在人類身上同樣有效。當然，如果我現在要你把你的淋巴球（淋巴系統中的白血球細胞）數量下調 30%，你是不可能辦到的。但要是我把降淋巴球的藥物加在甜味飲料裡，讓你喝個幾次，之後再給你不加藥的純飲料，那時你的身體可能就會自動減少淋巴球的數量。

這是因為你的身體被藥物制約，所以即使沒有攝入藥物，它也會自動出現已服藥的反應。回想一下你最近一次身體不適去看醫生的情況。在診療室裡，你還會覺得像在家裡還是車上的時候那麼不舒服嗎？研究顯示大部分的人都不會。無論是因為你的淋巴球突然激增，還是只是自我欺騙，我們一旦感覺到已經受到醫生的照顧，通常都會覺得比較好一點。因為我們受到制約，心裡面自動預期會好過一點。

這與醫療劇場的概念有直接的關係。治癒的「表象」──也就是「故事」──能夠使人立即進入「我正在接受治療」的心態，並在這種狀態中建立信心。和梅斯梅爾一樣，醫生也可能在無意間觸發安慰劑效應，如親切地拍拍你的肩膀、和你的視線相接、展露自信和權威。另外行頭也很重要，例如白袍、精密花俏的儀器、瓶瓶罐罐的棉花棒和紗布等。這些都能在我們的潛意識層面發揮作用，暗示我們：該是時候好起來了。

你可能會想，既然知道了這個道理，以後這種效應對你是不是就沒效了？這是不是一顆知識的禁果，吃了之後，你下次服用安舒疼止痛藥，在藥效開始發揮作用以前都不會有感覺？不用怕。古典制約主要作用於潛意識層面；就像巴夫洛夫的狗沒辦法阻止自己流口水一樣，你也沒辦法阻止自己產生安慰劑反應。科學家連這一

點都用實驗證明過了。哈佛研究團隊在一項實驗中，直接告訴受試者他們服用的是安慰劑，結果受試者還是覺得症狀緩解了。

為什麼？部分原因是那些受試者和大多數人一樣，畢生都受到制約，潛意識認定只要吃了藥，就會覺得比較舒服。還有部分原因是環境的影響，你在醫院裡見到的、體驗到的醫療劇場都是你熟悉的模式——醫生、白袍、甚至消毒水的氣味——於是你的反應就會像流口水的狗一樣。醫療劇場的表現形式非常多樣；舉例來說，憂鬱症患者對黃色安慰劑藥丸的反應優於藍色藥丸。大的藥丸效果比小藥丸好，但只能大到某個程度（我想大概是因為藥丸太大，看起來就不像真藥了）。假注射比假藥丸有效，但如果你是法國人，栓劑的效果比這兩者都好。可以靜下來思考一下這個饒富深意的現象。

我小時候就被基督科學教會的行醫者那種獨特、充滿力量的嗓音制約了。每當教友需要幫助或是身體不適時，就會找那些行醫者（他們身兼治療師、朋友和老師的角色）求助，他們有的真的很厲害。我的行醫者名叫拉蜜絲，她強大的聲音我到今天都還記得很清楚。我打從心底相信她有創造奇蹟的能力，從感冒到癌症，她什麼病都能治好。甚至有傳聞她曾經治好過一個愛滋病患者——病毒就那樣離開了他的身體。對於一個容易接受暗示的小孩來說，有這樣的女性和你並肩作戰，那火力可是不容小覷的。母親就曾以一種「你還小不明白，等你長大就懂了」的語氣告訴我，拉蜜絲經歷過的風浪已經超過一般人一輩子的分量；這種形容讓人覺得她像戰場老兵一樣高深莫測。她深色的眼珠彷彿能夠一眼看穿你的靈魂，再來就是她說話的聲音了。感冒或發燒時，我會打電話給她；話筒另一端接起電話的聲音，就像好女巫葛琳達和電影

《駭客任務》裡的先知的完美綜合體。我一聽到那個聲音馬上就覺得好多了。我還記得她沙啞得恰到好處的女中音——充滿母性、歷盡風霜且堅定不移——在電話另一頭告訴我，一切都會沒事，上帝是愛我的。直到今天，那仍是我所能想像得到最令人安心的聲音。

　　梅斯梅爾或許精通醫療劇場的營造，連批鬥他的人都沾到了安慰劑的邊，然而還要再過 150 年，科學家才真正開始仔細審視安慰劑效應。和大部分的科學突破一樣，安慰劑效應並不是在某個靈光乍現的時刻發現的。但大多數人都同意，現代的安慰劑概念始自亨利・畢闕（Henry Beecher）；他是第二次世界大戰時，在北非與義大利前線工作的一位醫生。畢闕之所以對安慰劑產生興趣，主要是受到他在戰地目睹的緊張情勢所啟發。請想像一下，你是一個在北非作戰的士兵，身體被榴霰彈的破片炸成了蜂窩。首先你感覺到震驚和困惑，有那麼一瞬間以為自己躲過了這次爆炸，想要站起來，這時才發現自己渾身是血，同袍拼命幫你堵住傷口湧出來的血，一邊把你拖到安全的地方。在受傷的第一個小時，腎上腺素和恐懼掩蓋了疼痛。

　　但接下來是十個鐘頭的車程，車子在極度顛簸的路上把你送往野戰醫院。戰友和軍醫的表現都有點奇怪，而且你很確定擔架上一定有什麼異物頂著你的背。好不容易到了醫院，你渴得要命，耳邊聽到的都是慘叫聲，還有一個人哀求讓他解脫。擔架上那個可惡的折疊處依然在戳你的背。一個醫生來問你要不要嗎啡。你

心裡想：「拜託，我沒那麼慘吧！」於是你告訴他，嗎啡是快死掉的人才用的。我不用，再給我一些水就好。醫生替你打了一針不知道是什麼東西，打針的疼痛讓你皺起眉頭。然後他幫你翻身，露出你背後的傷口——他後來的形容是，像被斧頭砍爛了一樣。

　　這只是畢闕在戰地親眼目睹、苦思不解的眾多情況之一。為什麼那個士兵會因為打個針就皺眉，卻感覺不到自己背上的巨大傷口？對這位出身中西部上層階級、暫時拋下在哈佛的舒適工作來到前線的斯文男士來說，這肯定是非常超現實的經歷。他投入戰地工作時已經不是天真爛漫的熱血青年，而是常春藤名校出身的中年麻醉專家，受政府聘任，研究嗎啡及其他藥物在戰場上的作用。最初，他的信件及報告充滿了期待揭開科學祕密的興奮之情。但隨著戰事持續，他的報告透露出愈來愈深的挫折感，表明藥物、儀器和人力都不敷所需，好不容易送來的設備往往不是尺寸不合，就是缺少零件。最後，他離開了戰爭部的職位，直接進入陸軍擔任軍醫。但無論如何，他骨子裡終究是一位科學家。隨著戰爭的進行，他也蒐集到各種數據，包括患者要等多久才能得到照護、服用哪種藥物，還有最重要的，他們本身是否有用藥的意願。

　　正是最後這個問題糾纏了他最久。那些年輕男性身上帶著可怕的傷口，大半天都沒用上止痛藥，但似乎卻沒有受到太嚴重的影響。畢闕在一份檢查了 215 名「重傷」患者的研究報告中表示，在 50 名「胸部有穿刺傷」的患者中，有 40 人拒絕使用止痛藥；頭部受到外傷與「大面積軟組織傷害」的患者，拒絕止痛藥的比例也差不多。他在民間醫院也見過重傷的意外傷患，但幾乎都要求止痛藥。為什麼士兵就不受疼痛影響？而同樣的士兵，又為什麼

會「大肆抱怨」小小注射針頭帶來的疼痛？覺得痛和不覺得痛的人之間，到底有什麼差異？戰爭快結束時，他思忖：「強烈的情緒可以阻斷痛覺，這是普遍的經驗。在這種關聯性中，從士兵的立場來考慮是很重要的——因為受傷，他突然得以脫離極度危險的環境，從充滿疲憊、不適、焦慮、恐懼與真正的死亡威脅中抽身，得到一張前往醫院安身的門票。他的困境結束了——至少他是這麼認為的。」

而另一方面，一般民眾發生意外，代表的是災難的開端。很難說這是否會額外提高傷患對疼痛的知覺，增加他痛苦的程度；或許有這個可能。畢關也注意到，他有許多士兵患者，都在服用磺胺類藥丸之後疼痛得到緩解；這種藥物是用來預防發燒的抗生素，對止痛沒有任何效果。「這種疼痛，」他寫道，「勢必是暗示造成的。」

此後畢關在職業生涯中一直苦思這些問題。他並不是唯一注意到疼痛具有「相對性」的人。統計學家兼耶魯大學教授E‧莫頓‧耶林內克（E. Morton Jellinek）是最早將安慰劑效應量化的人之一，只不過那是意外之舉。1946 年，某藥廠代表（他沒有說是哪一家藥廠）請耶林內克測試某種不知名的頭痛藥（姑且爭之為A 藥品），其中包含 a、b、c 三種成分。戰後，b 成分缺貨，因此藥廠希望能暫時生產不含 b 成分的頭痛藥。所以他們想要確認少了這項成分，他們的藥是否仍然有效。

耶林內克擅長從複雜的數據中找出結論，於是他設計了一項盲測實驗，把 199 個患者分成四組，分別使用四種外觀完全一樣的藥丸，第一種包含全部三項成分，第二種只含 a 和 b，第三種只含a 和 c，第四種是乳酸安慰劑（原本安慰劑常用的材料是糖，但糖

並不是惰性的，因此現代安慰劑多以玉米油或乳糖製作。這些成分也並非完全惰性，但大概是目前最好的選擇了）。這些經常頭痛的患者每次頭痛發作就服用一顆藥丸，然後記錄是否有效，每兩週換另外一種藥；八週後，每一位受試者都把四種藥試過了一輪，此時耶林內克再彙整所有數據，開始計算。

但他很快就遇到一個問題。199 位受試者中有 120 人，服用安慰劑的效果與其他任何一種藥物都一樣好。而且所有的活性藥物效果似乎都是相同的（亦即藥廠不需要成分 b）。但接下來，耶林內克檢視另外那 79 個對安慰劑沒有反應的人；在這組樣本中，含全部三項成分的藥丸是最有效的，其次是缺少成分 c 的藥丸，最差的是缺少成分 b 的藥丸。所以結論他是這麼寫的：沒錯，這種藥確實需要添加成分 b。事實上，對其中 40% 的人來說，這是唯一不可少的成分。然而他沒有說的是，藥廠根本可以把 a、b、c 三項成分都省去，也就是推出安慰劑，有 60% 的顧客根本不會發現有什麼不對勁。

耶林內克的研究預示了之接下來 50 年的兩種安慰劑潮流。首先，它預見了藥品評估審核的革命性新時代。不久後，藥物測試就必須滿足下列條件：

1. 隨機性（隨機分派給患者）；
2. 雙盲測試（患者及醫生雙方都不知道誰分配到哪種藥物）；
   以及
3. 安慰劑控制（藥品的效果需優於安慰劑）

第二，他的研究也預告了一種新傾向，認為對安慰劑有反應

的人是較不可信的。耶林內克在最後的報告中明確寫到,是否對安慰劑有反應,與頭痛患者本身的特質有關。但他並未深入探究為什麼會這樣,反而認為這似乎是患者自己的問題。他寫道:只對藥物產生反應的人,罹患的是「純粹生理性的頭痛,無法用暗示影響」。而其餘 120 位受試者罹患的必定是輕微的「心因性頭痛」,且「有易受暗示的傾向」。

以 1946 年的眼光來看,「有易受暗示的傾向」的意思和「笨蛋」很像。耶林內克設計出這麼高明的實驗之後,從數據中卻怎麼也琢磨不出,為什麼會有這麼多受試者能一再地因為服用乳酸藥丸而好轉。

而在他之後的研究者也幾乎沒有人琢磨得出來。他們只關心對藥物有反應的受試者,對於那些因安慰劑而獲得改善的人不感興趣。因此後來有超過 30 年的時間,除了極少數幾位不怕被貼上「瘋子」或「非主流」標籤的怪咖科學家之外,幾乎沒有人研究安慰劑效應。儘管安慰劑效應本身在大多數科學家眼中並不有趣,但它確實呈現出一個不小的問題:既然有那麼多人對安慰劑有反應,藥廠要如何判斷究竟是他們的藥、還是藥物的暗示力量治好了病患?

亨利·畢闕對這些問題思考多年之後,在 1955 年寫出了突破性的論文:〈強大的安慰劑〉(The Powerful Placebo),其中也把諸如耶林內克等人的案例納入討論。畢闕因為在二戰期間所做的研究,此時已成為麻醉科權威,這也是史上第一份直接探討安慰劑的重要論文。他估計在整個醫療體系中,約有 30% 的患者對任何藥物都有安慰劑反應。當一位美國最具分量的疼痛專家公開表示,服用止痛藥之後覺得有效的人,有三分之一可能是自己想像

出來的，自然就引起了關注[3]。

在 1950 年代發現某種隱形的力量能讓假藥看似有效，這件事帶來的騷亂大概就和瓷器店遇到九級地震差不多，而且令人反感的程度也輕微不了多少。大眾開始想要知道藥物在上市前，是否應該先和安慰藥丸的效果進行比較。從 20 世紀初開始，科學家偶爾也會進行類似的安慰劑控制試驗，但通常都是出於好奇，如耶林內克的頭痛藥試驗，而非針對藥物性質所做的正式試驗。當時的製藥商要取得產品的上市核可，只要能證明病人吃了這種藥不會死就行了——或者說不會死太多病人。

但畢闕和他的追隨者，約翰霍普金斯大學藥理學教授路・拉薩尼亞（Lou Lasagna，真的就是「千層麵」這個字）呼籲藥物應兼顧「安全性」和「有效性」。不久，田納西州的參議員艾斯蒂斯・基福弗（Estes Kefauver）加入了他們的陣線。他在 1959 年本著這個理念，發起運動推行強制性的臨床藥物試驗。基福弗以參議院反托拉斯與壟斷小組委員會委員的身分舉行多次聽證會，針對傳聞中的價格壟斷，以及可能根本無效的藥物卻漫天要價等議題，對藥廠代表窮追猛打。製藥業的反擊歸納起來主要就是這兩個論點：1)「那你知道還有誰能做出這些藥嗎？」；以及 2)「藥無效的話，患者的病情就不會好轉了不是嗎？」對此基福弗的答覆是：「要是真的這麼有效，何不接受測試來證明？」藥廠代表的回應是：「明知有效的東西何必測試？」爭執就這樣無限循環下去。

---

3 值得一提的是，很多人說畢闕在進行開創性的安慰劑研究工作時，也對審問和刑求做了大量研究。威斯康辛大學的歷史學家阿弗雷德 · 麥考伊（Alfred McCoy）認為，當初美國努力想把精神科藥物如南美仙人掌毒鹼（mescaline）及麥角酸二乙胺（LSD）轉用作「吐真劑」（這個想法是受到納粹科學家的啟發），畢闕是其中的關鍵人物。當時自願參與相關實驗的軍人中，有許多人終生飽受心理疾病之苦。

拉薩尼亞在參議院的這位擁護者雖然鬥志頑強，卻發揮不出什麼效果。基福弗過去多年來樹敵太多，總統詹森（Lyndon Johnson）有一次還說他是整個國會裡面最惹人厭的人。（幾年前，基福弗是極少數南方出身卻選擇支持詹森，拒絕簽署〈南方宣言〉的國會議員之一，宣言的內容是反對廢除學校種族隔離措施；這個舉動深具道德勇氣，但也讓他更不受歡迎）。幾年後情勢明朗，聽證會沒有任何成效，因為保守人士痛恨基福弗，而自由派則不希望在甘迺迪總統正努力推動醫療補助計畫（Medicaid）法案通過的關鍵時刻，與製藥公司為敵。若非 1961 年那場沙利竇邁（thalidomide）慘案，或許情況依然不會改變。

　　沙利竇邁是歐洲出品的一款處方藥，用以減緩孕婦的害喜症狀，後來釀成了今天已知製藥業歷史上最大的一場災難。當時沒有人花工夫去確認這種孕吐藥對未出生的胎兒來說是否安全，結果事實證明答案是否定的。沙利竇邁會導致流產，或是嚴重的先天缺陷，往往會致命。有成千上萬個胎兒在母體子宮中死亡，還有 1 萬個嬰兒發生各種病狀，包括驚人的肢體畸形。

　　沙利竇邁事件引發的恐慌，永久改變了製藥業的公眾形象。雖然這種藥在美國一直沒有上市——對此美國食品藥物管理局（FDA）的法蘭西絲・歐德姆・凱爾西博士（Frances Oldham Kelsey）勇於提出質疑居功厥偉——但到了 1962 年，美國民眾對這次事件深感震驚，強烈要求政府制訂安全措施，杜絕這類危險藥物在美國市面上出現的機會。兩黨同樣驚慌失措，眾議院與參議院視基福弗的法案為浮木，匆匆將它加入美國《聯邦食品、藥品和化妝品法案》（Federal Food, Drug, and Cosmetic Act）的藥效修正草案（Drug Efficacy Amendment）中。參眾兩院在一天之內就通過

了本案，這或許是除了宣戰以外，美國國會史上絕無僅有的一次。如今，藥物試驗強制以三階段進行，第一階段先以少數人檢測，以確認正確的劑量，並觀察效果優劣。第二階段納入較多受試者，目的是確認藥物的安全性。第三階段將待檢藥物與安慰劑或現行標準用藥進行比較，以證實它的功效（上市後，還會視情況進行第四階段試驗，觀察長期使用後的結果）。

　　突然之間，合格的藥物不只要安全，藥效也要表現得比安慰劑更好——結果這竟是個難以達成的要求。對於一般的症狀如疼痛和憂鬱，安慰劑的效果可達 80% 以上。我甚至在一些小型研究中看過這個數字達到 100%，也就是說在安慰劑組中，所有患者的症狀都得到改善，代表根本不需要這種藥物。後來發現有一組對安慰劑特別有反應的症狀呈現出驚人的規律性：疼痛、焦慮、憂鬱、腸躁症[4]、成癮、反胃，以及帕金森氏症。（我們後面會討論到，為什麼這些症狀能在安慰劑反應中奇蹟般地得到治癒，而其他疾病如癌症或阿茲海默症卻不行。）

　　但往後數十年內，科學家依然不了解其中緣由。基福弗法案後出現更迫切的問題，沒有人知道自己已經在服用的藥到底有沒有效。因此 1963 年時，FDA 提出藥物有效性評價（Drug Efficacy Study Implementation，縮寫為 DESI）計畫，重新檢測成千上萬種藥物，確認是否具備它所宣稱的藥效。到了 1984 年，已有超過一千種藥物因效果不及安慰劑而被下架（時至今日，DESI 的任務仍未完成；所以你現在吃的藥還是有可能不比安慰劑有效）。如今藥

---

4 腸躁症（irritable bowel syndrome；IBS）最初是所有腹痛症狀的統稱。沒人知道這種症狀是什麼原因引起，嚴重程度可由稍感不適，到足以令人失能。世界上大概有 10% 至 25% 的人受此症狀所苦，多數是女性。你就算本身沒有 IBS，也很可能認識有這種困擾的人。

物上市的成本極其昂貴，安慰劑控制試驗即為主因之一。

從許多層面來看，這一刻是現代醫學真正的開端，因為這是史上第一次有法令明確指出，藥物的效果必須優於某個標準才能夠上市。此後每一種新藥，都必須與安慰劑治療的效果做比較。這通常稱為「實證醫學」（evidence based medicine），用白話文來說，意思就是證明藥物是否有打敗安慰劑的能力。

所以你可能會以為，醫學院應該有專門研究安慰劑效應的科系，大藥廠應該都有超大規模的研究計畫，每個醫學院和化學實驗室應該都開設了安慰劑科學的課程。但是並沒有。直到近期為止，美國仍然沒有任何一間機構或任何一項合作計畫，針對這個本質上是製藥業基石的學問而設立。現代醫學的基礎大體上是被忽視的。為什麼會這樣？因為大多數人仍視安慰劑效應為干擾因素，是一種詭異的心理反應，影響那些軟弱、容易受騙的人，使真正的病患無法取得需要的藥物。但今天，這種看法正在劇烈改變中。

要分辨治療是否有效，唯一的方法就是進行隨機的安慰劑控制試驗，這也是我們目前判斷效價（potency）或療程效果的最佳衡量標準。然而許多製藥公司仍把安慰劑反應視為需要克服的干擾，而不是把它當成一種重要現象加以研究、利用。他們對這種議題非常神經質，但話說回來，誰能怪他們？製藥公司最不樂見的情況，就是讓外界注意到自己投入多年苦心研發的產品，表現得不比安慰劑好。所以如果研發的藥物未通過試驗，最好假裝這種藥根本沒有存在過；而即使成功了，也最好低調一點，別讓人發現它可能差一點就失敗。

然而，一旦藥物核准上市，安慰劑效應就搖身一變，成為藥

廠最好的朋友。行銷、廣告，甚至藥丸本身的外型，都是根據安慰劑效應設計的，目的是利用它的無所不在，增加你對產品的信心。

想想看胃藥是怎麼行銷的。廣告裡可能會出現一個發紅、灼熱的胃，然後某個清涼、安定神經的藥進到胃裡包住胃壁，一切就搞定了。或者是頭痛藥的廣告，讓藥丸顯示為釋放出許多彩色的小點，直接進入陣陣抽痛的頭部緩解疼痛。這些影像很容易理解，但還是有些許科學性，有點像是找昂貴的廣告公司重新設計的中學生物課本一樣。那種撫慰人心、帶點科學氣息的感覺，能提升使用者對藥物的信心。在新藥研發過程中，期望與安慰劑效應是路上的絆腳石；然而一旦到了銷售的時刻，我們的心智反倒成了藥物最有效的好幫手。

花了好幾個月埋頭研究安慰劑的奇特歷史之後，我不禁很想知道，以生動的故事闡述為基礎的現代安慰劑究竟是什麼面貌。我想體驗讓梅斯梅爾的患者陷入抽搐的高張力情境，或者感受一下是什麼樣的故事闡述方式，能使哈尼曼的病人在一杯普通的水中獲得治癒的力量。我想要現場目睹期望受到操弄的過程。因此，我踏上尋找暗示大師之路。

在墨西哥東岸的維拉克魯斯州（Veracruz），有一座殖民小鎮叫卡特馬科（Catemaco），大概位於猶卡坦半島上方，俯瞰一座洋溢著田園風光的湖泊。這裡在 20 世紀的大多數時候都還沒有現代醫學（但諷刺的是，《燃燒的天堂》（Medicine Man）這部講述深入亞馬遜叢林尋找癌症解藥的電影，正是在此地拍攝）。本地的

文化傳統可追溯至 2500 年前中美洲的第一個大型文明：奧爾梅克（Olmecs）。墨西哥很多地方已經接受西方醫療體系許久，但很多當地人仍倚賴傳統的「治療師」（healer）。

這裡除了非常重視血統與傳統之外，區內著名的「布魯荷」（brujo），也就是巫醫，地位也非常崇高。這個詞更精確的譯法或許是「男巫」，因為絕大部分的巫醫都是男性。巫醫在墨西哥具有悠久的傳統，往往融合了精神世界的巫術力量、天主教義，以及老派的民俗療法。有的巫醫擅長在治療中運用致幻藥物，有的以「出汗屋」（sweat lodge）著稱，也有的會在可樂罐旁獻祭活雞——但全都比不上卡特馬科巫醫的名望。我聽說過許多傳聞，他們會架起巨大的五角星形篝火，有跳舞的狂人在你身上吐口水幫你祈福。所以我當然就選擇前往這個地方，了解現代安慰劑的說故事方式的起源。

可是在現代巫醫的候診室裡，並沒有吐口水的瘋狂男子。我來到鎮上住宅區內一棟亮綠色的房屋，診間就是屋裡的客廳，彷彿是消過毒的診所和我奶奶的起居室的綜合體。候診室裡大約有十個人坐在椅子上，有的在看雜誌，有的在看電視上的足球賽。我是來找艾米里歐‧羅薩里歐‧歐加尼斯塔（Emilio Rosario Organista），他是第二代治療師，也是鎮上巫醫委員會的會長。這裡和我預期的那種有蝙蝠住在裡面的陰暗地窖相去甚遠，是個整潔的小房間，有醫院消毒水的氣味，架子上整齊排列著塑膠製的護身符和玻璃水晶球，像髮廊裡一罐罐的慕絲。

大概等了一個小時左右，羅薩里歐請我進去，穿過廚房，來到他的診間。身為一個巫醫，他看起來比較像醫生而非巫師，一身白衣，留著俐落的小鬍子和用了大量髮膠的油頭。診間裡有一

半的空間是祭壇，布置得像炸開的耶誕樹一樣，有成千上百個閃爍的小彩燈，圍繞在許多耶穌受難十字架、聖人畫像和花朵周圍。門後釘了另一個耶穌受難十字架，耶穌的腳上懸著一支掛外套的衣架。

我告訴他我是來幫我的靈魂做一次簡單的「淨化」（limpia）治療。他拿了一顆蛋、一把羅勒、兩個噴瓶，他說裡面裝的東西能擋掉嫉妒心，阻隔壞能量，還有一種能創造財富的液體（聞起來有點像尤加利葉、玫瑰和麝香）。我很驚訝一切都是這麼井井有條而且乾淨整潔。然後他開始幹活。他強調這不是天主教的儀式，但仍要求我朗誦〈主禱文〉，但把最後一句換成「驅逐邪惡」。我全身衣服穿得好好的，但他還是用羅勒往我身上灑水，拿沒有打破的雞蛋把我從頭到腳滾過一遍，再隨意噴點尤加利水在我身上，感覺有點像用「奔肌」（BenGay）藥膏洗了個澡。到左膝時，他停了下來，神祕兮兮地問我這裡會不會痛。不會。

為我祈福後，他把蛋打進水裡，迅速看了一眼，嘴裡噴了幾聲，指著水和幾縷蛋白之間的泡泡給我看。他說這代表有個心懷妒恨的同事對我施了黑魔法。這個人祈禱我出現疼痛，特別是在頭部和脖子後面的位置。這個人還希望我的事業失敗。他描述了這個同事的樣貌，是一個肌肉發達的白人男性，身高到我的肩膀。我立刻想到我的攝影師好友多明尼克，我們在下加利福尼亞合作過一個專案。他有可能偷偷嫉妒我，希望我生病嗎？我想不會。首先，他是攝影師，我是作家；我們的成敗是共同體。何況要是我的脖子真的出問題，他就少了個拳擊夥伴了。但我居然這麼快就從認識的人裡面，想出一個符合巫醫的模糊敘述的人，這讓我非常震驚。我提醒自己一定要注意這一點，以防萬一。

羅薩里歐說另外再付 25 塊錢，就可以拿到一個由他祈福過的護身符，放在口袋裡，我就不會背痛和膝蓋痛。此外，我可以給他一張我的照片，還有我的姓名和生日，他會定時為我祈福，讓我有好事發生。等到成真時——比如找到新工作之類的——我再寄錢給他作為答謝，金額隨喜。我得承認，我真的有點動心。這個手法很明顯是詐騙，可是他的態度卻讓這件事顯得再自然不過，彷彿我的靈魂早已做了這件事，只差還沒實際遞出鈔票而已。他的兩個提議我都拒絕了，只付給他我先前答應的 500 披索（約 35 美元，比鎮上大多數人一週的薪水還要多）。

接著我突然領悟到一件事。我一心尋找像梅斯梅爾或是《哈利波特》這種具異國風情的劇場，結果完全沒注意到羅薩里歐所用的劇場。他用的是醫療劇場，而且是現代醫學的元素。

有墨西哥記者告訴我，20 年前還能找到會跳舞、吐口水的「原汁原味」的巫醫。但就像前面所說，期望的基礎在於信心；而能夠喚起信心的事物因文化而異。過去這一個世代以來，卡特馬科發生了什麼變化？答案是正統醫學的到來。從前是靠雞毛和表演來喚起信心，而現在的巫醫已經與時俱進，在強大的基督教和異教徒意象中融入了醫師袍和消毒噴瓶，以發掘病人的期望。

羅薩里歐的父親利用的或許是驚愕與恐懼的情緒，而今羅薩里歐則是用醫院的行頭（白袍、候診室、消毒水的氣味）來勾起期望。他充滿自信，保持眼神接觸，在說出奇特的專業術語時臉上掛著溫暖的微笑。最重要的是，他把焦點放在「疼痛」上。沒錯，他的治療是有些神祕玄幻的氣息——面具、帶有信仰色彩的暗示等等——但他企圖展現在病人面前的形象卻是醫生，一個普通的醫生。這實在太高明了。

所有的醫療行為都包含了安慰劑與期望在內。我們吞下藥丸，或是踏進診療室看見白袍的那一刻，它們就開始發揮作用。沒有人能豁免，被這種效應影響的人也絕非軟弱或容易受騙。因為我們天性就是如此。

　　過去安慰劑效應作為非正統的醫學之謎達 2000 年之久，如今終於開始走出迷霧，顯露真正的形象。儘管這些效應能作用在每個人身上，但效果因人而異。在某些人眼中，羅薩里歐是一位充滿愛心、能力強大的社區治療師，而在其他人眼中他只是拿著一把羅勒的江湖騙子。有人相信順勢療法是經過科學驗證的個人化醫療方法，也有人則認為那些處方只是裝在漂亮瓶子裡的清水。

　　每個人期望的大門要用不同的鑰匙才能打開，每個人的暗示感受性也有些微的個體差異。然而門鎖一旦開啟，我們就能獲得自我治癒的驚人力量。從古至今，這個奇特難解的現象——希波克拉底警告過它的存在；阿威森那想把它排除在外；梅斯梅爾利用它賺了大錢；耶林內克對它嗤之以鼻；上千種現代藥物因它而消失在市面上——其實就是人腦自我治療的方法。

　　現在我們既然已經看見了門上的鑰匙，何不把鎖打開，看看門裡的房間長什麼樣子。你會發現那是一間貨品琳瑯滿目的藥房。

第二章

認識你的內在藥劑師

「每個病人體內都帶了一位自己專屬的醫生。」

——艾伯特·史懷哲（Albert Schweitzer）觀察一位巫醫工作後的心得

　　我不是很喜歡會痛的事情。小時候，我被蜜蜂螫了會哭，對自討苦吃的逞英雄行為也沒興趣，例如把手舉在蠟燭上面、去刺青，或是從頭到尾聽完一張小賈斯汀的唱片。但我覺得疼痛是非常奇妙的東西。表面上這是人體告訴大腦某個地方出了問題的一種方式，比如腳斷了、被蛇咬了，或是被乳齒象踩到了。但科學家無法確定疼痛在腦中呈現的樣子是什麼。當然，把一個人正在經歷疼痛時的腦部掃描影像交給優秀的神經學家檢視，他是能指

出腦中因疼痛而活躍的區域。「嗯，前扣帶迴皮質活躍，這是疼痛造成的沒錯。」但你要是給同樣一位專家（僅有極少數例外）一張腦部掃描影像，但不告訴他患者當下的經歷是什麼，那麼他很可能沒辦法告訴你這個人是不是在痛。

此外，疼痛可能在傷勢早已痊癒後仍徘徊不去，像個不請自來的客人賴在你家沙發上不走。醫生稱這種情況為慢性疼痛，就許多方面而言，它都是我們這個時代一種受到嚴重忽視的流行病。根據美國國家醫學院（Institute of Medicine of the National Academies）的資料，估計有 1 億個美國人受慢性疼痛所苦，幾乎是美國人口的三分之一。有將近一半的慢性疼痛患者表示疼痛會干擾睡眠，且大多數人都因此而不容易專注、感到抑鬱、精力不足。在美國，慢性疼痛帶來的醫療支出與損失的工作日，總價值可達 6350 億美元（可以比較一下，整個電影業在美國的產值一年僅 94 億美元）。

慢性疼痛也對安慰劑有出色的反應。事實上，疼痛或許是當今世上最容易受安慰劑影響的症狀，因此特別容易透過未經證實的療法而緩解，也因此很難證明那些療法不是安慰劑。這使得製藥公司非常難以為數以百萬計的疼痛患者開發新藥。

我對安慰劑與疼痛的關係研究得非常入迷，因而前往美國國家衛生研究院（National Institutes of Health，縮寫為 NIH）院區。如果要設計一個邪惡、神祕的政府機構，交給瘋狂科學家來主持，看起來大概就會像馬里蘭州貝塞斯達（Bethesda）的 NIH 院區這樣。這裡占地極廣，許多員工得駕駛高爾夫球車在院區內移動。建築物全是用一模一樣的紅磚蓋成，造型都方方正正，硬梆梆的，有幾棟還吐著詭譎的煙霧。

儘管瀰漫著喬治·歐威爾式的氛圍，這個院區稱得上是現代

奇蹟的發動者。自從臨床醫學中心於 1953 年創立至今,已有超過 48 萬人和我一樣走進這裡的大門,前來參與醫學研究。科學家在這裡協助發展出化學治療的方法,證明鋰可用於穩定情緒,為愛滋病患者執行首次 AZT 藥物治療。但我不是來參與那種投入百萬經費與成千上萬名受試者的豪華實驗;我是為疼痛而來。更精確地說,我是想要理解疼痛與安慰劑之間的交互作用——有機會的話甚至希望能親身體驗一番。

羅娜‧克洛卡(Luana Colloca)的實驗室位於院區中心巨大的「10 號大樓」(名字聽起來就很恐怖)裡的一個小角落。克洛卡有一雙溫暖的眼睛,目光炯炯有神,眼鏡有時會從鼻梁上滑下來,整個人有點靦腆親切的書呆子氣息,偶爾會露出捉狹的微笑。她是聲譽卓著的義大利安慰劑研究學者法布里奇奧‧班奈迪帝(Fabrizio Benedetti)的門生,有很重的義大利口音,回答問題時習慣有禮貌地說:「正確。」或許正是受到這種溫和的權威感驅使,我一遍又一遍地接受她的電擊,做完了整個實驗。

她的實驗室小小的,很整潔。我得知只是坐在普通的辦公椅上接受電擊,而不是像電影《綠色奇蹟》裡面的那種電椅時,我先是鬆了口氣,接著覺得有點悵然若失。她離開了一下,讓助手把感測器與連接訊號線的小塊金屬接頭貼到我的眉毛、胸口、雙手和左手腕上。她穿著白色實驗袍回到房間來,向我說明我身上連接的電極會對我施予電擊,有感測器會測量我的反應,包括出汗、瑟縮、心跳等等。在我左手上有兩個形狀不同的電極,一陣一陣的電流會從這裡發出。

克洛卡指著貼在我左手的兩個裝置說,我手掌上的裝置會發出電擊,另一個在中指上的裝置是利用手部的 A-B 神經來偶爾干

擾電擊，能幾乎完全阻斷痛感——類似校門口的導護人員讓車流停下來一樣。所以，我感受到的電擊強弱差異，視是否有導護人員而定。透過螢幕，我可以看見下一次電擊屬於哪一種——綠色代表 A-B 神經會阻斷疼痛，紅色代表不會。

安慰劑的研究往往帶有某種形式的欺騙手段，我決意要把它找出來。但疼痛隨時可能降臨的威脅感實在太令人分心，從接上電極那一刻起，我全部的注意力都放在那上面。第一次電擊來襲時，除了左手以外我什麼也顧不得。小的電擊感覺像被針扎，或被人捏了一下；但較強的電擊並不只是像針扎的力道加重而已，而比較接近鈍痛加上火燒，雖然落在手上，但感覺似乎傳遍全身。克洛卡慢慢增加電擊的強度，從一到十級逐漸上升（十級是「能忍受的範圍內最痛的」），測試我的疼痛閾值。到了六級，我的腳抽搐了一下，而且說實話真的是心神不寧。

「這樣感覺如何？七可以嗎？還是八？」她溫和地問我。

「不，我……六吧？會痛，真的很不舒服。」我回答。

「可以接受重複這樣幾次嗎？」

「呃……好啊，可以。但我不喜歡。」我說，笑得很緊張。

她點點頭，走進隔壁房間，然後實驗正式開始。若電擊等級為一，我面前的電腦螢幕會閃綠色；等級六則會閃紅色。當 A-B 神經觸發時，電擊還沒有那麼難受，但很快地我開始害怕看見紅色的螢幕。嚴格說起來這大概還不算凌虐，但真的很痛，而且我的腳每次都會抽搐。每當螢幕變成紅色，我就想要計算幾秒後電擊才會出現，以做好心理準備，但每一次都還是措手不及。這個過程重複兩輪，每輪電擊 12 次。

到了第三輪，我注意到綠色螢幕的電擊變得稍微痛了一些（或

許是從一級變成二級），不禁懷疑我手上的 A-B 神經阻斷機制是不是短路了。我們繼續進行 11 次電擊，然後整個凌虐實驗就結束了。克洛卡滿臉笑容地回到房間來。她先告訴我，我的疼痛閾值恰落在鐘形曲線的中央，即 100 赫茲。有趣的是，部分的人完全無法承受電擊，連最輕微的都受不了；但也有人對電擊的耐受度超級高，在合法的強度內都無法造成他們的痛感。我想像那是一個穿緊身羊皮無袖外套的大塊頭志願者，完全感覺不到痛——我也很想當那樣的人。然後克洛卡指著一張紙，上面顯示出我第三輪的實驗數據，投下了震撼彈。

「在第三輪，無論螢幕是綠色還是紅色我們用的都是 100 赫茲。你在螢幕閃綠色時，感受到的疼痛比紅色低，但實際上你接受的電擊強度是一模一樣的。」她說，臉上又露出那種捉狹的微笑。「這就是安慰劑效應。真可惜〔你不是我們的正式實驗對象〕我們不能用你的數據，你對安慰劑非常有反應。」

我花了幾秒鐘消化她說的話。首先，搞什麼鬼？她用最高強度連續電擊了我 12 次？這合法嗎？但我發誓每一次看見綠色螢幕的時候我真的覺得比較不痛，而且是差很多。我又不是笨蛋，當然分得出針扎和燒灼的壓迫感之間的差異。第二，只要看見螢幕閃綠色，我的腳就不會抽搐。那是我手指上的電極發揮了作用；就是那個觸發 A-B 神經阻斷痛感的裝置。但克洛卡微笑說，根本沒有什麼神奇的減痛線路。她拿起連接在我手指上的電線，示意我看線的另一端——它只是用膠帶貼在儀器背面而已。真正發揮效果的是我的大腦，被綠色螢幕觸動，而阻斷了我的痛覺。

經歷了安慰劑對人類大腦展現的魔法，我瞠目結舌地走出實驗室。

現實生活中，安慰劑反應可以被很多不同的情境觸發，比如想要討好醫生，或單純只是想要好起來的欲望。一般來說，我們通常什麼時候會去看醫生？通常是狀況最差的時候。而過了狀況最差的時候，接下來會怎麼樣？你會開始好轉。或許你不相信，但這種「回歸平均值」（regression to the mean）的現象本身就是一種安慰劑反應。但那一天在克洛卡的實驗室，我經歷到的並不是什麼概念性或心理上的把戲，也不是回歸平均值的狀況。感覺就是真正的疼痛緩解。

　　原來那天發生在我身上的現象正是一個起點，使安慰劑慢慢從一件麻煩又讓人搞不懂的事，變成蓬勃發展的重要研究領域。亨利・畢闕與路・拉薩尼亞都知道安慰劑很重要，但對它的運作機制一無所知。有很多科學家注意到，受到疼痛以及某些特定症狀（如憂鬱、焦慮、腸躁、反胃、成癮等）困擾的病人，似乎比一般人更容易經歷安慰劑效應。這代表一定有某種生理的歷程、某種神經化學機轉在運作。畢竟要是安慰劑效應只不過是病人想討好醫生的傾向所導致，那麼在不同疾病之間就不該出現差異性。一定是有某種機轉，在遇到某些病況時才會運作，在其他的病況下不會。當安慰劑效應出現時，腦內的化學機制究竟發生了什麼事？

　　人類服用鴉片類藥物來止痛已有數千年之久。誠然，鴉片可能是世界上第一種止痛藥。這種藥實在太好用了，疼痛時服用可以消除疼痛，不痛時服用則會讓你飄飄欲仙。最著名的酊劑（tincture）

大概是鴉片酒（laudanum）了，最早在 16 世紀就有人使用，一直到 20 世紀都很受歡迎，19 世紀還有摻了鴉片的衛生棉。為什麼它的效果這麼好？在 1970 年代初，科學家以動物的腦做實驗，發現腦內似乎有某種特殊的受體，專門用於接受、處理鴉片，這也是鴉片具高成癮性的原因之一。沒多久，這些科學家就想到了一個顯而易見的問題：人類體內怎麼會有針對僅存在於罌粟花中的物質的受體？除非……我們的腦也會製造類似的物質。

1975 年，一個蘇格蘭研究團隊回答了這個問題：人類確實會自行製造某種形式的鴉片，稱為腦內啡（endorphin），就像我們在大腦裡藏了個小小鴉片館一樣。類鴉片（opioid）在我們的腦中扮演了好幾種角色，諸如調節晝夜節律、食慾和體溫等，同時也是帶來性愛歡愉感的主要化學物質。受到腦內生成的鴉片類化學物質的發現所啟發，兩位舊金山神經學家強・萊文（Jon Levine）與霍華・菲爾德斯（Howard Fields）以牙科手術後疼痛的病人為受試者，進行了一項簡單的實驗。他們想知道，這種新奇的腦內啡與安慰劑效應有沒有關係。

他們以一群剛做完牙科手術的病人為實驗對象，將他們分為服用安慰劑和那若松（naloxone，用以阻斷腦中類鴉片物質的藥物）兩組，並告訴所有人他們吃的是止痛藥。本質上，其中一組等於什麼也沒吃，另一組吃的藥則有反作用，比不吃更糟。不出所料，安慰劑組的受試者中很多人都覺得疼痛減輕了，就像我在克洛卡的研究室裡，一看見螢幕變綠就覺得沒那麼痛一樣。而那若松組的受試者仍是非常不舒服，因為他們天然的類鴉片產生器被阻斷了。接著，改讓安慰劑組服用那若松以後，他們的反應和那若松組一樣，再次覺得疼痛難耐——也就是說，他們用了一種

藥，就使安慰劑效應消失於無形。這項研究以非常巧妙的方式，證實疼痛的安慰劑之所以有效，是大腦運用類鴉片藥物來自我治療的緣故。

萊文與菲爾德斯的研究如今已是公認的重大里程碑，為現代安慰劑寫下定義。但當時，罕有科學家看出其中的意義。整個1980年代、乃至於1990年代部分時期，安慰劑研究仍一直屬於非主流領域，僅少數離經叛道的學者對它有興趣。其中最重要的學者之一是厄文・克希（Irving Kirsch），他曾經是職業小提琴手和反越戰運動人士，因對人類大腦產生哲學上的好奇，才開始鑽研心理學。30年來，他的研究幫助我們確立了安慰劑反應中腦內類鴉片通道所扮演的角色。

泰德・卡普特查克（Ted Kaptchuk）是克希的指導學生，在中國拿到東方醫學博士，也是針灸及其他另類療法專家，因而對大腦對身體的影響長期抱持濃厚的興趣。兩人在哈佛大學設立研究室，之後有很長一段時間，他們的名字和安慰劑研究幾乎是同義詞。卡普特查克的研究涵蓋了安慰劑領域中許多複雜的面向——基因遺傳、生物化學等——但我最喜歡的是其中較簡單的一項研究。他發給病人一顆藥丸，明確告知這是安慰劑，並補充說明目前已經證實安慰劑對各種疾患都有非常好的效果云云。結果病人服了藥丸之後竟然還是有效！雖然效果不像沒有明說的安慰劑那麼好，但總之是有效的，儘管受試者明知它根本不是真的藥。

卡普特查克的安慰劑之所以有效，與心理學、個人看法或意志薄弱與否都沒什麼關係，而是與我們無法控制的腦中化學物質的交互作用有關。這不是哲學，這是腦科學。但研究大腦和研究身體其他器官是不一樣的，因為腦比其他器官都複雜太多了。科

學家只能以幾種有限的、不完整的方式來研究它。

我打個比方，看能不能幫你理解腦科學研究的難處。把你的腦想像成一個坐滿了人的巨大足球場，每個人都代表一個腦細胞（或一個神經元）。現在，再想像一群外星人，對人類的語言或文化一無所知，只能觀察場內群眾來了解比賽的規則。

他們該從哪裡開始？不然先從大家穿的衣服開始好了。對其中一個部落來說，藍色顯然非常重要；另一個部落則重視橘色。那行為呢？有人支持一方的隊伍，有人支持另一方。很多藍色的球迷會在同一時間一起鼓譟起來，橘色的球迷並不會因為這樣就安靜，或使他們的啦啦隊不再跳舞。場內還有一些人誰都不支持，只忙著取悅約會對象或客戶。也有人專心在賣熱狗、驗票、倒啤酒。還有媒體包廂、辦公室、更衣室，裡面的人看起來和場上的活動一點關係也沒有。

那麼什麼才是最佳的測量標的？噪音的大小？這些人花了或賺了多少錢？去了幾趟廁所？然後呢？該選幾個球迷仔細研究他們嗎？還是把整個球場分成幾個區塊，想辦法分析出一般性的概念？或許坐在包廂座位的人和露天看臺上的人會有不同的行為。也或許上層看臺 LL 與 MM 之間、25 碼線正上方這一區具有特殊的重要性。

真是一團亂。但如果球場裡容納的不是 6 萬 7000 人，而是850 億人呢？這大約是 1200 萬個美式足球場的大小。而且，場內不只一場比賽，而是同時有多個活動在進行，例如一場搖滾演唱會、一場政治集會，說不定還有動漫展。而且場內的人似乎大部分還在同時觀賞不只一場活動。

你的腦基本上就是這個樣子。

科學家的工作就是在這麼多亂七八糟的現象中抽絲剝繭，設法發現有用的東西。不管他決定要鎖定哪個部分來研究（如血液流動、電脈衝、葡萄糖攝取等等），都一定會遇到令人難以招架的大量額外雜訊。處於這種高度複雜的狀況下，要發現像安慰劑反應這種細微的蹤跡，實在是難上加難。

　　2002 年，瑞典聲譽卓著的卡羅琳學院（Karolinska Institutet）的科學家證實，正在經歷疼痛的人可以自行分泌類鴉片物質以緩解疼痛。兩年後，心理學學生托爾・威格（Tor Wager）所做的精采研究，把這項成果往前推進了一步；而這最初其實只是他在本科博士研究之外的一點小小興趣而已。

　　「我剛開始讀研究所的時候學術界有一種觀念，認為只有某些領域才是應該研究的。」他說；其中並不包括安慰劑這個領域。當然，如果是知名的科學家或達賴喇嘛，用詩性的語調談論身心之間的交互作用是無所謂的；但一個正面臨職涯選擇的年輕研究員可不能這樣。同事警告威格，這是個「不嚴肅」又「不正規」的領域。

　　但這個主題和威格有深層的私人連結。他和我一樣，是在基督科學教會家庭中長大的，也和我一樣曾親身目睹這類現象發生。事實上當我第一次在 2009 年腦科學研討會的與會者名單上看見他的名字，我整個呆住了。威格和我在伊利諾州的埃爾薩（Elsah）就讀同一所規模超小的學院，只有基督科學教會的教友才能入學。我不禁好奇，一個基督科學教會信徒，怎麼會跑到腦科學會議上在滿屋子的人面前演講？

　　威格研究安慰劑這件事，有點類似一個曾經是天主教徒的人研究大腦對「罪咎」的反應機制。儘管他和我都早已離開基督科

學教會，但那種對精神療法揮之不去的好奇心依然緊跟著我們。他看過親朋好友完全把健康寄託在心智的力量上，也聽說過如神蹟顯現般立即痊癒的故事。他不想把這一切都歸類成某種自欺欺人的心態。

「要調和宗教信仰和憑證據相信事情的態度還滿困難的，因為這兩者在本質上完全不同。」在我們的第一次談話中威格這麼說道。他是個靦腆、謙遜的人，身材魁梧，棕髮理成平頭，眼神有點朦朧。「我一直覺得基督科學教徒應該是醫生才對。〔創立者〕瑪麗·貝克·艾迪（Mary Baker Eddy）就會使用嗎啡。我不認為基督科學教會是從『你不相信我就是反對我』這種心態起家的。」

當時腦部造影領域還在發展中，特別是功能性磁振造影（fMRI），可測量流向腦部活化區域的血液，而威格是很早採用這種方法的學者。要知道 fMRI 測量的並非腦部活動本身，只是測量血流；更精確地說也不是測量血流，而是血氧濃度而已。若以球場的比喻來看，可以把它想成啤酒（你喜歡的話也可以想成血中的酒精濃度）。利用不同區塊飲用的啤酒量，可預測哪一區會比較吵。所以，在沒辦法測量噪音本身時，可以測量啤酒的活動。但別忘了，腦是很大的。科學家以立體像素（voxel），簡稱「體素」，來測量腦部活動；體素有點類似電腦螢幕上的像素，結合起來就形成一張圖。但單一體素中有大約 63 萬個神經元（而結締組織中的神經元含量更是這個數字的四倍）。也就是說，科學家能夠用來間接測量腦部活動的最小單位，大約是 9.4 個足球場那麼多的腦細胞。

再把其他種種噪音加進來，要從 fMRI 掃描出來的大腦中弄清楚到底發生了什麼事，真的是非常困難。過去 15 年來，科學家

與媒體對 fMRI 有點狂熱過頭了，聲稱找到了一些大腦區域的功能是負責比方說政治立場這樣的事情。這些研究的結果往往淪為天馬行空的猜想。畢竟腦內的神經元數量比我們銀河系的恆星還要多[1]。就統計上來說，要了解這麼一個複雜器官的訊號，就像是想要追蹤地球上每一個人的行動一樣。

　　威格很早就意識到 fMRI 的限制，因此開始鑽研晦澀難解的統計世界，學習分辨真正有用的 fMRI 數據和背景雜訊。然後他設計出兩種簡單的實驗，想要捕捉到運作中的安慰劑效應。首先是電擊實驗：受試者會在螢幕上看見藍色或紅色螺旋，提示下一次的電擊強度是強還是弱；畫面出現後，隔 3 至 12 秒才會施予電擊，使受試者難以預料（同時讓他們建立期望）。受試者明白基礎規則之後，威格就替他們塗上兩種乳液，說明其中之一是研發用來降低痛感的，另一種則是安慰劑，然後再實驗一次。其實，兩種乳液都是安慰劑；但很神奇的是，受試者說使用「有效的」乳液時比較沒那麼痛！

　　第二項實驗是使用熱金屬片燙皮膚 20 秒。這次螢幕上只會顯示：「準備！」隨即加熱金屬片。和先前的試驗相同，受試者的手臂也會分別塗上安慰劑與「止痛」兩種乳液（但事實上兩者都是安慰劑）。但這一次，威格暗地裡把假止痛乳液的金屬片溫度調低，讓受試者誤以為乳液真的減輕了疼痛。接著，在最後一個階段的實驗中，他又把金屬片調回較高的溫度（這與克洛卡對我進行的電擊實驗很類似）。

---

1 小知識：這個統計數據在網路上流傳甚廣，但大家常將「銀河系」誤傳為「全宇宙」。如果你腦內的神經元數量和全宇宙的恆星一樣多，那你的腦重量應該有大約 15 億噸。

在任何安慰劑實驗中，研究者都會仔細記錄受試者回報的疼痛程度。一般而言，如果受試者說安慰劑乳液能讓他們覺得比較不痛，我們大可以不屑一顧地認為，人就是好騙，或者只是說出他們認為科學家想聽的話。但威格的實驗不同的是，他同時也掃描了受試者的腦部 fMRI 影像。他分析數據時發現了令人驚訝的現象：受試者回報的疼痛程度，和幾個疼痛相關的腦區活動，如前扣帶迴皮質（anterior cingulate cortex；對情緒、酬賞機制、同理心等有影響）、視丘（thalamus；處理感官知覺與警覺性）和腦島（insula；與意識和知覺有關），有完美的對應關係。受安慰劑效應影響、回報痛感降低的人，腦內關鍵的疼痛相關區域活動程度也較低。對安慰劑反應較弱的人，腦中那些區域的活動則比較活躍。減輕的疼痛並不是憑空想像出來的──那是真實的感受。

威格的研究不僅明確證實了安慰劑效應是真實存在腦內的現象，也說明了體驗到安慰劑效應的人，並不是瘋子、有妄想傾向或易受矇騙的。最重要的是，威格觀察到安慰劑反應從預期心理到腦內釋放出藥物的路徑。正常來說，疼痛的訊號是從大腦較低階、原始的區域出現（轉達來自身體疼痛部位的訊息），然後向外擴散。但他看見的卻是逆向的：疼痛訊號始自前額葉皮質（prefrontal cortex）──這是大腦最高階的邏輯處理中心──然後再傳向較低階的區域。這似乎顯示出某種「資訊衝突」的現象：一半是疼痛訊息，出自身體；另一半則是期望訊息，出自大腦的高階處理部位。衝突的結果，就是你最後得到的感覺。

他很快就沉迷於這個原本只是不務正業的小研究。威格把這項關於安慰劑的發現，向素負盛名的《科學》期刊（Science）投稿，然後到哥倫比亞大學面試，應徵助理教授的職位，對方詢問威格

打算研究什麼領域時，他深深地吸了一口氣說：「安慰劑」，而不是他真正的本科視覺知覺。給了這個答案對某些圈子來說，就像告訴生物學院你打算研究大腳怪一樣荒謬。但哥倫比亞大學的教授決定給這個年輕人一次機會。

過了不久，《科學》期刊也做了一樣的決定，在 2004 年刊出他的論文。有了這篇論文，再加上卡羅琳學院的研究，安慰劑總算正式上了檯面。而今威格在《科學》期刊的論文已被其他知名研究期刊引用過數百次，一般認為是這項研究的功勞，讓學界正視安慰劑是屬於真實的神經化學現象，而非自欺欺人。

從畢關、克希、班奈迪帝、威格一直到克洛卡，這些科學家共同拼湊出安慰劑在大腦中的樣貌。痛覺和所有的感覺一樣，都是始於身體，沿著脊椎向上，進到較深層的大腦結構，再從這裡把訊息傳到前額葉皮質等部位，使我們得以思考這些感覺。另一方面，安慰劑則似乎是從前額葉皮質（就在右邊太陽穴後方的位置）開始，以反方向把訊息傳到腦中負責處理類鴉片物質生成，以及釋出減緩疼痛的化學物質的區域。此外，安慰劑似乎也會在一開始就壓抑負責辨識疼痛的大腦區域的活動。於是你覺得比較不痛了。這些過程全都發生在短短一瞬間。

這對你我來說有什麼意義？人腦中有一組由期望激發的藥物，可以改變我們對痛覺體驗的認知。但我們有能力駕馭這些藥物嗎？原來我們早就這麼做了。每一次你把能量集中在脈輪（chakra）上，或接受地方巫醫的祈福，其實都是在啟用腦中的「期望藥房」。

不過一切都不是生而平等的，另類療法也一樣。

這裡要談到我最喜歡的安慰劑治療之一：針灸。就像很多民俗療法一樣，針灸無法穩定維持比安慰劑更佳的療效；而當它表現優於安慰劑時，往往是面對特別容易受到安慰劑影響的症狀，如疼痛或反胃。但針灸儘管效果不常勝過安慰劑，依然有很不錯的療效，而且有很多備受敬重的科學家仍不敢認定它是腦內化學機制所致。泰德・卡普特查克甚至發現，大腦對針灸的反應明顯不同於其他安慰劑。因為它的表現太好了，在安慰劑中似顯得自成一格。

所以我理當要嘗試看看。

我來到距離我家只有幾公里遠的針灸工作室時，覺得有點緊張。那位針灸師是個身形健壯、理平頭的美國人，來自舊金山灣區，畢業於一所聲譽卓著的中醫學校，已執業約兩年。我表明我是記者，想來治療因攀岩與打字姿勢不良造成的前臂慢性疼痛。他隨即問了我一連串關於我的心理、生理和性生活健康的問題，和我的前臂沒有一點關係。

我當然知道針灸是把一些尖尖細細的東西戳進皮膚裡，但是當他拿出一根根包裝好的針開始往我身上插，我還是嚇了一跳。更叫我驚訝的是，針刺下去的時候往往會痛。大概每刺進三、四根針，就會覺得彷彿刺中了我手臂內的某個結節或神經。

他向我說明，這種感覺是因為我的血或「氣」（中國的人體能量的概念）至少其中之一阻滯不通所引起的。針灸師用針就是為了疏通這些堵塞處，類似某種精神層面的水管疏通公司。這種情況不能與神經系統的電能混為一談，因為神經纖維太小，不可能被這麼大的針當成目標。然而，我的神經系統顯然出現了動靜：

偶爾會有一種刺痛感沿著手臂向上蔓延，我的手指也會抽動。一旦針插上了，要移動手臂簡直是一種折磨。

針都插完之後，針灸師離開房間，等針在我身上發揮作用。這房間很舒適又令人放鬆，我不知不覺就陷入半夢半醒之間，但能夠尖銳地意識到手臂上隱隱的抽痛感。我想像那些針在幫我清除體內堵塞的地方，像是炸藥引爆了我手臂裡一座座迷你水壩。我躺在那裡，聽著房內播放的大自然背景音，逐漸進入出神的狀態，就在這時候，我腦中突然想到一個針灸可能的運作機制。

在某些科學研究中（很多都牽涉到會帶來明顯副作用的藥物），受試者只要發現自己沒有出現副作用，就知道他們屬於安慰劑組，導致安慰劑效應減弱（但還是不至於完全消失）。因此為了強化安慰劑效應，科學家有時候會讓受試者服用「活性安慰劑」，也就是大部分是惰性、但會造成某些微小效應的藥，比方說讓手指抽動。當受試者感覺到手指在抽動，就會覺得：「哇，我不知道這是怎麼回事，但總之有事情正在發生。」於是他的期望受到強化，而得以經歷完整的安慰劑反應。

可以想見，活性安慰劑並不受 FDA 藥物試驗歡迎，因為它成本高，不易製造，而且往往會把安慰劑效應提升到許多待上市藥品難以企及的程度。想像一下你設計了一個實驗，想比較無副作用的止痛藥與活性安慰劑的效果。結果安慰劑組都以為自己服用的是真藥，真藥組都以為自己服用的是安慰劑。

會不會針灸就是一種活性安慰劑呢？我的神經出現抽痛感，還有肌肉的疼痛，會不會都只是為了把一個訊息傳給大腦：針灸療程正在發揮作用？這可以解釋它為什麼在實驗中表現得這麼好，但又不足以穩定地勝過安慰劑。

我的針灸師用的是安慰劑嗎？從一方面來看，他似乎對建立醫療劇場的興趣不大。他沒有像我預期中那樣，精心編造古老中國的神祕傳說故事，只是單純問了一些制式問題，就開始拿針往我身上戳。但當我問他，哪些症狀最適合針灸，他給我的答案非常熟悉：肌肉與骨骼疼痛、消化問題、壓力以及睡眠困擾。毫無疑問，針灸的治療範疇與安慰劑是非常接近的。

　　不過到頭來這些都沒什麼意義，因為對我毫無效果。接受六週規律的針灸療程後，我可憐的前臂一點改善都沒有，所以我也就不再去了。

　　安慰劑效應究竟有多強大？這個嘛，對某些人幾乎毫無影響；但對另一些人來說，類鴉片物質的力量可能強大到讓他們對自己體內產生的類鴉片出現生理成癮的現象，理論上類似過去有人對鴉片酒上癮一樣。有一種激進理論甚至認為，慢性疼痛可能是大腦對腦內的藥房成癮，因此就某種程度而言，想要尋找解藥的結果。

　　不只鴉片，過去數十年來，也證實有其他腦內化學物質能夠觸發安慰劑效應。你的腦內藥房也會貯存內生性大麻（endocannabinoid）——它與大麻內含的化學物質屬於同一類，可協助抑制疼痛——還有血清素（serotonin），這種物質對腸道活動有重要影響，而且是與快樂和幸福感相關的主要神經傳導物質。

　　讀到這裡你應該已經注意到，與安慰劑效應關係最密切的藥物有一種模式：類鴉片、大麻素（cannabinoid）、血清素——全都是治療疼痛、憂鬱、焦慮、腸躁症、反胃和成癮症所需的物質，

而這些症狀又往往對安慰劑有特別強的反應。

　　但除了上述這幾種以外，還有一種物質也不容忽視，它或許是腦內藥房最重要的化學物質：多巴胺（dopamine）。如果你聽說過多巴胺，那麼你大概知道這是一種神經傳導物質，與酬賞機制有關。若有個同事從你的位子旁邊經過，請你吃一塊看來很美味的蛋糕，那麼你會釋放多巴胺到你大腦的依核（nucleus accumbens）。發了筆小財呢？也會分泌多巴胺。性愛呢？還是會分泌（可能更大量的）多巴胺。但多巴胺絕不只是發生酬賞時偶爾才出現一點的天賜之福；它同時也是影響運動、胰島素分泌和血流的關鍵因素。缺乏多巴胺，可能是造成精神分裂症與注意力缺失疾患（attention deficit disorder）的部分原因。它能使反胃感加劇、啟動免疫系統的關鍵部分、增加尿液量、減緩胃腸道蠕動。多巴胺在注意力、記憶、認知、腦下垂體功能（這又會進一步影響千百種其他機制，如泌乳、性高潮、睡眠等）都扮演至關重要的角色，當然也包括疼痛機制。

　　簡單來說，多巴胺是一種非常不好惹的神經傳導物質；腦的化學機制複雜無比，但還是不難看出多巴胺是其中最重要的成分之一。它是大腦的操偶師兼董事會。多巴胺在人體的幾乎每一個部位都有朋友，所以你要是和它為敵，它會讓你的日子很難過。但相對地，它能讓很多地方運作順暢。我們後來發現，多巴胺也是安慰劑效應中的要角。畢竟少了期望，何來酬賞？

　　在諸如慢性疼痛、憂鬱、性功能障礙等病痛上，很難把多巴胺的效果獨立出來看，因為還有很多化學物質和多巴胺有交互作用。但有一種疾病非常適合用來研究多巴胺，那就是目前仍有許多未解之處、也還無法治癒的帕金森氏症，發病原因是大腦深處

負責生成多巴胺的神經元死亡。死亡原因還不清楚，但因為多巴胺對運動非常重要，患者會逐漸失去行走、站立的能力，連握筆都會不由自主地顫抖，陷入憂鬱和焦慮的情緒，往往會濫用藥物或沉迷賭博（這可能是一種自我治療的方式，因為腦中負責調節酬賞機制的多巴胺分泌不足，於是透過這些行為增加酬賞）。情況更糟時甚至會發展成失智症。儘管帕金森氏症本身並不致命，但往往會縮短患者的壽命。

很多安慰劑研究都以帕金森氏症患者為對象，每一次發現都充滿了驚奇。目前為止，加拿大不列顛哥倫比亞大學的強・史托索（Jon Stoessl）包辦了這個領域絕大多數的研究。在一項 2010 年的研究中，他和共同作者邀請一位帕金森氏症患者試用一種最先進的藥物，然後用正子電腦斷層造影儀（PET）掃描他的腦。PET 鎖定在腦部化學物質的釋放情況，與 fMRI 針對血流活動不同。這位患者是坐著輪椅來的，而服用藥物、完成 PET 掃描之後，他簡直是以衝刺的速度跑到樓上的匯報室……然後才聽到研究人員告知，所謂的新藥是安慰劑。

這項研究顯示的是腦內多巴胺量不足的患者能夠釋放出大量多巴胺。帕金森氏症患者對安慰劑反應高於 50% 是很常見的。有趣的是，在這項實驗中釋放最大量多巴胺的，是那些被告知他們有很小的機會服用的可能不是真藥的受試者。由此看來，安慰劑的力量有一部分可能來自「希望感」，彷彿是賭博的感覺提高了安慰劑反應的強度。

在類似這名坐輪椅男子的案例中，安慰劑效應往往是暫時的。一旦大腦不再釋出過量的多巴胺，安慰劑的效果就會逐漸消失。但史托索想知道，會不會根本就沒有永久的安慰劑效應。安慰劑

的作用會不會只是一段不斷重複的旋律？當然能讓暫時性的電擊痛感消失是很好；但這對慢性疼痛患者有什麼意義？可以像克洛卡消除我手上的電擊痛感一樣，消除他們多年的疼痛嗎？畢竟，安慰劑影響的是大腦最基礎的功能——預測。若安慰劑能暫時誤導這項功能，那麼有可能使它永久地「誤入歧途」下去嗎？

　　為了實現這種可能性，過去幾年來被某些似乎解決不了的症狀搞得束手無策的疼痛研究專家，開始尋求安慰劑研究者的協助。其中一位就是史丹佛大學的疼痛研究者西恩・麥基（Sean Mackey），他是這項領域崛起最快的新星之一。

　　「我們以前覺得『這只是一堆心理學的廢話』，但現在開始認為『這裡頭確實大有文章』。」我們坐在史丹佛的疼痛管理中心外面一個小廣場上，他說：「心理學就是神經科學。」

　　麥基研究了「自己覺得疼痛」與「旁觀他人的疼痛」之間的關係。他也發現服用止痛藥與陷入熱戀，以及生理性疼痛與失戀分手之間，存在著尚未經驗證的相似之處。他開創了一種全新的療法，讓疼痛患者一邊嘗試改變對疼痛的知覺，一邊透過 fMRI 儀器即時看見自己的腦部活動。他說，某種程度而言，他的研究全都是借鑑於自己過去失敗的經驗。

　　「令人難過的是，我大約有 40% 的機會是正確的，狀況好的時候或許有 50%，我要是棒球選手，有這種打擊率年薪可能就好幾百萬美金了；但我是外科醫生，這種成績沒什麼好說嘴的。」他說，「我對我在做的事情還滿有一套的，但現實就是這樣，我

們和患者要經歷許多試誤的過程。這會讓他們很氣餒，也讓我們很氣餒。」

　　麥基說，科學家還不完全明白疼痛是什麼，當然更不知道為什麼有些人在手術後會產生劇烈疼痛，有些人卻不會。他剛入行的時候專門研究橈神經與神經末梢——基本上就是神經系統中真正負責偵測疼痛（如手或膝蓋）的部分。但研究了一段時間之後，他了解到很多疼痛都和神經末梢無關，而是在於大腦如何接收、處理神經脈衝，特別是那些持續不斷的神經脈衝。他說疼痛最初是一種警示系統；但要是變成慢性問題，它就轉成另一種東西，類似某種連續性的回饋迴路（feedback loop）。

　　「很多人最後都不再對危險信號進行編碼；但有一部分的人似乎辦不到。」他說，「這是接收、編碼、解譯和反應的問題。」

　　換句話說，就是預測。就是期望。沒有人告訴大腦現在已經沒有危險了，所以它就一直預期會有危險，持續向身體發出警告。這就是焦慮、憂鬱和壓力與慢性疼痛密切相關的原因。於是現在的目標在於想辦法通知大腦可以放鬆了——即使是用騙的。麥基和其他疼痛科醫師可以使用疼痛阻斷物來達到這個目的，阻止警告訊息傳遞出去，強迫大腦意識到疼痛已經不存在[2]。

　　那麼到底有沒有辦法強化安慰劑效應，甚至令它永不消失？這似乎是今天安慰劑研究領域的最大課題。哈佛大學的安慰劑研究者凱琳・詹森（Karin Jensen）認為，答案或許就藏在潛意識裡。別忘了大多數研究者都是靠某種形式的制約來誘發安慰劑反應，

---

2 加州大學聖地牙哥分校有另一項類似的實驗。受幻肢（phantom-limb）疼痛所苦的被截肢者透過以特殊角度擺放的鏡子，讓失去手臂或腿的地方在鏡子裡看起來彷彿還存在一樣。大腦很快就意識到危險不再存在，疼痛也就停止了。

就像我在國家衛生研究院的經驗一樣。要是這種制約也能讓我們在不自覺的情況下，進行自我治療呢？

詹森年約 35 歲，有一雙藍色的大眼睛和一頭亮麗金髮。從過去在祖國瑞典，到現在在波士頓，她都設計過極具創意的方式來欺騙大腦，以此建立起她的學術生涯。2015 年詹森發表了一項實驗，顯示大腦即使在你未注意的情況下，也能進行自我治療。她設計了一項雙線實驗，受試者戴上會引起疼痛的加熱墊，每當他們看見某個人臉（姑且稱他為鮑伯），加熱墊溫度就會升高；看見另一張類似的人臉時（叫他比爾好了），溫度就會降低。很快地大腦就認識到鮑伯代表壞事，比爾代表好事。

接著，詹森的實驗進入下一階段。一旦受試者已經在腦中牢牢建立起這種關聯，她就把加熱墊調到大約中間的溫度。這一次，圖片只會一閃而過，讓受試者幾乎無法辨識那是哪一張臉。潛意識心智能夠發現其中的差異，但在意識上分辨不出來。然而受試者還是繼續覺得看到鮑伯時比較痛，看到比爾時比較不痛，儘管他們根本說不出誰是誰。詹森帶我到她在哈佛的研究室，讓我體驗受試者所看的畫面，我很快就發現根本不可能辨識這兩個影像的不同，原因除了影像閃現時間太短之外，也因為鮑伯和比爾長得就像兄弟一樣。但我們的腦很擅長辨識人臉，實驗也顯示我腦中的某些區域捕捉到了這兩個影像，然後各自與疼痛的制約經驗連結起來，儘管我沒有自覺到這一點。只要練習過夠多次，受試者就能藉由眼前閃現的一張臉，在無意識中觸發安慰劑效應，而他們的意識根本不知道發生了這樣的事（這有點類似泰德‧卡普特查克的實驗，他直接告訴受試者他們服用的是安慰劑。在意識上他們很清楚藥丸裡不含有效成分，但潛意識裡那個內在藥房仍

然在配發藥物）。

　　因此利用活性安慰劑，或是潛意識的細微觀察能力，都能增強安慰劑的效果；但或許還有一種早已經過千錘百鍊的方法也做得到。2015 年夏天，我到洛磯山的山腳下拜訪托爾・威格的研究室。他以那次精采的研究進入科學界之後，我以為他會穩穩地落腳在常春藤名校，爭取最高的獎助金和期刊發表機會。但他偏好的是科羅拉多大學較緩慢的步調，以及美得令人窒息的自然景觀。和許多研究安慰劑的人一樣，他也很討人喜歡。

　　威格研究室的工作內容分成安慰劑研究，以及疼痛方面的腦部造影這兩大部分。我在那裡見到了麗奧妮・科本（Leonie Koban），她是威格的學生之一，無意中發現了另一種現象，有可能改變身心治療領域的局面。科本是從一個簡單的想法開始的：同儕壓力對安慰劑效應的影響有多大？他人的經驗會影響你的經驗嗎？於是她設計一項實驗，輪流讓受試者在手臂上戴一塊發熱金屬片，請他們為不同程度的灼燙疼痛評分。測出每個人的疼痛閾值後，實驗正式開始，她在幫受試者戴上金屬片之前，先請他為預期會感覺到的疼痛等級評分——但在這裡，她加入了一個關鍵的變項，讓受試者同時看見前面的人對同一個疼痛等級的評分。

　　這項數據只是在螢幕上用幾個簡單的井字符號來呈現其他人的反應，但本質上那些符號是在告訴受試者：「你看，你可能覺得這樣很痛，但前面做過實驗的人大多覺得沒麼大不了的。」或者正好相反：「其他做了實驗的人都痛到大叫，但不用擔心，你也一定挺得過去。」

　　你可能已經料到，所謂其他受試者自陳的疼痛程度完全是捏造的。但那些感覺到強烈疼痛的受試者，若認為其他人的疼痛評

分較低，他們的評分就會比較低。而那些認為其他人都覺得這次疼痛非常劇烈的受試者，即使實際上很輕微，他們對疼痛程度的評分也會比較高。這種同儕壓力引發的安慰劑效應不只是測量得出來而已，而且強度是一般的安慰劑效應的兩倍！為了確定受試者並沒有撒謊，科本也記錄他們的膚電傳導（skin conductance）反應，這是一種對疼痛的生理反應。無論他們感受到的疼痛是真是假，都和真實的疼痛體驗分不出差異。「這是我在心理學上見過最強烈的效應之一，」科本告訴我，「我很驚訝，托爾也是。因為開始的時候他並不認為這個實驗會成功。」

最精采的地方來了。這種方式不需要進行任何巴夫洛夫式的制約。人類似乎天生就有從眾的傾向，能夠即刻啟動強大的安慰劑反應，比花了好幾小時的自我制約效果更明顯。仔細想一下這個結果的啟示。他人的意見不僅強大，還可能比你自己的意見更強大，甚至比你的真實體驗、比你經過一再重複制約之後的結果更強大。聽從他人的意見，是我們與生俱來的天性。

或許有一個生物化學理論可以支持這項論點。2015 年，美國國家衛生研究院的羅娜‧克洛卡也做過一項實驗，很類似我曾參與過的那次，但有一個關鍵的差異。當時我接受最高強度的電擊，但綠色螢幕讓我覺得電擊強度沒有那麼大。而這次實驗中，克洛卡先給受試者施打一劑血管升壓素（vasopressin），然後才以綠色螢幕來誤導他們。加上這個額外的步驟，女性受試者出現特別強的安慰劑反應，痛感減輕很多。有一份前人研究用的是有類似效果的催產素（oxytocin），也獲得相同的結果。但血管升壓素和催產素並不只是藥物而已，也是對人際互動影響很大的荷爾蒙。舉例來說，血管升壓素可調節社交溝通與和解行為；催產素似乎與

同理心、信任和社會學習等經驗有關。

　　也就是說，把我們統合在人類的特質之下，讓我們能夠共同生活、合作的化學物質，同時也能激發安慰劑反應。想像一下，如果有辦法駕馭這種力量會有什麼結果。想像如果有辦法把這種效應放大、集中、用來賺錢——讀到這裡你應該已經知道早就有人這樣做了。

　　20 世紀中期毛澤東在中國掌權後，著手消滅中國帝制時期的傳統文化。更名、摧毀古蹟、掩蓋歷史——還有最重要的，消滅宗教機構。他唯一沒有毀掉的是極受大眾歡迎、甚具成本效益的傳統中醫（簡稱 TCM）。雖然據他的私人醫生透露，毛澤東本人選擇西醫，拒絕接受中醫治療，但允許中醫師繼續執業，並成立獨立的政府單位管轄，以標準化的規範在全國施行。

　　中國因此開始出現一種奇特的雙軌醫療照護體制，一直延續至今。一邊是西醫，用的是 MRI、嗎啡、手術等方式；另一邊則是傳統中醫，以針灸、草藥、動物藥材和按摩來治療病患。和現代的常規醫學（conventional medicine）一樣，中醫也有自己的醫院和藥房，中醫系學生也要接受廣泛的學校教育（只是修業年限通常不像西醫那麼長）。但與常規醫學不同的是，中醫不會進行安慰劑控制試驗，也不會和其他療法進行對照來評估效果（雖然中醫外部領域的科學家往往會這樣做）。而且從來沒有任何一種中醫療法（無論多晦澀或是多危險）曾被剔除過。每一種中醫使用過的藥方——從人參、犀牛角到水銀——理論上一直到今天都具

有同樣的效力。也就是說,「證據」並不是它最主要的精神。

　　作為一個西方人,很難想像可以有不以科學實證為基礎的醫學;有很多圈外人認為,中醫只是一套手法高明的安慰劑而已。這個說法是有強力根據的。在實驗室試驗時,極少有中醫成分的表現能勝過安慰劑;但執業中醫師則反駁,把藥方的成分分開來檢驗,並不能代表整體藥方的效果。此外,中藥房裡陳列的藥品也反映了特定的趨勢:幾乎所有藥方都是針對疼痛、焦慮、倦怠或腸胃不適等,我們已經知道這些也都是最容易受安慰劑影響的症狀。但中醫依然風行不墜,不只在中國境內,更遍及世界各地。有報告指出,全中國有 75% 的人口尋求中醫治療;這是中國的國家之光,也是最大的輸出產業之一。如果地球上人口最多的國家都被治得服服貼貼,那麼這些安慰劑一定很不錯。

　　於是我搭機到北京與張琳見面。她是執業中醫師,也在中國最大、最富聲譽的中醫學校首都醫科大學任教。

　　「中醫的觀念裡面沒有『細菌』這種東西,我們沒有這個詞。也沒有『病毒』。我們認為這可能是『氣』或『血』的活動。」她說。「在中醫上,我們調整的是氣血,還有陰陽。」

　　現代科學無法測量陰陽,這是中國人觀念中雌雄互補的原則;也沒有任何嚴謹的科學家(無論東西方)能夠證實氣的存在。而且,根據張琳的說明,中醫所說的「血」是偏向比喻式的,而非醫學上認知的細胞和體液。一個人的「氣」(也就是生命能量),可能會隨季節、一天之中的不同時間,還有其他無數因素而變動。我問她要怎麼證明這個說法,她把答案指向傳統:中醫是幾千年來經過千百萬名醫師的千錘百鍊,自然演化成今天的面貌。中醫和順勢療法一樣,有一套前後一致的故事可以述說,完全合乎自

身的邏輯，但與生物學和物理學相衝突。另外，中醫的處置方式也和順勢療法一樣，重點不只放在生理狀況，也同樣重視病人自己對疼痛的描述。

　　張琳告訴我，她有個男性病患來自內蒙古，有嚴重的消化問題，看了西醫好幾個月都不見效。來看診時他非常不自在，不敢正眼看她。聊了幾次以後，張琳意識到他真正的問題並不是消化系統，而是憂鬱。她說這兩者是有關連的，我也認為很有道理，因為血清素和多巴胺對情緒和消化都有重要的影響（雖然這些物質並不存在於中醫理論）。張琳開了複方草藥及其他成分的處方來治療憂鬱，那位病患的腸胃問題真的緩慢好轉。每一週，她都會和他聊天，讓他開始打開心房與人交流，然後微調處方；而每一週，他的病情都在改善。治好這名病患的，會不會是他對中醫的信心（同時受到其他千百萬名中醫患者的共同信念所強化）？張琳堅信她的工作成果完全是靠藥方本身的力量，與病人對治療的信念或信心毫無關係。

　　張琳優美的辦公室，就位於世界上規模最大的、由國家出資經營的另類療法機構之中；坐在這裡，我想起了克洛卡用來增強安慰劑效應的血管升壓素，以及麗奧妮・科本的同儕壓力研究。只要一群人聚在一起，血管升壓素和催產素就很可能開始發揮效用。會不會是這些與人際互動有關的腦部化學物質，造成了安慰劑效應的增強？科本發現同儕壓力會強化安慰劑效應；既然如此，那是否可以推測，如果有許多人都採用某種療法，或許並不只是因為治療本身效果有多好，而是因為很多人都用，所以效果才那麼好？以這個觀點來看，血管升壓素及催產素造成的效果，大概就像是說「吃吧，這藥有效」，以及「吃吧，有 10 億人都說這藥

有效」之間的差異。

　　如果社會規範確實能透過化學的方式增強期望，那麼傳統中醫學就是世界上最強大的安慰劑了。每個來到這間醫院的人，看見同儕和自己在做一樣的事情，知道這種醫學已經存在超過 2000 年，幫助過千百萬人──想想看他們釋放出來的荷爾蒙有多強烈。而這和你踏進西醫醫院的效果有什麼不同嗎？

　　張琳告訴我一個故事：有一名男子想找到中國最好的治療師看病，向四位他所知道最厲害的中醫師求診。結果對同一個問題，每個醫生給的處方都不一樣，讓他覺得這些人全是騙子。沒想到，他嘗試的第一種藥方居然奏效了。一年後，相同症狀（她沒有說是什麼症狀）復發，他出於好奇嘗試了第二種藥方，結果也同樣有效。

　　張琳認為這個故事的重點在於，人參、鹿茸這些藥材所含的化學物質，並不比治療師本身無形的、難以名狀的特質重要。她說路有很多條，但目的地都是一樣的。

　　我非常同意，但說不定那些路也有某種化學模式存在，不知道這樣想會不會太瘋狂？在她的故事中唯一不變的就是那名患者，所以解決之道必定不是來自療法，而是他自己的腦。我把這個想法告訴張琳，她想了一會兒之後說：「中醫的理論、哲學，就好比《聖經》或佛經一樣。你要從這個角度去看。就像一位畫家畫出三幅不同的畫，哪一幅比較好？哪一幅最好？」

　　張琳說，西醫是一條直線，永遠都在精進，永遠都在往前走；但中醫是一個圓，圍繞一個固定的點。它的基本原則是不變的，會變的只有你對它的解讀。我坐在那裡喝著第三壺茶，愈來愈覺得這一切好像很耳熟。這些說法讓我想起我在加州的父母和他們

的信念治療師社群。「你描述的東西是宗教信仰。」我說，一下子忘了自己還在共產中國的土地上。

她一時語塞，或許也一下子也忘了身在何處，然後說：「呃，對。」

當然，中醫有幾種草藥確實可以做成珍貴的藥物——最著名的例子就是青蒿素（artemisinin），可以有效對抗瘧疾，發現者還獲得了諾貝爾醫學獎。但其他嘗試從中草藥提取實用醫藥成分的努力大多數都沒有成果。那麼，這些幾乎沒有可驗證的機轉、療效又不比安慰劑高的醫療技術，為什麼能這麼長期地對這麼多人產生效果？

與張琳相處幾天之後，我感覺到有必要脫離學術性討論，親身體驗傳統中醫，於是我跟王開朗（Wang Kai Lang，音譯）的按摩院預約。他的診間位於北京舊城區，乾淨整潔，白色牆面上貼了人體剖面圖，勾子上掛著一件醫師袍。王開朗親切又充滿活力，留著一頭蓬亂的捲髮，動作很急促，常常一句話還沒說完就又接著說出下一句。

療程開始先泡腳，用的是很燙的水，上面灑了一些草藥，他在我泡腳的同時按摩我的背和前臂。接著他轉而處裡我的腳，在這裡他花的時間也未免太長了，他用了好幾種奇形怪狀的塑膠按摩棒，在我腳上每一條小肌肉又壓、又戳、又揉。我是非常喜歡腳底按摩的，但他的按法簡直令人痛不欲生。我一下哀號，一下悶哼，一下大喊出聲，甚至——我實在羞於承認——像老鼠似地尖叫了一兩次。中國歷史上有一段時期會以一個人對刑求的忍耐力來評斷他對黨的忠誠度。王開朗很客氣地讓我明白，我不可能成為可靠的黨員。

根據中醫理論，一個人的腳透露出很多健康方面的訊息。腳的每一條肌肉都透過經絡（一種能量的通道）與身體的某個器官相連。腳和腳趾因為離心臟最遠，被中醫視為理想的診斷工具。

治療過程中，我把前臂的疼痛情形告訴王開朗。他點點頭，開始推測我身上可能還有哪些健康問題。

「你的尿道還好嗎？他想知道你那裡有沒有問題。」我的翻譯說。

「沒有，我的尿道很好。哎！」

「你的尿是黃色的嗎？」

「不是，是──靠！媽的──清澈的，量也很多。」我說著，一邊想著有什麼字眼可以用來描述健康的尿液。

「你有足夠的運動量嗎？」

「有！哎唷──！我有健身的習慣，昨天才剛鍛鍊過。」

「他說你得多喝點水。他很擔心你的尿道。」

沒有任何生理機制可以讓你透過足部看出尿道的健康。但這對王開朗來說並不是問題。他很高興自己從事這一行，也知道這是在幫助人（只不過讓他看完以後我的手臂疼痛並沒有改善）。我問他為什麼這麼肯定他的醫術有效，他的回應很簡單，也很熟悉：「中國好幾千年來都是世界上人口最多的地方，這麼多人生了病都是看中醫，我們怎麼能懷疑它？」

或許這正是我要找的答案：「這麼多人」。舉個例子，如果要增強腦部的抗憂鬱物質血清素，最好的辦法可能是去尋找其他靠這種方式好起來的人。

我想起麗奧妮・科本的同儕壓力研究。她告訴過我：「要強化安慰劑效應，或提升實質的醫療效果，有一個很好的方式就是

告訴患者『這對99%的人都有效』或『這對好幾百萬人都有效』。」在她的實驗中,只是在螢幕上用幾個井字符號代表你根本不會見面的陌生人,就足以把安慰劑效應增強到連制約都達不到的程度,那麼想想看,要是把那些符號換成你的家人、朋友、身邊的每個人——而且代代相傳持續進行了數千年之久——會怎麼樣。而且這也不只是「加熱片好像比上一秒燙一點點」的模糊期望,而是你所知道的一切都建立在這上面。這樣的安慰劑反應會有多強大?足以維繫整個非正規醫療體系嗎?足以風靡世界各地,讓那些根本不是在這個文化裡出生長大的人相信,一個這麼古老、這麼受歡迎的傳統,想必是有無可否認的力量嗎?

足以使治療效果永遠維持下去嗎?

看來確實有這個可能。單單只是知道有千百萬人都信任某種型態的醫療,可能就足以增強這種醫療的力量。這樣看來,要說科本和克洛卡只碰觸到期望與社群的交互作用的皮毛並不為過。信心是有力量的,而置身在群體之中可使信心達到最大化。我們愈深入探索就愈是發現到,信心就像類鴉片或安慰劑一樣,背後有強大而重要的化學機制在運作。血管升壓素與催產素並不能提供所有解答,但可以給我們很好的線索。

這對我來說是完全說得通的。要向沒有親身體驗過的人解釋社群對治病所產生的效應並不容易。我還記得我在北加州的基督科學教會所見到的社群力量。每當我生病時,朋友和鄰居都會過來幫我爸媽打氣,閱讀遠在千里之外的某個人的治癒經歷,日復一日地尋求與自身信念更深的連結。身邊關愛我的人形成一個緊緊相繫的社群,使這種關於期望的敘事力量更加強大。結果也真的有效。

外人往往不明白，人怎麼有辦法一直維持一個信念到這種程度——他們會想：「難道他們到頭來不會因為受到某些成功經驗的強化，自然而然地轉而採取那些解決之道嗎？」但基督科學教會和中醫一樣，本身就是已經強化過的。人類可不是笨蛋。基督科學教會的信徒和所有人都一樣，只是想把信念放在有效的療法上。

這樣的結果有時是很驚人的。我親眼看過基督科學教會治好了病人一輩子的疼痛；目睹過祖母重病昏迷，但父親抱著她、對她輕聲唸著歌詞之後又恢復了健康。但我也見過它的失敗。我們社群中的一個成員有多年的白內障，找眼科醫師很容易處理，但她決心要用信念來治療它。隨著時間一年年過去，她也逐漸失去了視力。

這些案例究竟有什麼區別？為什麼有人最後能像沒事人似的站起來到處走動，而他旁邊那個人卻只能癱在輪椅上繼續承受關節炎的折磨？從安慰劑效應被提出來的那一刻開始，科學家就一直在探究這個問題，而在安慰劑成為現代醫學的守門員之後，他們更是強烈地渴求答案。

現在至少有一位科學家認為她可能已經破解了這個謎。

第三章

尋找神祕的安慰劑反應者

我寧可了解得病的那個人，而不是那個人得的病。

——希波克拉底

在 2003 年，當時 42 歲的麥克‧波萊提克（Mike Pauletich）開始注意到他的手好像怪怪的。一開始症狀並不明顯，比如沒辦法用和過去同樣的速度刷牙，但沒多久就覺得他連動作都失去了準頭。他是兒子所屬棒球隊的指導教練，發現他投出去的球大多數不是從孩子頭上 3 公尺高的地方飛過去，就是直接砸到隊員腳前的土裡。他懷疑自己得了腕隧道症候群，因而到神經科求診。但檢驗報告出爐，消息卻完全不是這樣。他得的是早發性帕金森氏症，

十年內可能就得坐輪椅，大概也沒有能力自己吃飯。

帕金森氏症是一種退化性疾病，目前無藥可治，而且是不可逆的。患者唯一能夠期望的就是盡量減緩病情發展的速度。波萊提克深受打擊。他是個顧家、愛運動的人，心裡明白這種病會逐漸讓他失去對身體的掌控，最後可能讓這個家失去父親。發病後的八年間，他和其他帕金森氏症患者一樣，不斷嘗試所有找得到的藥物，到處尋找在徵求病患的實驗性研究。他的惡化速度比醫生預期的要慢一些，但影響終究還是顯現了出來，隨著說話、寫字愈來愈困難，他也愈來愈擺脫不了憂鬱與絕望的情緒。

2011 年，波萊提克終於找到尋覓已久的解藥。有一間小型的生物科技公司叫做 Ceregene，當時正在實驗一種新型態的基因療法。基本上這種療法是利用可協助調節腦細胞（尤其是早期）的神經秩蛋白（neurturin）來針對特定的神經元進行治療。若能把這種蛋白送達正確的細胞，就能讓細胞回到正軌，重新製造多巴胺（還記得吧，多巴胺分泌不足是導致帕金森式症的原因之一）。手術也很單純，在頭骨上鑽一個孔，直接把蛋白輸進去就行了。問題在於，當時還沒有成功過。Ceregene 曾在 2006 年嘗試過這種技術，進行有條件的人體試驗，但最終失敗了。多年來，基因治療（概念就是直接對生病的人體細胞的基因進行修復）的前景一直備受看好。但它就像幹細胞治療、冷融合，還有全新回歸的電視節目《大青蛙劇場》一樣，愈來愈讓人覺得似乎不會有什麼突破。

仔細檢視之後，Ceregene 判定過去的失敗是因為研究過程有三個缺失。首先是設定的時間太短。Ceregene 確信這項療法能為病情帶來改善，只是一年並不足以看出進展。而最早參加試驗的病人由於總觀察時間已超過一年，表現似乎優於新加入的病人。其次，

神經秩蛋白似乎沒有抵達正確的腦區。研究者治療的是大腦深處一個稱為殼核（putamen）的結構，希望它能把神經秩蛋白傳遞到腦中一個更深的位置，稱為黑質（substantia nigra），但藥物似乎沒有傳遞過去。最後，病人不應該得知哪些人接受的是真正的治療，哪些人動的是假手術；但有許多病人會在社群媒體上交流，討論出這個資訊。

假手術就是安慰劑控制。假手術組的患者與真手術組接受的療程都一樣──剃頭髮、麻醉、鑽孔，以及定期的術後追蹤；唯一的差別只在假手術組的醫生不會真的鑽進腦部，只在頭骨上鑽出一個能讓他們信服的凹洞而已。你我或許會覺得這樣做很殘忍，但帕金森氏症是非常難纏的病，它之所以這麼難治療，原因之一就是它對安慰劑療法的反應，似乎比其他退化性腦部疾病更大。

這項研究是雙盲試驗，亦即病人與研究者都不知道誰屬於哪一個手術組。但研究團隊懷疑病人曾經互相聯絡、比較病歷。Twitter 和 Facebook 上有大量的病人群組，他們有可能在上面找到同伴，討論手術效果與副作用。如果某個患者只有輕微的副作用，卻看見其他人對治療的反應很強烈，他可能就會認定自己屬於安慰劑組。是真的，你沒看錯；安慰劑組的患者也會出現副作用，有時甚至強烈到不得不退出試驗。

波萊提克大概就是在這個時候知道了 Ceregene 的存在。這間公司在初始試驗結束後兩年，已陷入無路可退的境地；他們認為可能已經握有一些頭緒，能夠遏止帕金森氏症的病情、改善全球約 700 萬名病患的生活。但這樣的試驗非常昂貴，只要再失敗一次，公司就會破產。最後，Ceregene 決定放手一搏──科學史上最偉大的發現往往就是在這種孤注一擲的情況下來的。

凱薩琳・波斯頓（Kathleen Poston）是這項計畫的研究者之一，也是波萊提克的醫生。波斯頓是史丹佛大學的帕金森氏症專家，性格活潑外向，有一張鵝蛋臉和深邃的五官，留著棕色長髮。她說她每一天都見到帕金森氏症對患者造成的毀滅性傷害，她畢生的目標就是竭盡所能地幫助他們過得更好。

　　根據波斯頓的說法，Ceregene 會樂觀看待這項實驗有很明確的理由。新的實驗是以尖端技術，利用無害的病毒把神經秩蛋白直接帶到腦內較深層的區域。這一次的研究要進行 18 到 24 個月。安慰劑效應是帕金森氏症研究最大的阻礙，但通常是暫時性的，預期效果不會超過一年。他們也勸導受試者不要在社群媒體上聯繫。

　　這次實驗總共選了 51 名受試者，都是嚴重的帕金森氏症晚期患者。波萊提克已確診十年，也獲選為其中一員。他的病情看起來沒有其他人那麼嚴重，是經過波斯頓的遊說才把他納進來。受試者中有 24 人動真手術，27 人動假手術；其中 4 位是波斯頓的病人，但所有的醫師都不知道哪些人動了真手術。話雖如此，醫生往往還是看得出來；某些細微的副作用與特定的反應顯然是有效的治療才會出現的。而且這些效應出現在像波萊提克這樣的病患身上的時候其實完全不至於細微。

　　「動手術前我有幾次在電話上談公事，被客戶掛電話……然後他們打給業務人員說：『我能體諒麥克在拉斯維加斯開會，但他能不能不要醉醺醺地來接電話？他連話都說不清楚了。』」波萊提克告訴我，「手術後短短幾週，這種情況就改善了，而且還愈來愈好。我的筆跡也變好了。在測驗的時候我的反應也比較快，整個感覺起還就是，天哪，我終於找到真正有效的藥了。」

　　手術後一年半，波萊提克的生活完全改觀。他不但能工作，

也幾乎恢復了確診前的生活。他情緒變得開朗，行動能力也提升了，開始鍛鍊身體，參加了一次鐵人三項比賽，甚至和兒子去玩直升機滑雪。波斯頓簡直欣喜若狂：「我不自禁一直在想，要是我們終於找到了能減緩病情惡化的東西，接下來整個局面都會改變。」她說。

波斯頓的另一位病人並沒有因這次實驗獲得改善，病情反而變本加厲，顫抖得更嚴重，愈來愈覺得被困在自己的身體裡。很顯然這位病人屬於假手術組。這雖然聽起來很殘酷，但必須透過這樣的比較，才能對照出波萊提克驚人的進展。更棒的是，試驗的結果代表這項技術除了帕金森氏症之外，還有更廣的應用潛力。這麼成功的實驗有可能為其他十幾種疾病的基因治療研究重新帶來契機。這是每個科學家夢寐以求的時刻，因為總算找到了一個真正對人類有所貢獻的機會。2014 年秋天，團隊參加了一場電話會議，聽取 Ceregene 的正式結果。但會議一開始，波斯頓就知道事情不對勁。

「就是有一股凝重的氣氛，讓人喘不過氣。」她說，「我以前也參加過這種電話會議，等他們公布結果。在撥電話的時候，光從那股壓迫感就能知道研究結果是正面還是負面的。」

研究失敗了。接受真正治療與假手術的患者之間沒有統計上的差異。幾個月後，研究論文正式發表，此時 Ceregene 已經被另一家公司收購，相關研究無限期延後，無數疾病的基因治療研究亦再次受阻。

波斯頓沮喪至極。電話會議後，她拿到詳細的研究報告，內容令她完全無法相信自己的眼睛──波萊提克是安慰劑組的。

安慰劑反應者的問題，是現代醫學面臨的核心挑戰。安慰劑反應可以封殺無療效的藥物，但也可能擋掉真正有效的藥物。一種處方藥要上市，從頭到尾共需花費超過 25 億美元。我們不可能知道美國每年到底有多少藥品因為高度安慰劑反應而無法問世，因為這方面的資訊是私人公司的財產；但業界人士一般相信大概有一半，最多可能達到四分之三。雖然我們並不知道失敗的是哪些藥，但可以合理認為一定有許多藥物是針對疼痛、憂鬱和腸胃不適——全都是容易對安慰劑有反應的症狀，而這些藥品要是通過了藥物試驗進入市場，使用的病患也是最多的。全球前十大熱銷藥品中，至少三分之一是針對高安慰劑反應症狀，如疼痛與關節炎、氣喘以及克隆氏症（Crohn's disease）[1]。

另外還有像波萊提克接受的假手術。因為帕金森氏症患者的安慰劑反應太高，近年來任何針對這種疾病的實驗性治療或藥物試驗，幾乎都必須進行假手術以檢驗效度。狀況大致是這樣的：帕金森氏症的病情改善程度主要是透過一組活動度與柔軟度測試來判定，稱為統一帕金森氏症評定量表（Unified Parkinson's Disease Rating Scale）。研究顯示，服用安慰劑的患者活動度最多可提升 10%，而使用假手術可使患者活動度提升 25% 之多。也就是說，在心理層面上，手術比單純服藥的效果更好。研究者都知道一個笑話，過去十年來帕金森氏症治療的最大進展就是假手術。

---

1 有趣的是，克隆氏症在長期服用安慰劑之下反應更佳；但若安慰劑的設計只是造成暫時性的效果，這個現象就很不合理了。

總而言之，對製藥產業而言，安慰劑效應是個價值數十億美元的大問題，讓許多好的藥品無法上市。就拿治療憂鬱的藥物百憂解（Prozac）來說吧。百憂解的研發過程嚴重受到高安慰劑反應率所困擾，使研究團隊很難判斷是否有效。雖然它早已成功上市，但近年來許多科學家認為它的效果並沒有好到能勝過安慰劑（百憂解之所以仍在市面上，是因為一旦 FDA 放行，藥品就不會只因為安慰劑效應變得更強就被下架）。這有兩個可能的原因。其一是大眾對於百憂解能減輕症狀的期望提高了。今天百憂解（和其他類似的藥物）已經是家喻戶曉的名字，每個人都知道服用之後該預期會有什麼樣的效果。因此患者對它的期望（以及安慰劑效應）比 1987 年剛獲 FDA 核可上市時更高。另一方面，有證據顯示安慰劑效應呈全面上升的狀態，原因尚未明朗。

　　但想像一下，假設 Ceregene 能在試驗開始之前就剔除所有會發生安慰劑反應的人——不只是安慰劑組之中的，也包括接受真正的治療的受試者（別忘了，服用有效藥物的人還是有可能出現安慰劑效應），會有什麼結果？要是能證明具有某些特質的人安慰劑反應傾向較高，然後把這些人找出來排除在實驗之外呢？這樣一來，不僅能降低藥物試驗的費用，也能馬上看出它是否有效。

　　曾在二次世界大戰的戰場上行醫、也是安慰劑領域先驅的亨利・畢闕（公認的安慰劑研究之父），是最早檢驗這種假設的人之一，他推論常上教堂的人或許較容易受到醫生的權威所左右。也有其他研究者認為，暗示感受性可能與智商、教育程度、年齡、性別等因素有關。病情的嚴重程度或許也有一定的影響。有人嘗試以羅夏克墨漬測驗（Rorschach test）來找出其中的關連。1961 年在路易斯安那州發表了一份令人不快的研究報告，一位不屬於任

何機構的科學家宣稱，非裔美國人特別容易受到安慰劑影響，因為「黑鬼普遍有一種想要討好醫生的態度」。我很希望我能說這種偏見已經過去，但一項又一項的研究顯示，即使到了今天，白人醫療專業人士還是會把非裔美國人病患的疼痛程度評價得比白人病患低。甚至有一份研究發現，罹患闌尾炎的非裔美國兒童在急診室得到止痛藥的機率遠低於白人兒童。

當然這些觀念都經不起科學的檢驗。1962 年參議員基福弗的《藥效修正案》，要求每一種藥物都必須經過三階段的安慰劑控制試驗（讓大批受試者服用藥物，以評估安全性及效度），從此藥品上市就變得愈來愈困難。

於是科學家開始尋找其他線索——這次不再考慮種族或性別，而是心理因素，因而有了安慰劑與「默從性」（acquiescence）——亦即附和他人的傾向——之間的關連，還有安慰劑與易受催眠的人，以及經常容易恍神的人的關連。兒童往往特別容易發生安慰劑反應。一份 1983 年的研究顯示，「對身體內在生理反應關注程度較高」的失眠症患者，出現安慰劑反應的機會也較高。1980 年代有科學家用無酒精啤酒做了一系列古怪的實驗，結果顯示酗酒風險高的人，較不容易產生安慰劑反應。過去 20 年來，科學家轉而關注「特質性樂觀」（dispositional optimism）理論，也就是衡量一個人對半杯水的看法，來預測他產生安慰劑反應的傾向有多高。

上述理論有一小部份至今依然成立（最明顯的就是易受催眠者具高安慰劑反應傾向），但大多數後來都走入了死胡同。而且沒有任何一種理論具有可複製性，這是任何科學發現都必須滿足的要求。同樣一個人，可能今天對某一種安慰劑有反應，明天卻沒有反應，後天又對另一種安慰劑有反應，毫無規律或原因。若

嘗試限縮反應者的人數（比如在試驗開始的頭幾週先給所有人服用安慰劑，把有反應的人淘汰掉），就會出現新的安慰劑反應者，他們在第一次並沒有發生安慰劑反應。另外還有「類安慰劑效應」來攪局，例如霍桑效應（Hawthorne effect），受試者只是知道自己正在被研究，症狀就改善了。也有人覺得好轉，單純是因為疾病已經自然痊癒。也有受試者明明覺得症狀沒有變好，卻表示自己已經好轉，只因為他認為醫師想聽到這個答案。

顯然，篩選出安慰劑反應性不是一件單純的事。暗示感受性雖然強大又普遍，但同時卻也非常難以捉摸。

「跟期望打交道是非常棘手的。你真以為期望是一種穩定的現象嗎？不會每五分鐘就變化一次？我們面對的狀況，是要以極度不精確的測量方法，來測量一個極度不精確的現象，而且其中有很大一部分是無意識的。」哈佛大學安慰劑研究先驅泰德・卡普特查克說。「有這麼一個現象是沒錯，但要抓住它很困難。」

現代醫療面臨的最大挑戰之一，是創造出治療疼痛、憂鬱、焦慮或腸胃不適的新藥，無論是因為現在病人的期待變高了，還是因為服藥者的疾病有所改變。每一種新藥的研發約需投下 20 億美元的資金，製藥公司投入多年時間開發一種治療憂鬱或疼痛的藥物，最後卻敗給高安慰劑反應而只能看著成果付之一炬，這是誰也負擔不起的。然而過去 60 年來，製藥產業對於尋找神出鬼沒的安慰劑反應者慢慢失去了興趣，把這個任務留給學術殿堂裡資金短絀的科學家去追尋。到了 2012 年，新的目標終於出現。

儘管我和科學家聊天的時間很長，但我和凱瑟琳・霍爾（Kathryn Hall）在哈佛大學她的辦公室附近會面時，不得不承認我完全看不透她。霍爾把她夾雜了幾絲白髮的長髮編成許多小辮子，全部往後梳攏在一起。她有超乎常人的表達能力，聲音是魄力十足的女中音，帶了一點牙買加腔。她說她涉獵過類似靈氣治療的氣場淨化療法（aura cleansing），還曾經透過針灸治好自己的腕隧道症候群，因此我在心裡把她歸類成一個心懷善念的嬉皮，試圖鬥倒邪惡、龐大的製藥產業。但她隨即又長篇大論地談起藥品研發的美妙之處，以及現代製藥的重要性，這時她聽起來又像是基因泰克（Genentech）公司的人，而不是胡士托音樂節上的聽眾。

　　霍爾說她決定研究安慰劑，是想要讓藥品變得更好，而不是消滅它們。她能理解製藥公司對安慰劑研究失去興趣的原因。已經有太久的時間，安慰劑效應的面貌都太模糊、太心理學取向了，缺乏具體的、可拆解分析的機制可供科學家檢驗。腦部的化學物質雖然可以談，但製藥公司需要的是基因途徑，而不是虛無飄渺的期望或特質性樂觀。他們要的是真正能解釋大腦行為的東西。

　　霍爾知道多巴胺在安慰劑反應中很重要，因此她列出所有看似與多巴胺和類鴉片物質有關的基因途徑。她要找的是影響夠大、與酬賞系統相連結，且已有大量研究基礎的基因。在這些要件下，有一個基因引起了她注意：COMT。COMT 基因負責腦中一種酵素的編碼，這個酵素也稱為 COMT，全名是兒茶酚－O－甲基轉移酶（catechol-O-methyltransferase）。這是全世界被研究得最透徹的大腦途徑之一，而且或許是我成為科普作家以來遇過最令人著迷的東西。請容我解釋一下原理，保證值回票價。

　　它是這樣運作的。我們已經知道多巴胺和它對身體的龐大影

響力。雖然它對肢體活動和正面情緒都有很大的幫助，但有時候好東西太多還是會有問題。我們的腦需要一種機制來掃除不需要的殘渣，那就是漂浮在頭骨底下的多餘的、無用的多巴胺分子。這就是 COMT 酵素負責的事。我喜歡把它想成小精靈電玩的主角在腦中到處遊走，分解多巴胺分子。嚴格說來它不是破壞多巴胺，而是使多巴胺氧化，造成永久性的改變，剝奪它大部分的職權。

「多巴胺在我們個人特質中扮演的角色實在太重要了，所以任何能改變多巴胺的東西，也會改變很多事情。」霍爾說，「要是惹毛了像 COMT 這樣關鍵的角色，很多不同的系統都會受到影響。」

和所有的酵素一樣，COMT 的結構非常長且複雜，包括許多會動的部分。但我們發現這種酵素上面有一個地方，就像一部機器上的一個小齒輪，能夠決定它的工作表現。隨個人遺傳特性的不同，那個關鍵部分可能是這兩種類型之一，不是纈胺酸（valine，簡稱 val），就是甲硫胺酸（methionine，簡稱 met）。若巨大的 COMT 分子在這個位置上的是纈胺酸，那麼它就會忠實地執行任務，找出所有多餘的多巴胺分子並加以分解。一般人腦中過量的多巴胺很少，像瑞士表一樣運作得很有效率。另一方面，若 COMT 在那個位置上的是甲硫胺酸，效能就會低得多。換句話說，帶有纈胺酸的酵素是一面當排球隊隊長、一面在夜校上課，同時還兼三份差；而帶有甲硫胺酸的 COMT 酵素則是整天抽水煙、躲在老媽家地下室裡玩俠盜獵車手。

結果，甲硫胺酸型 COMT 的腦中會出現很多過量的多巴胺。我們發現，COMT 酵素上這個關鍵的纈胺酸／甲硫胺酸成分，取決於基因上的單一處變化——只和 DNA 階梯上的其中一階有關。

你要是還記得高中學過的遺傳學，應該知道人體每一個性狀都是由父母雙方提供給你的基因組合所決定。若你的爸媽都是藍眼睛（b），你也會是藍眼睛（bb）[2]。若爸媽其中一人給你的是棕眼基因（B），另一人給你藍眼基因（b），那麼你會有一雙棕色的眼睛（Bb），因為棕眼是顯性基因。這時若你的伴侶是藍眼，你的孩子有 50% 的機率是藍眼，取決於你遺傳給孩子的是 B 還是 b。

COMT 的運作方式也幾乎完全相同。大部分的人都擁有纈胺酸和甲硫胺酸的組合，也就是有一些懶惰的 COMT 酵素，也有一些勤奮的 COMT 酵素，這些人稱為 val/met 型，但遠遠比不上另外兩種類型的人有趣，其中之一稱為 val/val 型，從雙親那裡遺傳到兩個纈胺酸基因，因此大腦會加班趕工清除多餘的多巴胺。另一種人稱為 met/met 型，遺傳到兩個甲硫胺酸，他們的 COMT 酵素懶到只有在芝多司和啤酒都沒了，才願意從沙發上站起來。所以他們腦內會有大量多餘的多巴胺到處遊走，尋找用得上它們的地方，而應該負責打掃的清潔工，卻只想找地方把吊床掛起來打個盹。

全世界大約有一半的人是 val/met 型，四分之一是 val/val 型，另外四分之一是 met/met 型。勤勞刻苦的 val/val 型酵素活躍程度是 met/met 型的三到四倍。DNA 上的寥寥幾個梯級，竟然有這麼大的力量能決定我們大腦的運作。多巴胺是腦中非常關鍵的化學物質，因此調節多巴胺的酵素若發生變化，會對我們的思考與行為帶來極大的影響。COMT 酵素幾乎和我們身上的一切息息相關，從下顎痛、失眠到精神分裂，甚至可能和雙極性情感疾患（躁鬱症）有關。

---

2 眼睛的顏色其實是由好幾個基因共同決定的；但我在這裡只是拿來當例子，這樣說明比較容易理解。而且我們的基因組中除了 COMT 以外，幾乎沒有任何其他性狀是只由 DNA 上的單一個梯級決定的。

我知道要記的東西很多，所以我寫成一個實用的小表格，方便你隨時回來查閱。

val/val 型：全部都是勤勞的酵素　　　25% 的人口
　　　　　　（多餘的多巴胺很少）

met/met 型：全部都是懶惰的酵素　　　25% 的人口
　　　　　　（多餘的多巴胺很多）

val/met 型：勤勞和懶惰酵素的組合　　50% 的人口

一項研究發現，生命中有過創傷經驗的 val/val 型兒童，暴力傾向高於 met/met 型兒童，沒有創傷經驗的兒童正好相反；另一項研究發現，val/val 型的人較容易賭博成癮；還有研究認為，val/val 型的人在壓力下的腦力勞動表現較佳，但在日常生活中很難維持專注力。至於 met/met 型可能比較容易罹患飲食失調，且對疼痛較敏感。這幾年來出現了大量針對 met/met 型人的行為研究（我猜一定是 val/val 型人做的，全世界的科學實驗室都被他們主宰了），其中一致性最高的結論之一是，met/met 型人對某個體驗的愉悅程度評級往往高於 val/val 型人。你有沒有遇過這種情況，跟一群朋友一起看電影，結果就是其中某個人的感情特別豐沛？

「天哪，這真是史上最好看的電影！史嘉蕾·喬韓森太棒了，還有浩克，超帥的！」他說。這是典型的 met/met 型。因為多巴胺過量的關係，met/met 型的人往往過度熱情，比較容易感動，體驗感受通常比同伴更強烈。也有另一種朋友，走出電影院的時候會搔著頭說：「不知道耶……劇情根本不必那麼複雜，還有美國隊長也太糟糕了。而且幹嘛要那麼多外星人啊？」這是標準的 val/val 型人。他的 COMT 酵素很有效率地把所有不需要的多巴胺一掃而

空，所以看事情的態度非常就事論事。

　　當然這種普遍化的概念是用來描述群體，而不是個人。一千個 met/met 型人平均而言，比一千個 val/val 型人更容易情感洋溢，但並非所有的 met/met 型人都喜歡呼天搶地，也不是所有 val/val 型人都是死板板的木頭人。何況科學家也不太有興趣用這種遺傳理論來解釋一個人出現某種行為的原因，而比較熱中於探討腦部化學物質與行為的關係。（然而在讀過許多文獻之後，我開始相信我大老遠就能辨認出一個人的 COMT 基因型。歐巴馬絕對是 val/val 型。歐普拉是 met/met 型。德國總理梅克爾一定是 val/val 型，湯姆・克魯斯是 met/met 型。）

　　幾年前霍爾設計了一項實驗，尋找 COMT 基因與安慰劑的配對。她首先招募了 262 名腸躁症（一種高安慰劑反應傾向的疾病）患者，參與包含針灸在內的實驗性治療。霍爾選出中度或重度的腸躁症病例，將他們分為三組。一組劃入等候名單中，基本上什麼治療也沒有，也就是真正的控制組。其他兩組則被告知會接受針灸治療，但每個人做的都是假針灸療程，用的針看起來好像刺進皮膚裡，其實沒有。霍爾想知道的不是療程本身是否有效；實驗的重點在於，其中一組的患者是由態度關懷體貼的針灸師來進行，另一組的針灸師則態度冷淡，表現得漠不關心。

　　實驗結果非常驚人。等候組的患者如預料之中，無論屬於哪種基因型，病情都沒有什麼變化。而 met/met 型的病人遇到冷漠型醫師時，好轉程度優於 val/val 型，但差異不大。val/val 型的病人遇到關懷型醫師和遇到冷漠型醫師並沒有顯著差異，也和等候組的表現差不多。但 val/met 型的患者遇到關懷型的醫師時，好轉程度高出五倍之多。至於 met/met 型，關懷型醫師造成的正面影響簡直

破表。顯然短短幾句關懷的話，對不同基因組的人會造成截然不同的效果。這是霍爾第一次成功地把安慰劑反應者拆分成可測量的組別。met/met 型——即天生具有懶惰的酵素、系統中多巴胺過量的人——比較容易出現安慰劑反應。

有了這樣的工具，安慰劑的一切突然都說得通了。我的妻子（大概是全世界最標準的 met/met 型人）對所有的暗示和安慰劑都毫無招架之力。湯姆·克魯斯（我前面說過他是很明顯的 met/met 型）聲稱在山達基教會（Church of Scientology）體驗過治癒的力量。讀完霍爾的論文之後我開始在想，說不定我可以說服某個人把基督科學教派每個信徒的基因型都找出來，看看其中有多少 met/met 型的人。

這個概念在演化理論上也說得通。族群中存在力量較強、速度較快或智商較高的成員固然是好事，但有各種程度的暗示感受性大概也是好事。總得有人保持頭腦清晰、冷靜從容，像 val/val 型那樣。但自然界的興盛仰賴的是多樣性，因此同樣也需要容易受到暗示的人，他們天生擁有非凡的基因工具能用來自我療癒。這兩年我以為科學已經找到了最簡單的答案，能夠判斷哪些人會對安慰劑有反應。但 2015 年，霍爾與泰德·卡普特查克發表了一篇後續論文，指出不只多巴胺，而是有一整組腦部化學物質，都可能影響不同的安慰劑反應。

儘管 COMT 基因在 COMT 酵素的生成上扮演了重量級的角色，但它並不是唯一的角色。還有另外幾種基因也幫忙製造 COMT 酵素，因此能夠增強或削弱它的表現，更別提還有那麼多會直接影響多巴胺的基因了。而且，就如同設計圖不一定會和最後蓋出來的建築物一模一樣，DNA 也不必然與它編碼出來的身體部位完全

相符。過程中是可能出現變化的。

還有，COMT 不是只找多巴胺的麻煩而已；它也會去招惹腎上腺素和去甲腎上腺素，這種神經傳導物質是調節腎上腺素、心臟功能和壓力反應的關鍵因子。腎上腺素同時也與心臟病、高血壓、三酸甘油酯含量和血紅素有關。霍爾在一項研究中發現，met/met 型的受試者在治療心臟病時服用安慰劑的表現比服用阿斯匹靈差，這倒不奇怪，因為阿斯匹靈早就證實對心臟病有療效。但她也發現，阿斯匹靈對心臟病的治療效果在 val/val 型和 met/met 型的人身上是不一樣的。

另外還要考慮到競爭者。我們已經發現 COMT 不是唯一能夠調節多巴胺的物質；還有其他幾個基因分別在體內的不同部位，對多巴胺的不同生命階段發揮影響。還有其他的腦內化學物質對安慰劑和期望各有不同作用。包括前面已經提過的血清素和類鴉片，甚至是腦中自然生成的大麻素[3]。如果你會因為多巴胺的影響而出現安慰劑反應，但不受血清素影響，這會是什麼情形？如果兩個剛好相反的基因同時調節多巴胺，結果又會怎麼樣？

我想知道自己在這裡面處於哪個位置，所以我花了幾分鐘把口水吐在小塑膠瓶裡，然後把瓶子寄給 23andMe 這家基因檢測公司。等了兩週左右，我就收到一封電子郵件，授權我查閱我的全套基因組，至少我可以看見所有必要的基因來評估我的安慰劑反應程度。這時我的心情很矛盾。一方面，我希望自己是冷靜、理

---

3 這一段請花點時間消化。人腦天生就會製造某些化學物質，能造成像吸毒一樣的快感，並會自己選擇適當的時刻把這些物質配送出去。同樣的道理，腦內血清素的量足以使人保持在亢奮狀態達數小時之久（體驗過用藥快感的人都能告訴你那是什麼感覺）。難怪我們的腦需要製造這麼多化學調節物質——萬一不小心，你的腦可能就會自己嗑藥過量。

智、可靠的 val/val 型人，但另一方面又覺得有強烈的安慰劑反應傾向好像也很不錯。結果，事實比想像無聊多了。我是 val/met 型，和世界上的半數人口一樣是兩型的組合。我體內控制大麻素與 MAO-A（另一種對多巴胺系統有影響的基因，只是影響力較弱）的基因也是相同狀況，這可能進一步地限制了我對安慰劑效應的感受性。

我帶著我的基因組報告去找凱瑟琳・霍爾，她評估之後發現只有一個基因特別值得注意，那是 OPRM1，位於我的第六條染色體上，會影響疼痛訊號的接收和對酒精的渴望。霍爾說，這個基因決定了我腦中一群重要的類鴉片物質受體上覆蓋的化學物質，這個部位是腦中負責接收止痛藥（不管藥的來源是醫生、毒販還是我自己的腦）、再把這個經驗編碼成我的感受的區域。如果這個關鍵位置上覆蓋的是天門冬胺酸（aspartic acid），它的運作就會缺乏效率，妨礙我的腦對疼痛緩解或是愉悅情緒的感受能力。但若受體上的是天門冬醯胺酸（asparagine），它就能運作順暢，讓我徹底體驗到任何藥物的效果。

這和 COMT 的機制完全不同。COMT 基因決定的是我腦中的藥量，OPRM1 基因則是決定大腦吸收藥物的能力。但結果還是一樣驚人。有研究顯示腦內含天門冬胺酸的人較容易有酗酒問題；也有研究指出，同樣這個類型的人對戒酒藥物有較佳的反應。而受體上有天門冬醯胺酸的人比較容易因安慰劑效應而感受到疼痛緩解。

儘管我在安慰劑遺傳學上的表現慘不忍睹，但基因檢測結果顯示我的類鴉片受體上覆滿了高效率、能安撫大腦的天門冬醯胺酸。會不會是因為我腦中沒有過量的多巴胺，所以我無法像某些

人那樣體驗到強大的安慰劑效應?而一旦我真正出現安慰劑反應時,卻又清楚得不得了(起碼在疼痛方面是這樣)?這就能解釋我在羅娜‧克洛卡的刑求椅上經歷到的現象了。

「這個想法很有意思。」我把在 NIH 接受電擊的事告訴霍爾,她沉吟了一會兒說:「我們還沒有從這個角度思考過。」

只花了一兩個小時、喝了幾杯茶,我們似乎就已經觸碰到目前對這門科學所了解的極限。例如我們仍無法確認所有和安慰劑反應有關的化學物質,也不清楚它們的交互作用方式。哪些化學物質是比較重要的?哪些會妨礙其他物質的功能,哪些又能增強效應?更重要的是,霍爾所參考的前人研究都是以一大群人的平均值作為基準。即使在 met/met 型人口中,有相當比例的人對假針灸出現某種反應,或者少數天門冬醯胺酸型的人,對注射生理食鹽水出現另一種反應,這些都不能說明我到順勢療法診所看診時,腦中實際發生了什麼事。

但這個模型的好處在於,我們終於第一次能對神祕的安慰劑反應現象,提出不神祕的解釋。它已經在這道牆上敲出一道裂痕,讓我們開始看見為什麼某些人對某種安慰劑有反應,對另一種卻沒有反應;為什麼安慰劑反應在這個人身上這麼明顯,在那個人身上卻看不出效果;為什麼這個現象一方面好像和個性有關,另一方面卻又可以完全無關?順勢療法的病人、基督科學教會信徒、傳統中醫——這些現象突然都顯示出更多的道理。有些人能透過禱告或未經科學證實的療法獲得好轉,有些人卻完全不行,會不會只是因為這兩種人在自我治療方面的基因圖譜不一樣?

「這裡面一定大有文章,」卡普特查克說;他是霍爾的恩師和論文的共同作者,「我認為凱瑟琳‧霍爾可能已經找到聖杯上

發出來的微光。」

　　但霍爾本人卻不像我一樣急著下結論。她說她的研究頂多只是證明了在取得受試者的基因資料以前，都不算真正了解受試者。想試驗治療成癮的新藥嗎？先弄清楚受試者腦部吸收類鴉片的情形再說。想試驗新的止痛藥嗎？大概得先檢視受試者的 COMT 基因。她表示從此以後，如果不先蒐集資料以了解哪些基因會妨礙實驗結果，都不應該再做安慰劑研究或是任何藥物試驗。而在這段過程中，我們可能會發現全新型態的醫療，可根據每一位患者的優勢與弱點，打造個人化的治療方式。這個前景一旦成真，將對用藥的方式帶來革命性的發展，讓我們可選擇的藥品更多、更便宜，這就是我們接下來要談的。

　　如果你是製藥公司，正在進行一種藥物的安慰劑試驗，你想要知道的只是人對這個藥會不會有反應而已。但最重要的真相是其中的細節。在戰場上有數不清的小規模衝突與不經意造成的後果，雖然一點也反映不出最終的勝敗，卻往往有趣得多。同樣地，分析安慰劑效應發生時人體內出現的一系列廣泛、複雜的反應，也比只是知道安慰劑有沒有效要有意思多了。換句話說，細微之處才是好玩的部分，而且是有用的。

　　儘管如此，還是有很多人認為要製造出更好的藥物，事先得知某人是否會對某種安慰劑產生反應是非常有效的工具。曾經擔任製藥公司執行長的根特・溫克勒（Gunther Winkler）就是這麼希望的。他在藥品研發的領域經營了 23 年，主要服務於大型生技公

司百健（Biogen），生產數以百計與腦部、血液和免疫系統有關的藥物。他的工作是開發新藥，並護送這些藥通過研發與 FDA 核准的複雜流程。像百健這樣的公司，每年都有很多藥物在老鼠身上取得優異的效果，但他們只能選出其中一、兩種進入下一個階段，因為藥物研發最困難也最昂貴的部分是召募病患進行更大規模的人體試驗。溫克勒說，若把時間和資源都算進去，公司花在一項藥物試驗上的成本是每個受試者 3 萬美元。即使是最低限度的「概念驗證」（proof of concept）研究——只是為了證明某個藥物有試驗的價值——都需要數百名受試者，因此花費累積得很快。他說，這是現代製藥最根本的問題之一。「我每次都會遇到同樣的處境，就是發現藥品研發實在太昂貴、太曠日廢時了。」

乍看之下，溫克勒就像一個典型的生技公司執行長——頭髮理得短短的，一身價值不斐的不成套西裝，把自己精心打理成公司的門面。但他也對製藥公司幫助病患減輕痛苦的使命抱持著發自內心的熱忱。溫克勒在製藥公司執行長的職位上有過一段輝煌的生涯，如今已經 50 多歲，他大可以在南太平洋上買一座小島，整天帶著魚槍在海裡捕魚；但他卻決定把餘生用來提升藥品的表現與效益。如果世界上有「製藥企業理想主義者」這種人，那一定就是根特·溫克勒了。

他第一次聽聞霍爾的 COMT 基因研究時，和我一樣覺得腦中靈光乍現，心跳開始加快。在百健時，溫克勒開發過各種藥物，用來減輕無數的症狀，但這些藥全部都和一件事有關，那就是安慰劑效應。例如他開發過一種藥，目標是治療乾癬（psoriasis），這是一種因自體免疫缺陷所引起的皮膚搔癢症狀。乾癬患者非常容易受安慰劑影響。溫克勒指出，乾癬的安慰劑效應似乎和心理

與情緒有關。患者要是出去度假，或是生活中少了某一項壓力因子，症狀通常就會消失。溫克勒說，像乾癬這樣的病，每一種可能都要花上他好幾十年去追蹤，再設法優化藥物的製程。但若能排除安慰劑反應者，就可以把所有病症一網打盡。

　　某種藥物的安慰劑反應愈強，就需要愈多受試者參與試驗，才能證明它的效果不是出於安慰劑反應。但若能設法將 met/met 型的人排除在試驗之外，把安慰劑反應壓低，就可以大幅減少達到統計顯著差異所需的人數——暫且先不討論道德兩難的問題。溫克勒表示，以一個有 44% 的人出現安慰劑反應的小型藥物試驗來說，通常需要 360 名受試者才能確認藥效沒有因為安慰劑反應而失真；但如果能把安慰劑反應者的比例降到 24%，那麼最少只需要 72 名受試者，就能證明藥物是否有效。

　　這在現實中行得通嗎？與大部分的學者不同，溫克勒在製藥業的多年經驗與廣大人脈，讓他有機會取得先前藥物試驗的大量數據——數以萬計的真實受試者的資料。這是專屬於製藥公司的資源，使研究學者垂涎萬分。

　　溫克勒說，他接觸了一間公司（但不願透露公司名稱），要求對他們的憂鬱症藥物試驗結果進行 met/met 型基因篩選。這個藥物（他也不願透露藥品名稱）最後通過了 FDA 的試驗，但當然代價也極其高昂（他仍不願透露有多貴）。當這間公司回頭檢視數據，排除掉 met/met 型受試者後，他們驚詫地發現，COMT 基因能夠預測出哪些人在試驗中會對安慰劑產生反應。這一切都只是因為一股 DNA 上的一個梯級。

　　溫克勒以迅雷不及掩耳的速度申請了這項技術的專利。2013年底他創立了一間新公司，叫做 Biometheus，主要的服務就是幫其

他公司的藥物試驗受試者篩選出 met/met 型的人。即使篩選結果只找出一小部分的安慰劑反應者，還是能替製藥公司省下大筆花費。起初他想把這項技術賣給生技公司，但最終他只想看到他們採用。

經過了幾千年，安慰劑反應還是存在，這是我們生來在神經化學層面上早就已經決定好的。科學家耗費數十年尋找完美的安慰劑反應者，最後不得不承認可能永遠無法把他們和其他人區分出來，但我們的基因資料或許是他們可以開始嘗試這麼做的第一種工具。可是還有一個問題。如果篩選真的有效，那麼通過試驗的藥物可能只會核准用於 val/val 型或 val/met 型基因組的患者。這一方面很令人興奮的事，代表這將是第一批上市的基因特異性藥物，也是首度針對個人 DNA 量身訂做的療法。想想看，假設你長期腿部疼痛，任何處方藥都毫無幫助。最後，醫師採取了你的 DNA 樣本，得知你是 val/val 型的人，於是開了新的止痛藥給你，而那種藥原本會是無法通過試驗的失敗藥品。

其他那些可憐的 met/met 型患者怎麼辦？難道他們就不用獲得有效的治療嗎？霍爾和根特表示，met/met 型對安慰劑和一般藥物的反應都很好，他們腦內的化學機制能額外增強反應。綜合各方面來看，他們其實是最幸運的一群人。他們可以選擇服用藥物，藥效對他們的作用會比對桀驁不馴的 val/val 型人更強；也可以捨正統醫學不用，轉而嘗試針灸、順勢療法或信仰療法，效果或許也會一樣好，而這些療法對 val/val 型的效果大概趨近於零。

這項發現還有一個很棒的地方，met/met 型的人就算知道自己的體質也無所謂。我們前面已經知道，有很多安慰劑反應似乎是在意識之外發生的，因此就算知道自己服用的是安慰劑，或是帶有對安慰劑特別有反應的基因，也不會有任何差別。

想像在未來的世界裡，醫生先幫你抽血，然後你坐在候診區翻閱《衝浪》雜誌，等待你的 COMT 基因分析結果。回到診間時醫生就能告訴你：「這邊這些藥都能幫你減輕關節炎症狀，你可以試試看。要是沒效的話也沒關係，我看過你的基因組，可以幫你推薦一位很優秀的巫醫。」

　　早期的科學家認為對安慰劑有反應的人，某種程度上是比較不純潔、比較天真、軟弱的。但其實他們可能才是幸運兒，既能接受正統醫學的治療，又可以選擇五花八門的安慰劑療法來取用自己的信念和期望，讓心智治好自己的病──而且可能一勞永逸。這些人是誰？我們目前還不知道。但 2016 年 2 月，我坐在加州大學柏克萊分校的餐廳裡，從一位可以當代言人的帕金森氏症患者身上，領悟到這些人可能是什麼樣的人。

　　麥克・波萊提克在 Ceregene 的經歷確實改變了他的人生，只不過和他原本預期的不太一樣。「打擊真的有點大，」他說他得知治好他的神藥只不過是安慰劑那一刻的心情，「我花了好一陣子去理解。」

　　這件事真的有可能把他打入深淵。手術前他很抑鬱，也不運動，婚姻生活苦不堪言；他很輕易就會落回這樣的情境。但就在那樣的時候波萊提克下了決心，他不要讓疾病主導自己的人生方向。沒錯，他的神藥只不過是身體對期望的內生性反應，但畢竟那是從他體內來的，而且他也擁有讓效果持續下去的力量。動了腦部假手術之後三年，他的健康狀態或行動能力毫無衰退的跡象，

簡直就像重獲新生。

「那不是死刑宣判，」他說，「而是行動呼籲，要我照顧好自己，做有益健康的事。」

所以波萊提克究竟發生了什麼事？科學家可能還要為這個問題苦思好一段時間。他的經驗肯定是有記錄以來持續最久的安慰劑反應。或許他只是需要一個理由多運動，或者打破他以前的恐懼。但如果是「動了一種神奇的新手術」的暗示改變了他的腦部運作呢？如果是這段長期的安慰劑反應在兩年的時間裡永久使他的腦神經重新連結了呢？如果期望才是讓大腦找出問題所在、自行修復的觸發點呢？

剛確診時波萊提克最害怕的是不能看著兒子長大、參與他的人生，無法和他玩投接球，帶他認識世界。但我和他面談的時候，他正準備帶著兒子去滑雪冒險，兩人還計畫同一年要到優勝美地健行。市面上有千百本「正向思考」或保證「奇蹟治癒」的書，靠這些沒意義的老生常談不可能得到這樣的結果。麥克·波萊提克利用的是自己大腦中最根本的運作機制，從深淵的另一頭鑽出來，成了更好的人。

「不是『告訴自己』就好，你騙不了自己的。你必須相信控制權在你的掌握中，相信疾病不會控制你，是你會控制它。」他說，「這是信念和希望之間的區別，到了某個時刻會從『我希望我會好起來』切換成『我知道我能戰勝它』。」

我們才剛開始了解到暗示感受性的力量或許能成為強大的工具，治好我們最嚴重的病。談到改變身體的心智力量，到目前為止最容易研究的病症就是疼痛。但麥克·波萊提克這樣的案例開了一扇窗，讓我們看見要得到各種長期健康的益處，鑰匙可能就在安慰

劑反應者身上。我們知道安慰劑反應是發生在腦中、真實可測量的神經化學現象，也知道一點巫醫與醫師幾百年來如何駕馭這種力量，還知道不同的安慰劑反應是由不同的腦神經路徑以及不同的遺傳基因所控制，所以每個人的反應才會有那麼大的差異。

但是否所有的安慰劑都適用同樣的原則？是否還有我們尚未發現的安慰劑反應？比方說根據過去的經驗，癌症對安慰劑治療的反應都不好；但有很多缺乏實證的療法都宣稱能治癒癌症。那些全都是瞎扯嗎，還是心智真的能透過某種尚未發現的機制影響惡性腫瘤？

關於期望與意念，我們還有很多不了解的地方。其中有多少真的是化學機制在運作，又有多少是統計異常或是患者的自欺欺人？誠然安慰劑效應能夠增強某種藥物的效果，但它是否也會和藥物發生交互作用，就像混合服用兩種藥一樣？

最重要的是，無論是靠人格特質、腦部掃描還是基因檢測，若真有辦法在茫茫人海中篩選出安慰劑反應者，我們要如何利用這項資訊？不讓他們參與所有的藥物試驗嗎？要是這麼做，他們是不是也不能服用通過這些試驗的藥物？安慰劑研究有潛力開拓出一條路，讓醫界研發出真正的個人化醫療。但這種醫療究竟是會讓所有人受惠呢，還是只是另一種實現階級化與獨占性的手段？

安慰劑效應是美妙又迷人的現象，不斷吸引我們往謎團深處走。它的影響層面極廣，同時又是非常個人的。我們從有歷史記載以來最早的年代就知道它的存在，並一路看著它走向閃閃發光的嶄新未來。掌握安慰劑效應，我們每個人就有機會拿到專屬的藍圖，用來掌握自己的健康。

然而安慰劑研究不管再怎麼激動人心，仍只是暗示感受性在

我們生活中展現的力量的其中一環而已。在第二部，我們會了解
到心智的其他把戲，以及如何從這些現象中一窺我們不可思議的、
易受暗示的大腦。

第二部

意念也會
耍花招

2

第四章

暗示的陰暗面

唯一值得恐懼的，就是恐懼本身。

——富蘭克林·德拉諾·羅斯福（Franklin Delano Roosevelt）

　　1886 年，有一位名叫約翰·麥肯齊（John Mackenzie）的醫師為一名罹患嚴重花粉熱併發氣喘的女性患者診治，他在看診記錄中寫道，女患者「身形肥胖」、「營養良好」、淺髮色、棕眼睛，同時膚色很白。麥肯齊還以稍嫌冷漠的語氣形容，這位女患者「體能很弱」、「個性神經質」——這有可能是她原本的性格，也可能是她生完第一胎後經歷了非常嚴重的子宮功能失常所造成的結果。除此之外，麥肯齊還指出，這種神經質似乎是家族性的，女

患者的家族中充斥著過敏、氣喘、頭痛、猩紅熱以及神經痛（一種難以定義的不明疼痛症狀，從神經發作，往往侷限於身體的單一部位）的病史。從這份病歷，我們可以推測這位醫生並不完全相信他的病人女真的有病，因此他做了個實驗：下一次女患者來看診時，他在診間內放了一朵玫瑰。女患者一看見玫瑰，立即出現極強烈的過敏反應，甚至導致氣喘發作。

這本來可以算虐待病人，只不過那朵玫瑰其實是假花。在那以後，心理學家和過敏研究學者開始思索，這位女患者到底是怎麼回事，她的反應是真的嗎？她的病是真的嗎？

我們在前文中已經提過，暗示感受性可以是很棒的優勢，透過暗示能減緩疼痛、治癒帕金森氏症，甚至讓社群變得更加緊密。但不要太天真了，有福爾摩斯就有莫里亞蒂，有蜘蛛人就有猛毒——同樣地，安慰劑也有邪惡的第二個人格。

歡迎來到陰暗恐怖的反安慰劑世界。

還記得安慰劑這個詞源於拉丁文，意思是「我將取悅」；反安慰劑的意思則是「我將傷害」，可以把它看做安慰劑的醜陋、暴戾的繼兄弟，感恩節時沒人願意坐他旁邊的那種傢伙。就像安慰劑透過大腦歷程來減緩疼痛，反安慰劑則會引發疼痛。與安慰劑一樣，反安慰劑效應也可以在實驗室中經由欺騙來誘發，它們同樣都隨著多巴胺與鴉片系統運作，影響如疼痛、噁心、憂鬱、焦慮等症狀，只不過反安慰劑是加重而不是減輕症狀。

幾乎所有型態的疾病，都少不了反安慰劑的作用。兩者的差

異在於，要在受控制的情境下研究反安慰劑作用（又不嚴重違反患者權益的前提下），只有一種方法：透過疼痛。想像一隻老鼠每次聽見鈴聲，就會遭到電擊——鈴聲、電擊，鈴聲、電擊。最後，老鼠只要聽見鈴聲，就算並未施予電擊，牠的反應也會如同遭到電擊一樣，有人甚至認為老鼠可能真的感受到電擊的疼痛，這就是最本質的反安慰劑反應。但人類不需要像老鼠這樣經過制約，只需要幾句話就夠了。

女患者與玫瑰事件是最早有記錄的反安慰劑效應案例，不過「反安慰劑」這個詞，卻要到多年以後才正式命名。其實，一旦知道要注意什麼，生活中到處都可以看見反安慰劑的例子，而我們前面探討過的許多研究，也多多少少帶有反安慰劑研究的性質。舉例來說，1990 年代末，約莫在科學家以那若松等藥物來阻斷安慰劑效應的時候，義大利神經學家法布里奇歐・貝內戴提（Fabrizio Benedetti）做了一系列類似的實驗，觀察人體內一種叫做膽囊收縮素（cholecystokinin，又稱 CCK）的荷爾蒙，這是在人體內作用廣泛的化學物質之一，能發出關鍵訊息以激發腸道功能，包括消化作用以及胃酸和膽汁的分泌，同時對人在飽餐一頓後的「飽足感」，也起著重要的作用。

然而，若將 CCK 注射進人體內，卻會導致焦慮、噁心，甚至可能引起恐慌發作（因此是實驗室中研究恐慌症非常好用的方法）。此外，CCK 似乎會削弱人體內類鴉片的作用，使疼痛感增加。這個現象引起了貝內戴提的興趣，他設計實驗，以剛動完小手術、處於恢復期的病患為受試者，施予一種藥物，並告訴他們這種藥會讓疼痛加劇，事實上那只不過是生理食鹽水而已。（一般認定注射生理食鹽水是惰性的，等同於口服糖片，但有些科學家認為

注射生理食鹽水可治療背部疼痛，許多醫生甚至把這當作一種療法。如果真是如此，那麼每一項使用生理食鹽水作為安慰劑的研究基本上都是無效的。）

不出所料，病患接受食鹽水注射後，都反應疼痛加劇。接著，貝內戴提運用另一種藥物阻斷他們腦中的 CCK 分泌，就像其他研究者以那若松阻斷類鴉片一樣，只不過這一次，病患的疼痛感在 CCK 被阻斷後減輕了。類鴉片的安慰劑效應，與 CCK 的反安慰劑效應，都是使人體受到期望力量影響的機制，阻斷類鴉片會抑制安慰劑反應，讓患者感覺更痛苦；阻斷 CCK 則是讓大腦的內部藥房充分發揮，使疼痛感大為緩解。

把反安慰劑視作安慰劑的邪惡雙胞胎，確實便於理解，但這種概念並不夠精確。例如，有些研究顯示，反安慰劑反應比較不像主動的作用，倒比較像少了安慰劑反應緩衝的狀況下，人體感受到的疼痛而已。反安慰劑反應似乎也較為容易誘發，不像誘發安慰劑反應時，通常需要先制約患者，反安慰劑反應則不一定需要這個步驟。舉例來說，羅娜・克洛卡對我施加電擊時，必須先實施兩輪的色彩引導式折磨，然後才打開電流，把安慰劑反應激發出來。然而，如果她想進行反向實驗（只施加弱電擊，但告訴我用的是強電擊），或許根本不需要先使我產生制約，只要她一說：「這次真的會很痛喔！」壓力荷爾蒙皮質醇 CCK 以及一股無害的純然恐慌就會立即發揮作用。誘發反安慰劑效應真的比誘發安慰劑效應要簡單得多。

為什麼會這樣？負面的期望怎麼會比正面的期望更強大？可以把腦中的反安慰劑與安慰劑想像成 Google 地圖上的兩條不同路線，兩條路線看起來很相似，目的地相差不遠，甚至還有部分路

徑重疊，但依然是兩條截然不同的路線，而最短的捷徑總是出現在反安慰劑那條路上。這是有道理的，畢竟對疼痛的厭惡反感，不僅是生而為人的本能，更是賴以生存的天性。克洛卡注意到，反安慰劑效應同樣運用腦中的酬賞／期望區域，但同時還涉及另一個安慰劑未曾涉足的領地：恐懼。海馬迴（hippocampus）是影響恐懼制約與焦慮的關鍵因子之一，它在多數安慰劑效應中都沒有發揮作用，但反安慰劑反應出現的時候卻表現活躍。

如果說，「希望」是構成安慰劑效應的基石，那麼「恐懼」就是反安慰劑的核心。而恐懼的力量遠比我們能想像的還要強大，想想那些新聞標題，有趣、討喜的標題當然吸引我們的注意：「酒對你有益嗎？」、「新一代奇蹟藥物：咖啡」、「五種比你想像中更健康的食物」等等；但沒有什麼比恐懼更能創造超高點擊率：「伊波拉病毒滿天飛？夢魘有可能成真」、「穿胸罩會導致乳癌？」、「懷疑你的貓咪正密謀要殺了你？科學家說你可能猜得沒錯」。（上述都是真實存在的新聞標題——而且沒錯，你的貓咪真的想殺了你。）

嚇人的標題就是比較有力道。2014 年時，美國雖然尚未出現任何伊波拉病毒死亡病例，卻已經有 25% 的人擔心自己或家人受感染，成千上萬的人湧入診間，表示自己有感染的跡象，其中 650人症狀嚴重到被轉移到聯邦部門處理。最後查出真正受感染的只有四個人：一位在賴比瑞亞遭感染的旅客、兩名負責治療他的護士，以及一名在伊波拉病毒疫區服務的醫生。

再看看所謂的「大二生症候群」（second-year syndrome）：醫學院學生確信他們在課堂上學到的那些疾病，自己通通都患上了。但你聽過相反的情況嗎？即學生在學習治療方法後，確信自己能

被治好？當然沒有。我們天生就傾向於感覺恐懼，而非寬心。想想演化論，哪一種人的存活機會較高：那些到處吃蘑菇的原始人，還是小心謹慎、絕不把嘴巴隨便湊近蘑菇的原始人？沒錯，大多數時候，前者能飽餐一頓，後者只能餓肚子，但前者最後會誤食有毒蘑菇而死。這種恐懼比滿懷希望有優勢的現象，早在現代人之前就已存在，在動物以及大腦尚未發展成熟的新生兒身上也能看到。在自然界，敢於冒險的生命會得到一些獎賞，但獎賞的利益往往比不上懲罰——大自然偏愛的是謹慎的生命。

在討論反安慰劑和副作用時，科學家常會提及伴隨而來的焦慮感或「過度警覺」。換句話說，當你得知正在服用的藥物會導致噁心反胃時，第一反應往往是在自己身上尋找那種症狀。如果我告訴你，60% 的人在閱讀本書所採用的字型時，會有暈眩、疲倦的反應，你能保證不會停下來想想自己是不是好像也有點累嗎？

要認識反安慰劑的力量，藥物試驗是最佳途徑之一。舉Ceregene 公司的帕金森氏症藥物試驗為例，也就是麥克・波萊提克最終發現自己接受的是安慰劑的那個實驗，針對該試驗所發表的論文指出，安慰劑組（波萊提克所屬組別）的副作用比真手術組更多，受試者更常出現背痛、極端疼痛、眼部腫脹、抑鬱、噁心反胃等現象，頭痛的情形甚至比真手術組高出 60%。你可能會覺得納悶，這個組別的受試者明明沒有接受任何治療，怎麼反而出現較多副作用？什麼都沒做也會有副作用嗎？

事實證明，這種虛幻的假副作用在安慰劑控制實驗中是頗為普遍的現象。事實上，許多研究者都迫切想以「真治療組經歷的副作用比安慰劑組更少」，來凸顯他們的療法的安全性。但每一次讀到這些研究報告，我都會很疑惑，為什麼安慰劑組出現的副

作用如此之多——或許，這個組應該叫做反安慰劑組。

　　我最感到好奇的是，這種恐懼及過度警覺，是否足以從根本上改變我們的大腦？反安慰劑效應有可能變成永久性的嗎？那會是什麼情況？手術後的患者有 10% 會感受到某種形式的持續性疼痛，意外事故後復原中的傷者，也有 10% 會這樣。會不會是我們的大腦中有什麼東西形成了某種象徵性的紋路，讓人墜入疼痛、焦慮、抑鬱或噁心的慣性？術後的慢性疼痛會不會是一種持久的反安慰劑效應？許多疾病可能都是恐懼的生理體現，因此深入理解這種現象，或許能為治療帶來深遠的貢獻。

　　在此，我們必須放寬恐懼的定義。若反安慰劑效應會轉化為慢性症狀，那麼它或許不是一種有意識的過程。正如安慰劑效應會在意識之外發生，反安慰劑效應會出現在一些人身上，必然也和他們想不想要無關。

　　但說到這裡，我們已來到期望心理的科學研究的極限。如果說科學家對於安慰劑的長期效應仍然像在黑暗中摸索，那麼對於反安慰劑慢性效應的研究，則無異於蒙著雙眼、戴著耳塞走在一片漆黑的洞裡。我的意思是，你要如何設計出讓健康的病人產生慢性疾病的實驗呢？儘管如此，仍有一群醫生持續探索這些艱難的問題——他們是疼痛科醫生。

　　在第二章中嘆惜醫學界缺乏有效疼痛療法的史丹佛科學家西恩・麥基，就常反覆思索慢性疼痛的無意識觸發機制。他盡量避免用「反安慰劑」這種字眼，寧可採用更一般的說法來形容，比如「易感性」（susceptibility）。

　　「你必須要有易感受的、脆弱的大腦，一方面接收這些資訊，一方面創造出不好的狀況。」他坐在校園後方山陵間的露臺上說，

「我覺得是你自己的腦在整你。」

麥基說，最新的疼痛研究正試圖探討在面對這些深沉、強大的危險訊號時，為什麼有的人特別容易受到影響，有的人卻有抵抗的能力？當然，就和我們沒辦法輕易辨識出那些容易受安慰劑反應影響的人一樣，我們也很難認出哪些人特別容易出現慢性疼痛的症狀。即使可以，他們也不一定就是同一批人，因為反安慰劑與安慰劑運用的是腦內不同的系統。儘管麥基不明白造成疼痛易感性的背後機制是什麼，他卻找到了去除這種腦內程序的方法，為求助無門的病人帶來緩解與改善。

大約十年前，他參與打造「回饋式 fMRI」，讓患者躺在腦部掃描儀器中，一邊觀看自己的腦部活動影像，一邊嘗試控制疼痛。幾年前我曾造訪麥基的實驗室，親身試用這種儀器，歷時約一個小時左右。他先把高溫金屬片連接到我手臂上，模擬慢性疼痛的感覺，還在金屬片底下塗抹辣椒膏，讓皮膚變得更敏感。一開始真的很痛，痛到我無法集中注意力。我躺在儀器裡，麥基要我把手臂上燙得要命的金屬片，想像成溫暖的陽光輕輕灑在肌膚上，果然，我看見自己腦部與疼痛相關的區域（前扣帶迴皮質，位於左額後面幾公分的地方），逐漸不再那麼活躍了。接著，麥基又要我把疼痛部位想像成灼熱、足以燒傷皮膚的雷射，此時，腦電圖上的線條再度往上揚。我知覺疼痛的方式，立即影響了大腦的疼痛體驗。

麥基說，這並不足以證明什麼，但至少提出了一個疑問：是否某些慢性疼痛的根源其實來自腦內，疼痛只不過是一輛老卡車，卡在車轍裡出不來？他一遍又一遍以回饋式 fMRI 對格外棘手的慢性疼痛患者做實驗，最終發現，經由練習，患者能學會用調整意

念的方式來轉變疼痛體驗，甚至讓疼痛愈來愈弱、以至消失無蹤。這個結果是否代表慢性疼痛、纖維肌痛（fibromyalgia）、神經痛等等，都不過是複雜的反安慰劑效應？

慢性疼痛中，是否有某些因子是負面期望造成的？若答案是肯定的，我們是否該將注意力放在大腦對於疼痛的知覺上，而非疼痛本身？這是個極其誘人的想法，但目前仍缺乏證據。如果真是如此，臨床醫師就掌握了一種強大的新療法，可以減輕副作用和治療慢性疼痛。不過，不管有沒有證據，我們還是可以運用這種方法來減輕症狀。

克里斯多福・史派維克（Christopher Spevak）是美國華盛頓特區附近沃爾特・里德陸軍醫療中心（Walter Reed National Military Medical Center）的疼痛科醫師，他看過許多在戰爭中遭受嚴重創傷的患者，痊癒後仍為長期慢性疼痛所苦。患者持續的疼痛究竟有多少是傷口所導致、又有多少成分來自大腦的傑作，史派維克也說不清楚，因此他決定雙管齊下，採用傳統藥物的同時，也運用病人腦內藥房的力量，以一個簡單的制約訓練，讓士兵每次服用傳統止痛藥時，都伴隨特定的感官輸入，有可能是聞到薄荷的氣味，也可能是品嚐到濃郁的糖果甜味，或聽到喜歡的歌曲等等。

士兵逐漸將疼痛的舒緩與味道或聲音連結起來，不久後，每當聽見那段音樂或嚐到那種味道，士兵的腦內藥房就會開始運作，減輕疼痛的感覺。日子久了，患者的意念重新調整感受疼痛的方式，對原本藥物的需求也變得愈來愈低。史派維克的做法是否等同於改寫腦內程序、使大腦忽略難纏的反安慰劑效應？答案我們還不知道，但可以肯定的是，他的療法很有效，改善了幾十位受疼痛所苦的退役軍人的生活。

許多案例甚至不需要這麼強烈的手段，有時候，最好的方式就是一開始就避開負面暗示。在一項哈佛的研究中，醫生為產婦執行無痛分娩，測試以兩種不同說法來描述接下來的過程。結果，只不過是把描述方式從「被一隻大蜜蜂螫了一下」，換成「施打局部麻醉，只有這塊區域變得麻木」，就讓患者對整個過程的疼痛感受產生劇烈的改變。

醫生可以從數不清的小地方著手，來避免觸發反安慰劑效應。要記得，在醫生的診間裡——就和在實驗室一樣——只需要寥寥幾個字，就能引起反安慰劑效應。舉例來說，克洛卡認為，醫生絕不該對病人說「別擔心」，病人會擔心是理所當然的！叫他們別做什麼，只會讓那件事更惡化而已。醫生應該做的是直接挑明患者的恐懼，然後提供新穎的方法來應對危機，以直接、正面的語言與病人溝通（「這是你現在的情況，然後這是我們可以採取的做法」），才比較有機會避免反安慰劑效應的出現，或許就能在慢性疼痛發生以前把它壓制下來。

反安慰劑效應是一種原始本能，源於人腦深處，且和安慰劑效應一樣，不管我們主觀上願不願意都會發生。我們已經看到它在實驗室或醫師診間是怎麼運作，其實在現實中，這種效應在人類經驗裡無所不在，反胃、免疫反應、自主神經系統（我們並非有意識操控的部分，比如呼吸和心跳）都可能是聽命於負面期望。然而，除了疼痛以外，要研究這種效應的其他影響相當困難，你能想像給憂鬱症患者服用安慰劑，然後告訴患者這會讓人更加憂

鬱？或者要帕金森氏症患者服用一種藥丸，目的只是為了讓症狀更嚴重？

但毫無疑問，負面期望會使各種不同的健康問題變得更難以處理。儘管目前還沒有相關記載，我們可以合理假設，和安慰劑一樣，社會壓力也會強化反安慰劑效應；同樣地，有效的反安慰劑也需要借力於強大、可信的故事，並結合不明確、容易受安慰劑影響的症狀。

舉例來說：2010 年，孟加拉鄉下一所學校中，一名學生吃了包裝標籤已褪色的餅乾，之後，一種不明疾病在校園內迅速散布，學生出現頭痛及腹痛症狀，全校上下陷入恐慌，害怕學生吃的餅乾全都受到詛咒，恐慌隨即蔓延到鄰近的學校，多達數十位學童送醫診治，但全都在短短數小時內康復。這不是孟加拉第一次或最後一次發生所謂的「集體歇斯底里」，2009 年、2013 年和 2016 年分別都有相似的事件發生。我們無法斬釘截鐵地說這些人都不是真的生病，也不能直接就把他們的反應等同於實驗室中觀察到的那些反安慰劑效應。然而，事後科學家判斷這些疾病屬於身心疾病時，舉出的原因包括：一、和大部分安慰劑效應一樣，症狀退散得很快；二、出現的似乎都是期望一變、反應就會不同的症狀。

這種類似反安慰劑效應的恐慌，並不僅只出現在孟加拉，它是全球都有的現象。2007 年，紐西蘭出現一陣媒體恐慌，認為治療甲狀腺的藥物昂特欣錠（Eltroxin）出了問題，事實上藥商只不過是改變了藥錠的顏色和形狀而已，但後續的 18 個月裡，病患回報副作用的案例卻暴漲了 2000 倍。

此外還有風車症候群（wind turbine syndrome）的奇特現象，堅信這種症候群存在的人以小兒科醫師妮娜・皮爾龐特（Nina

Pierpont）為首，他們把它定義為住在風力發電機附近的人會得的病。風力機在旋轉、收集能量的過程中，會發出一種超低頻音，屬於人耳無法聽見的聲波。皮爾龐特認為，這種超低頻音會造成各種不同的疾病，從氣喘、亞斯伯格症，到貧血、過敏、心絞痛等等，這些還只是英文字母「a」開頭的病症而已。皮爾龐特總共統計出223 種與風力機不可聞的低頻音有關的症狀，數量十分驚人。

她在 2009 年出版的書中提出這個假設，受到媒體關注，民眾擔心風力發電廠發出的超低頻音會讓人在不知不覺中罹病，恐慌如野火燎原般蔓延開來。這種症候群具備了所有恐怖疾病的特徵：無所不在、無跡可尋，而且非常曖昧不明。沒人在乎皮爾龐特根本不是流行病學、聲學或神經學領域的專家，住家附近矗立著不斷旋轉的巨大風車塔，本來就令人無所適從；然後又聽說那持續旋轉的低頻音會帶來疾病，無跡可尋、無法治療，也無法阻擋，這種無助的恐懼感，讓內心陷入過度警覺的狀態。嗡嗡，嗡嗡。我覺得好像快感冒了，而且最近真的有點累，會不會是超低頻音波振動造成的？嗡嗡，嗡嗡。

已有少數證據顯示，有些人確實可能感知非常低頻的聲音。多數男性說話的聲音為 120 赫茲（測量聲音頻率或音高的單位），女性則為 210 赫茲，貝瑞・懷特（Barry White）能唱到的最低音約為 90 赫茲。大部分人耳無法聽見低於 20 赫茲的聲音[1]。

有研究者觀察到，我們的潛意識能夠察覺低於人耳可聞的聲音，並把它轉譯為隱約的焦慮或畏懼感，但事實是不是這樣，我

---

1 人聲所發出最低音的世界紀錄為低於 1 赫茲，由名為提姆・史托姆斯（Tim Storms）的歌手所發出，這已經低於人耳可聽見的聲音範圍，所以就連他自己也聽不到。大象用約 14 赫茲的聲音彼此溝通，但史托姆斯唱出的音符已低到連大象也無法聽見。

們並不清楚。同樣地,不可聞的音波振動是否會造成各種小病小痛(即使經過長年累積),目前也還不清楚。然而,世界各地有成千上萬的人堅信自己受到超低頻音波的傷害。我們可能根本無法察覺的東西,怎麼會讓某些人生病、又對某些人全無影響呢?

為了回答這個問題,紐西蘭奧克蘭大學的研究學者基斯·佩特里(Keith Petrie)決定尋找其他的原因。2012 年,他把 54 位志願者分成兩組,告訴其中一組風力機所構成的可怕威脅,再告訴另一組風力機對環境的益處。接著,兩組受試者曝露在模擬附近有風力機的超低頻音中,但其實每組各有半數的人聽的是完全無聲的內容。別忘了,超低頻音本來就是聽不見的。佩特裡發現,被告知風力機負面資訊的組別中,不管是否真的聽見超低頻音,受試者都出現耳鳴、疲倦、無法專注、缺乏動力等狀況;而那些被告知風力機正面資訊的人,症狀則較輕微,但還是都有一些不適。不過這不難解釋,每當有人問我們是否疲倦時,我們多半會回答是。

於是,佩特里招募了另一群志願者,把超低頻音的負面消息告訴其中半數的人,再告訴另一半的人超低頻音其實可以消除身體的毛病。結果不出所料,不管聽到的是什麼聲音,大部分人都循著受到的暗示產生反應。佩特里以幾種不同方式重複進行實驗,結果都一樣。這並不是說風車症候群的症狀不存在,相反地,其中許多都是真正的症狀,甚至令身體變得非常虛弱,只是這些症狀可能不是由鄰近風力發電廠發出的超低頻音所引起,而是來自人類自己那顆愛管閒事的腦袋。

超低頻音風車症候群的爭議絕不是個案,現代社會中這類眾說紛紜、難有定論的疾病很多,只要花幾分鐘在網路上搜尋,就

會看見許多關於後萊姆病症候群（post-Lyme disease syndrome）、慢性疲勞症候群（chronic fatigue syndrome，簡稱 CFS）、手機造成的頭痛症狀、多重人格疾患（multiple personality disorder）、纖維肌痛等等疾病的爭論，你很快就會發現自己被一大堆激烈的論戰淹沒——爭執點不是如何治療，而是這些疾病是否真的存在。對黴菌、環境中的微量化學物質、甚至電器所產生的過敏症狀，也有類似的爭議與論戰。

這類疾患在醫療界的接受程度不一，症狀也非常多元，有些已逐漸被認為與病毒及其他外在觸發因子有關（比如 CFS），有些則比較像心理作用，但全都有難以釐清的不明機制和複雜病理，每一種也都有患者表示，他們的健康已經受到永久性的影響，甚至遭到摧毀。沒有受過這類病症所苦的人，很容易不當一回事，以為這些患者只是神經質，甚至是神經病。但有可能成千上萬的人所受的苦，全都來自於妄想嗎？假設你明天醒來發現自己癱瘓了，或陷入極端的痛苦，這時候若告訴你，你的病全都是心理作用，或你的症狀不夠資格接受正規的醫療，這對事情有幫助嗎？只因為科學尚未發現某種病症的起因，並不代表這種病就不存在。

又或者，我們需要重新界定「疾病」的定義。若某種病只存在於心中，就表示它不是真的嗎？足以讓人失能的身心症，帶來的破壞就比生理疾病少嗎？患者假如下不了床，就是下不了床，唯一的差別只在於治療的方式，以及我們如何看待受這些病症所苦的人。前面我們已經看到，透過期望，精神狀態可以轉化為可測量的生理反應，用來緩解、甚至治癒痛苦。這些變化絕對有可能是持久性的，也因此非常真實；那麼，誰能說這種機制無法反向運作？當一名士兵感受到難以忍受的痛楚，當某位女士因為一

朵人造玫瑰而呼吸困難、倒在診間的地板上，我們有什麼資格認定什麼是身體疾病、什麼是精神疾病？

負面期望有很多種型態，舉迷信為例，每一種文化都各有不同：不小心把鹽撒出來、從梯子下走過、13 號星期五、送人刀子、一隻鳥直視著你……這些都被世界某個地方的人認為是厄運的象徵。在美國，棒球投手之間不斷爭論走上場時，到底是要用腳踩一踩壘線，還是故意不去踩會比較倒楣，看比賽時注意一下，你會發現幾乎每一個投手會踩的就會踩，不踩的就會刻意跳過去不踩，沒有人兩種都做。（身為堅定的不踩線份子，我不信任任何踩壘線的投手，踩壘線根本是天下大亂的第一步。）如果一個不踩線的投手不小心踩到壘線，我敢打賭他一定撐不過第三局。在迷信的觀念之下，信念與恐懼結合起來，讓人相信某種超自然力量會帶給他們負面的影響。

恐懼的力量到底有多強大？會強大到要人命嗎？

答案很嚇人：可能會。

華特・B・坎農（Walter B. Cannon）是 20 世紀前半期的哈佛心理學家，他創造了「戰或逃」（fight or flight）這個說法，用來描述交感神經系統的反應，特徵通常包括：腎上腺素飆升、冒汗、心跳加快，以及人在驚恐時口乾舌燥的感覺等。不過，坎農後半生沉迷於他稱為「巫毒死亡」（voodoo death）的概念，也就是當一個人相信自己被某種邪惡力量把持住，身體可能會出現嚴重的生理病痛。

負面期望的極限在哪裡？坎農的說法是：沒有極限。他假設當人焦躁、恐慌到了極致，真的有可能因此而喪命，如果這種情況真的出現過，他認為應該會發生在相信巫術法力的社會中。坎農在 1942 年提出，在天時地利人和之下，恰好碰上的詛咒或一點霉運，能使特定文化背景的人害怕到極致，這種壓力真的會令對方的身體系統機能停止運作。

　　這種想法非常吸引人，數十年來，人類學家與心理學家對這種可能性爭論不休，有人說極端的壓力、無助或恐懼，加上食不下嚥，就會使人在短短幾天內死亡；也有人說這些都是富裕國家編造出來的奇幻臆想，好讓貧窮國家看來充滿奇異風情。然而，因負面期望的力量而導致的悲劇事件，並不僅只發生在單一文化裡。在西方世界，常有年邁的配偶在短時間內相繼去世的情況——大家都說較晚走的那個人是傷心而死；認為自己屬於心臟病高風險群的人，死亡率是相同健康狀態、卻不覺得自己風險高的人的四倍；還有，對未來感到悲觀的癌症患者，壽命肯定短於樂觀的病人。

　　但是單純靠暗示的力量能殺死原本健康的年輕人嗎？那又是另外一回事了。雪莉・艾德勒（Shelley Adler）在她精彩的著作《睡眠癱瘓：惡夢、反安慰劑和身心連結關係》（Sleep Paralysis: Nightmares, Nocebos, and the Mind-Body Connection）中，指出一種現代版的巫毒死亡現象，書中提及美國境內的寮國移民圈子裡，有些苗族人（Hmong）因為相信自己睡醒的那一刻遭到鬼魂糾纏而死於非命。她認為這種現象是由於內心深層的恐懼，引發了實質的徵狀，讓人剛睡著或剛醒來時暫時無法動彈，這種癱瘓的情況常伴隨超現實的幻覺，對任何人而言都是創傷性的經歷（這也可能

是很多外星人綁架故事的由來）。至於睡眠癱瘓的恐懼究竟如何導致死亡、這類案例為什麼在寮國苗族人當中特別多，目前仍然是個謎，但在對的文化背景下，恐懼確實是有可能殺人的。

在這一點上，基督科學教會也有自己的版本。關於負面期望的致命力量，教會創始人瑪麗・貝克・艾迪寫過一則常被引用的故事：一名男子得知他睡的那張床不久前剛死了一個霍亂病人，很快地，他也出現霍亂症狀，而且幾個小時後就過世了——他死後大家才發現：那張床根本沒睡過什麼霍亂病人。先說明，我們不清楚這個故事是否屬實，而且只是睡在霍亂病人睡過的床上，也不太可能就此染病得（霍亂菌存在於糞便中，一般透過污染的水而非跳蚤或床蝨傳播）。此外，從感染霍亂到病死，幾個小時也太快了。霍亂確實是危險的疾病，但本身並不致命，病人死亡的原因，通常是嚴重的腹瀉症狀造成脫水所致。

重點在於 19 世紀時，霍亂是一種恐怖又神祕的病，單單是對它的恐懼，就足以形成致命的暗示。我曾被告誡，基督科學教會信徒如果不隨時提高警戒，這樣的事情就有可能發生：暗示真的可以殺死你。我從小生長在一切由意念的無形力量主宰的宗教世界裡，這種想法對年幼的我來說，簡直恐怖極了。

但危險的還不只是對疾病的抽象、社會性的恐懼而已，還有一種更有針對性的威脅，所謂的「精神上的不法行為」（mental malpractice）——也就是心中希望某人生病，因而真的導致對方生病，甚至更嚴重的結果。換句話說，這是基督科學教會版的詛咒。我媽總是引用教會創始人的話，來教我如何對抗這種精神上的不法行為，她說我必須「看守思想的大門」，意思是要阻絕所有具侵略性的念頭，不管是毫無來由的念頭也好、有人特別針對我、

希望我生病的念頭也罷。當時的我還聽不太懂，但這些話在我幼小的心中留下極其深刻的印象，於是每當生病時，為了預防萬一，我都會花很多時間想像英女王的侍衛站在我耳朵裡看守門戶。

這種概念並非基督科學教會所獨有，在許多文化中，悲劇事件被大致分為兩種類型：一種是普遍存在、我們必須時刻提防的邪惡力量，另一種就是針對性的、來自陰險的靈體或人類的邪惡力量。在前者的案例中，期望肯定起著一定作用，但後者呢？關於負面期望的研究成果本就貧乏得可憐，在這個問題上更是付之闕如，因恐懼而生病，和因他人的惡意念頭而生病，完全是兩回事，要研究這個問題，我們得踏入沒有人走過的領域。

世界上幾乎所有文化都有自己的詛咒傳統：西非的祖祖符咒（juju）、阿拉伯的燈神（djinn）、妖法、魔鬼、巫術等等——生病的時候，你總能找到責怪的對象。有一點必須澄清，詛咒不是反安慰劑，但你如果相信自己被詛咒，身體狀況因而出現變化，這其中必定有反安慰劑效應在作祟。每個文化的詛咒各有不同，但往往都包括強大的邪惡力量，以及無法自保的受害者。在我長大的圈子裡，沒有人會真的指責別人施行精神上的不法行為，畢竟那是 1980 年代的加州郊區，而非 1690 年代的麻州塞勒姆女巫鎮（Salem）。但偶爾，當有人突然病倒時，還是會出現這種流言蜚語。

在超自然界的各種詛咒中，最著名的莫過於海地的殭屍（zombie）詛咒，它甚至帶起了一整個類型的電影、書籍和電視節目。傳說只要招惹了當地人稱之為「波哥」（bokor）的海地巫醫，就會受到詛咒而死，死後埋進墳墓，過了一段時間，波哥會挖開墳墓，此時受詛咒的人既不是死的也不是活的，這些活死人就此成了幫波哥做工的奴隸。雖然這個傳說是好萊塢的熱門題材，但

有記載的殭屍案例其實寥寥無幾，最早的案例出現於 1937 年，所有案例中的主角都具備一些共通症狀：只懂得說幾個單字、有認知障礙、沉重地拖著腳走路等等。1997 年，醫學期刊《刺胳針》（The Lancet）甚至發表了描述三起殭屍案例的文章（其中兩例似乎是有人把智能障礙者誤認為過世的親人所致）。

究竟殭屍是如何形成的，目前有兩種不同的理論。第一種理論認為，波哥先用河豚毒素製造死亡假象，然後受害者被埋在木箱裡一段時間，因缺氧導致腦部受損和那種無法掩飾的拖腳行走姿態。第二種理論則有趣得多：有人認為，由於當地人深信受到詛咒倒下、被掩埋後會變成殭屍，在強大的文化壓力下，可憐的受害者或許真的就把自己變成了拖著腳走路的可笑怪物。也就是說，殭屍可能是在社會集體意志的形塑下，受害者自己製造出來的產物，滿足了大規模的社會性負面期望。

當然，這些都只是推測而已。透過實驗，我們知道只要短短幾句恰到好處的話，就能引發反安慰劑效應；我們也知道社會壓力能強化安慰劑反應，但對於有幾千年歷史的詛咒現象，我們又知道些什麼？恐怕不多。為了更進一步認識負面期望對人體的影響力，我找上一位研究安慰劑與反安慰劑效應的大師，密西根大學教授強－卡爾・朱畢亞特（Jon-Kar Zubieta）。

朱畢亞特對反安慰劑效應做過一些開創性的研究，嘗試推論它的運作機制，並與安慰劑做出區隔。他是研究念力對人體影響的專家，我們聊了一會兒關於他的帕金森氏症患者與疼痛實驗，接著話題轉到巫術上。

「舉個例子，假設你去找信仰治療師，對方告訴你：『這個療法很棒喔，效果超級好，你很快就會好起來，一切都會沒事

的。』」朱畢亞特告訴我,「但也可能治療師會對你說:『順帶一提,你這個人很糟糕,而且你被下了詛咒。』假如你相信的話,你就完蛋了。」他頓了頓,又說,「但要把這種事當作實驗來做,我想有一點困難。」

我想像一群穿實驗室白袍的人圍著一名巫醫,看他點燃蠟燭,對隔壁房間的受試者施法,不禁覺得好笑。這一笑卻讓我想到一個很棒也很恐怖的主意,我或許沒有實驗室,也不是科學家,但我有兩樣科學家沒有的東西——接觸到神祕療法術士的管道,還有糟糕透頂的理智。我決定請人來對自己下詛咒。

我並不相信詛咒本身有法力,但和所有優秀的科學家一樣,我抱持「不知為不知」的態度。我很確定無論相信與否,被下詛咒這件事都會對我的心理造成影響,要是夠幸運,我將有機會體驗負面期望所帶來的過度警覺;要是再幸運一點,或許還能感受到反安慰劑在潛意識下發揮的效力;要是非常、非常幸運,我甚至有機會病倒或出現某種不明的慢性疼痛症狀。

我就是這種不是普通笨的笨蛋。

我住在墨西哥市,只要搭一小段火車,就能找到大把男巫,而只要價錢談攏,任何一個男巫都會非常樂意對我下詛咒。我和幾位友人談到這主意,他們的反應像是我打算前往敘利亞訪問恐怖分子一樣。透過線上聊天,我又把這件事告訴一位記者,他是攝影師,曾到過多個戰地採訪。

「你的小孩快要出生了。」他寫道。我告訴他,我不會讓妻子同行(但沒提起妻子有多反對這件事)。他沉默許久,然後說:「這可能是你這輩子最糟糕的主意。要是真的死了怎麼辦?看看甘迺迪一家。」

甘迺迪家族中，英年早逝的人數確實出奇地高，但我並不認同「甘迺迪詛咒」（Kennedy curse）這種普遍的說法。上網搜尋一下，就可以找到各式各樣分析甘迺迪家族厄運的可能原因，主要分為兩派說法：其一是大家長約瑟夫・甘迺迪曾經無禮對待一位納粹大屠殺的倖存者，因而為家族招來數十年的死亡與毀滅陰影；另一派說法則是，甘迺迪家族的先人曾在愛爾蘭不小心踩到一個精靈家族的住所，看來精靈還真會記仇。

　　事實上，甘迺迪家族的厄運正是展現詛咒真正本質的最佳例子：詛咒一點也不神祕，它很符合統計原則。讀到這裡應該不難理解，詛咒之所以能發揮作用，有賴於人類難免有不理性的時候，如果每個人都有百分之百理性的心智，就會發現受到詛咒的人所遭遇的厄運，其實沒有比一般人多。

　　但人的心智不是這樣運作的，大多數時候，我們會留意不好的事情，然後倒推回去找原因。這是一種非常古老的邏輯謬誤，叫做「後此謬誤」，羅馬人又稱為「隨之故由之」（post hoc, ergo propter hoc），意思是「在此之後，故此為原因」。假如有一架鋼琴砸在你頭上，一定是兩週前你曾經從一架梯子底下走過的緣故，也不管梯子製造業裡有多少從業人員、有多少人經常使用梯子，或每天有多少人剛好從梯子底下走過，這些人都有辦法不被鋼琴砸到。

　　但是，某種來源的詛咒導致一個家族的不幸——這樣的想法有很強大的情感力量，而且就像反安慰劑效應，它的力量源自於恐懼，而非希望。不妨問一下自己：如果有人對你說，你是受到祝福的，你感受到的情感衝擊會和聽見你受到了詛咒一樣嗎？這種情況似乎適用於所有類型的負面期望，無論是詛咒、集體歇斯

底里也好，實驗室中觀察到的反安慰劑效應也罷，都會帶來一種正面期望所沒有的急迫感。

或許是童年的基督科學教會經歷，在我耳畔悄聲複誦著「看守門戶」，或許我就是過度自信，在全世界都跟我說這個主意糟透了的時候，我毅然決定找人對自己下詛咒。

從正面看過去，索諾拉巫術市場（Mercado Sonora）和墨西哥市其他繁忙的市集並沒有兩樣：混凝土建築、亮晃晃的日光燈、一排又一排的皮納塔節慶玩具、便宜的仿冒名牌牛仔褲，還有多得令人咋舌、身穿成年禮蓬蓬裙長禮服的人形模特兒，放眼望去就像一大群無頭的迪士尼公主。但一直往裡面走，穿過一袋袋的鳥飼料、活雞活兔、乾辣椒，你就會來到真正的男巫市場。

這裡沒有皇冠和蜘蛛人造型的皮納塔，只見到風乾蛇皮和郊狼頭，外面那些廉價的塑膠玩具，已被召喚邪靈用的、面目猙獰的塗黑娃娃取代，每個攤位都買得到油膏，用來祈福，偶爾也用來毀滅仇人。簡而言之，這個地方能滿足你所有的巫術需求。

站在市場外面，我沒想到會覺得緊張，但好奇心和尊嚴推著我繼續往前。第一件事是到聯絡中心辦手續——沒錯，墨西哥市最大的巫術市場有專屬的公關部門。我和翻譯踏進單調乏味的辦公室，辦事人員對我們的來意只顯露出淡淡的好奇，隨即要求我們登記資料。詛咒嗎？對、對，很恐怖的。在這裡簽個名就可以了。會錄影嗎？好，那就填這張申請表。

手續辦完以後，我們四處問了一下，很容易就找到了曼紐·

瓦拉德茲（Manuel Valadez），一位臉上掛著熱情笑容的第二代男巫。瓦拉德茲歡迎我們進入小小的店面，開始介紹他的巫術，他說他的巫術並非天賦而來，而是跟姑姑學的。他身穿開襟襯衫，手腕戴著一隻銅製龍形手鐲，脖子上還有細小雕花骷髏頭串成的項鍊；他的態度親切，胖胖的身材和開朗的個性，給人的感覺比較像慈祥的嬉皮爺爺，而不是神祕的巫術大師。他邀我們走進小店的最裡面，只見到處是蠟燭、精油和死亡聖神（Santa Muerte）的雕像。（教宗不承認死亡聖神，但這位神祇在墨西哥備受崇敬，外型有點像西方文化中帶著鐮刀的死神）

「這個世界有善也有惡，」瓦拉德茲說：「要先破壞你才能建立。」

瓦拉德茲說，他在療程中使用的素材固然重要，卻不是最關鍵的部分。「你如果不相信，什麼都不會有效，信念就像驅動一切的引擎。」他這樣告訴我。

我意識到最後這個部分對我來說可能會有問題，但仍決定暫時不去理它。最後，我鼓起勇氣問瓦拉德茲，是否願意對我下詛咒，他沉默了好一下子。

「你的意思是，你想當白老鼠？」他茫然不解地問：「我喜歡你，不想詛咒你。為什麼要自己惹禍上身？」

我們又聊了一會兒，最後我答應幾天後就讓他把詛咒解除，這才說服了他。

施咒的過程出乎意料地簡單，我甚至不需要在場。瓦拉德茲要我在一張小紙條上寫下姓名，他用一種特殊的黑蠟燭把紙條燒毀，然後召喚惡靈為我的生活帶來災禍，就這樣。在整個拉丁美洲地區，這種寫著名字的紙條非常普遍，有些人相信，把寫上人

名的紙條冷凍起來，對方就會被詛咒，直到把紙條解凍才能解除。據說，當美國當局終於捉到巴拿馬大毒梟兼獨裁者曼紐·諾瑞嘉（Manuel Noriega）時，發現他的冷凍庫裡塞滿了寫著人名的紙條，全都凍結在冰塊裡。

我回到家，感覺和出發前沒什麼兩樣。事實上，那個星期接下來的日子，我幾乎忘了自己被下詛咒這件事。隔天起床時，我確實頭痛欲裂（但很可能是前晚參加朋友慶生派對，跟大家一起喝光一瓶單一麥芽威士忌惹的禍）；接著，我的電動牙刷莫名其妙不動了，我明明才剛充好電的；然後，我突然一陣咳嗽，還引起打嗝打了一分鐘；幾天後，我去看牙醫，發現可能需要做根管治療（但說實話，我並不怎麼意外）。

但整體來說，詛咒對我似乎沒什麼影響，一個星期漸漸過去，我愈來愈有信心。有一天晚上，我在繁忙的街道上騎著腳踏車，突然想到詛咒的事，但我隨即擺脫那個念頭，把注意力放在眼前的路況上。我在隔週五回到瓦拉德茲的小店，準備認定這次的詛咒完全失敗。

但瓦拉德茲不在店裡，助手說他家裡有急事要處理，週二才會回來。我聳聳肩，覺得再多受一個週末的詛咒，也不可能比之前這週壞到哪裡去。

那個週六，好像要引誘命運之神似的，我還跑去鎮外不遠一個林木茂密的峽谷攀岩。雖然是雨季，我的腳踝也還在養傷，但那天依然平靜無波、愉快地過去了。可是就在當晚，我懷孕四個月的妻子突然腹部持續疼痛；週日早晨，我們打電話給醫生求助，她開了一種非處方的肌肉鬆弛劑，叮嚀若腹痛沒有好轉再打電話給她。到了下午一點，妻子的腹痛沒有緩解，醫生要我們直接掛

急診，不管腹痛是什麼引起的，她擔心那樣的腹痛會導致宮縮，危及胎兒性命。

坐在趕往醫院急診的計程車上，我努力安慰憂心如焚的妻子，但心底深處，有個念頭彷彿一直耐心坐在潛意識的角落，此時緩緩浮現出來：要是這跟詛咒有關怎麼辦？我到底是多麼傲慢自大才會走到這一步？

那一刻，我真真切切地理解了反安慰劑的力量，領略到古羅馬人所說的「隨之故由之」。如果孩子有什麼三長兩短，不管原因是什麼，妻子都永遠不會原諒我，我也絕不會原諒自己。在那個當下，那個詛咒的力量並沒有比過去一週更強大，它並不曾讓我摔倒、撞到頭，也沒有使我的免疫系統罷工，它更絕沒有傷害我的孩子的法力。詛咒真正的力量，在於給災禍安上一個原因，讓我有一個對象可以責怪，而在這次事件中，那個對象就是我自己。

原來只需要那麼兩三下，就可以讓原本篤信科學的人變得迷信。

不管是詛咒還是祝福，信念的力量都來自一個簡單的問句：要是那樣的話呢？要是那樣祈福能讓我找到理想的工作呢？要是我五年前背叛的前女友決定對我下詛咒呢？要是我的曾曾祖父當年不小心踩死過一群小精靈呢？要是黑貓真的不吉利呢？要是我還沒出生的小孩死了，而一切都是我造成的呢？

我們抵達醫院，一如往常需要面對層層繁雜手續，但有一位醫師看見妻子挺著肚子不停哭泣，就趁我還在填表格的時候，先把她拉進去檢查。最初，產科醫師一直找不到胎兒的心跳，那幾分鐘簡直猶如夢魘，時間一分一秒過去，醫生愈來愈焦躁，所幸最後終於聽見了心跳聲。

最後發現，腹痛不是來自子宮，而是胃部——由受到拉扯的韌帶，加上前一天吃下的塔可餅不消化所導致。胎兒非常健康，醫護人員帶我們到超音波室，我看著他們為寶寶做檢查，確認一切都沒問題。

　　醫護人員告訴我們寶寶是個男孩，我坐在昏暗的超音波室裡，盯著兒子伸展手臂的超音波影像，那些關於超自然邪惡力量的念頭頓時煙消雲散。我和醫護人員用西班牙語開著玩笑，他們正努力為我那扭來扭去的兒子拍一張臉部立體照，他完全正常、健康，事情本來就應該是這樣。

　　那個 6 月的週日，是我人生的第一個父親節，我一點都感受不到有什麼詛咒存在。

　　幾天後，我回到瓦拉德茲的小店，請他解除詛咒。他唸了幾句禱詞，點燃一根雪茄，朝我噴了一口菸；他交給我一根蠟燭，要我在一些錢和我的一張照片上面點燃。他問我這一週過得怎麼樣，有沒有發生什麼倒楣的事。我說有，但沒提到那場虛驚。我絕不認為跑那趟醫院是詛咒造成的，但他多半會這麼以為，對於自己的巫術差點要了腹中胎兒的命，我不知道他會怎麼想。

　　總而言之，詛咒和祝福之間的差別，完全只在於我自己如何看待這兩者。這讓我想起一些安慰劑與疼痛的研究：只要一個暗示，疼痛就能瞬間從安慰劑轉為反安慰劑效應。我也想起躺在西恩・麥基的即時 fMRI 儀器裡時，只不過簡單轉換了我對手臂上加熱金屬片的想法，就能把陽光溫暖的感受改變成灼燒的疼痛。

人類與生俱來就會先感受恐懼，在確定沒有危險後，才會感受到希望。身為攀岩愛好者，現在又當上記者，我從成年以來就一直對抗恐懼，以追求更高層次、更深刻的獎勵。但在我的潛意識深處，反安慰劑與自我懷疑猶如脫韁的野馬，我與所有人一樣，都是恐懼的奴隸。

　　你就是你，不管和你的自我想像多麼不同，也改變不了真實的你。無論正面暗示還是負面暗示，容易受到操控的暗示感受性，就是生而為人的本質。那些看起來像魔法的東西，往往只是我們那充滿恐懼、易受影響的大腦在努力尋找方法解釋週遭發生的一切。我們每一個人都是說故事的人，而最有影響力的故事，就是我們灌輸自己的故事。

　　然而，有一種故事比安慰劑和反安慰劑更有辦法操控我們的期望心理，它太強大了，只需要說出幾個字，就能消除疼痛、抹去記憶，甚至治癒已經讓人破相的皮膚病。

　　事實上，它強大到我們很難說它不是魔法。

第五章

現在，你覺得愈來愈睏……

所有關於催眠有多麼危險的說法與記載，皆屬無稽之談。

——西格蒙德・佛洛伊德（Sigmund Freud）

　　早在我們知道安慰劑、多巴胺或 fMRI 儀器這些東西以前，科學家只能透過一種強大的工具來認識暗示感受性與期望心理——想要探索身心之間關係的人，必須踏入晦暗幽深的催眠世界。很難想像還有什麼比催眠感受性（hypnotic susceptibility）更接近暗示感受性的特質，數百年來，催眠啟發了許多科學家，也為江湖郎中帶來靈感，催眠也有助於解開腦內關於暗示與期望的奇妙運作，這種強大且具體的現象，曾經治癒成癮患者、消除疼痛，更撫慰

過無數人。可是，儘管要在拉斯維加斯的舞臺上表演催眠並不難，我們至今仍未完全清楚催眠的運作機制。

不只一位科學家曾經提出催眠與安慰劑效應之間的緊密關聯，兩者對疼痛、焦慮及睡眠問題似乎都特別有效，也都運用跟期望有關、我們還未完全理解的複雜大腦歷程。從古至今，這兩者都遭到侮蔑，被認為是迷信、魔法一類，對催眠有反應的人一如容易受到安慰劑影響的人，往往被主流文化視為心智軟弱，而這種看法也與安慰劑的情況相同，絕非事實。

在催眠與安慰劑效應中，我們只需要靠大腦的力量，加上一點暗示，有時就能達到非常戲劇化的結果。長久以來，這兩者都被邊緣化，但過去幾年裡，安慰劑效應已逐漸為主流思想接受，催眠卻依舊很難被當作一回事。究其原因，一方面是催眠過去錯綜複雜的歷史，另一方面則是因為催眠不像安慰劑，它的運作機制始終仍未揭開。然而，近數十年中，科學家總算蒐集到些許片段資料，得以推測這種古老技術背後可能的腦部歷程。

研究催眠機制的專家大致分為兩派，一派聲稱催眠是一種高度的專注，就像白日夢，或是沉浸在一本好書或拼圖之中。對許多人來說，催眠也就是僅此而已：一場放鬆的靜坐冥想，有點像瑜珈課程尾聲時，所有人躺下來大休息，同時專注在呼吸上。催眠對這些人而言有如在一個晴朗的春日，躺在草地上全神貫注地仰望天上的雲，一時之間完全忘我地沉浸其中，這在現實生活中是很常見的狀態。另一派科學家則把催眠視為一種意識的「變化狀態」（altered state），在日常生活中沒有可參照的對比，被催眠的人有些能與亡者交流，有些重遊過去的經歷，有些還能辦到超乎常人的表現，皮膚上的肉疣憑空消失、手術刀切下去時完全沒

有痛感等等。

　為什麼單憑聽別人說話，有的人除了舒服和放鬆之外沒有其他感覺，有的人卻會出現幻覺、甚至失去說話的能力？我們能夠有把握地說的，就只是：催眠是一種專注的狀態，通常由某人以使人平靜的敘述引導，讓有些人進入一種恍惚狀態，在這種狀態之下，腦部變得完全開放接受外界的暗示。此外，還有一點是肯定的：和安慰劑一樣，講故事也是催眠的關鍵元素。在安慰劑效應中，這表示描繪出某種療法可以如何治好你的全面觀點，比如：人參能打通你體內的氣、順勢療法能抵消童年的恐懼陰影。至於催眠，則是呈現一個具體的故事，描繪一些奇幻的場景來讓你放鬆，以便接受暗示，比如：走過一片開滿鮮花的原野、走下層層階梯，或漂浮在半空中並感到愈來愈放鬆。

　當然，誰都能叫你閉上眼睛，想像自己走下階梯或在白雲之間漂浮，但故事能不能引起共鳴、俘獲你的想像力、讓你完全沉浸其中，這就是催眠師能力優劣之別。你必須被引導的聲音和描繪的場景深深吸引，暫時進入出神狀態，變得更容易接受暗示；你的意識仍然是清醒的，只不過以不同的方式在聆聽。畢竟，暗示不就是我們灌輸自己的故事，加上別人告訴我們的故事嗎？

　第一個實施催眠的人是誰，至今沒有定論。詩人兼小說家華特・史考特爵士（Sir Walter Scott）曾在 1805 年提及，蘇格蘭某些鄉村地區的吉普賽人有辦法「對圍觀路人施咒，迷惑他們的眼睛，使他們看見不存在的東西」。但當時沒有人知道催眠術來自何方，

有學者推測這種技術可追溯至古埃及或希臘，而比較可信的，是一千年前的羅姆人（Roma，常被誤稱為吉普賽人）把催眠術從他們的原鄉印度帶到歐洲。無論起源在哪裡，催眠作為一種醫療手段，同時也是嘩眾取寵的把戲，已經是普遍的文化認知。

比史考特早約 30 年，我們的老朋友法蘭茲・梅斯梅爾就實施過催眠，只不過用的是別的名稱。你應該還記得，梅斯梅爾的「動物磁力」並不只是運用精神力量來磁化水，也包括直接對人磁化。梅斯梅爾只用了他那迷人的嗓音，在短短幾分鐘內，就能讓人恍惚出神、出現抽搐，甚至失去說話的能力。

梅斯梅爾聲稱這種效應（後來以他的名字命名為 mesmerism，即催眠術）是他對病人體內磁液發出極其強大的控制力所致，事實上，他是在無意間發現了一種真實存在的神經現象，但在他聲名敗壞後，這種技術也不再有人提起。直到 1800 年代中期，英國外科醫生詹姆斯・布雷德（James Braid）正式創造「催眠」（hypnosis）一詞，梅斯梅爾催眠術才又浮上檯面。布雷德否定磁力說，也不贊同這種力量來自催眠師，他把梅斯梅爾的理論翻轉過來，認為那種恍惚出神的狀態和被催眠者關係較大。

更令人讚嘆的是，布雷德及其他科學家成了催眠專家，甚至把催眠運用在手術上[1]。那時候，麻醉學尚未出現，扮演麻醉師角色的傢伙，只會遞給你一瓶威士忌，然後叫你咬緊棍子忍痛。但有了催眠術後，就能趁病人恍惚出神的時候進行無痛拔牙，或像其中一個病例那樣，進行大腿的截肢手術。接下來幾十年中，催

---

[1] 一直到 20 世紀，分娩過程仍普遍使用催眠術，特別是在俄羅斯，史達林本人就是催眠術的信奉者。

眠術廣為流傳，連佛洛伊德都研究過催眠；與佛洛伊德同期、曾獲得諾貝爾獎的傑出心理學家查爾斯・李歇（Charles Richet），也是一位有名的催眠師。

　　儘管到了 1880 年代末期，催眠師已受到較多敬重，容易被催眠的人卻沒有這麼幸運。1882 年，一位醫師在《美國博物學家》（The American Naturalist）期刊中這麼形容：「對人進行催眠術時，那些天生心智軟弱，或因病而致衰弱者，是最容易控制的對象。」

　　因為各種原因，進入 20 世紀不久，催眠在大眾心目中的形象開始逐漸走下坡，而原因之一，是長久以來，催眠總是與江湖醫生、騙子脫不了關係。這其中的佼佼者當屬沃爾福・博迪（Walford Bodie），博迪是個神祕的催眠師、表演家、醫療騙子和花花公子，在 1800 年代晚期靠著催眠表演聲名大噪。他是哈利・胡迪尼（Harry Houdini）及查理・卓別林（Charlie Chaplin）的靈感來源，會在舞臺上用催眠術「治好」觀眾，或表演無血手術，這些表演大多是完全作假的把戲——博迪大量把催眠術與舞臺戲法結合在一起。他的催眠術有時確實是真的，但敏銳的觀眾可能會發現，每天晚上被催眠後像雞一樣走路的「志願者」，根本是同一個人。

　　博迪把催眠術變成娛樂表演的同時，也有許多科學家正努力鑽研這種現象。拜倫・艾伯特・凡・史瑞克－諾辛（Baron Albert von Schrenck-Notzing）是德國知名的紳士科學家，和佛洛伊德一起做研究，他花了數十年時間了解多位魔術師和算命師，據說其中一人在催眠狀態時，身體孔洞會流出奇特的冒煙流體。很快地，學者開始將研究範圍擴展到鬼魂、魔法以及怪獸領域，從恍惚出神延伸到降神通靈（séance）、再到魔鬼附身。回顧這段歷史，我們很容易嗤之以鼻，但不要忘記那是個充滿困惑又激動人心的時

代，隨著人類飛行、電力、疫苗的問世，當時的人普遍有一種沒有什麼是不可能的感覺，但另一方面，這些新科技全都無法讓科學家更進一步研究人類的心智。研究者親眼目睹催眠展現出許多不可思議的力量，但最終，他們對這種現象背後的運作機制，並沒有比一百年前的前輩有更進一步的理解。

說也奇怪，基督科學教會與早期催眠術是有關連的，教會創始人瑪麗・貝格・艾迪就是透過菲尼斯・昆比（Phineas Quimby）這位催眠師認識了信仰療法。除了擁有史上前十大最好聽的名字之外，昆比還是梅斯梅爾門徒的學生，他改善了艾迪的許多從小纏身的病痛。有那麼一段時間，艾迪似乎對昆比緩解患者病情的能力大為佩服，但隨著基督科學教派崛起、逐漸能夠獨當一面，艾迪轉而公開否定導師的療法，甚至把自己對催眠的反感，編纂成她每週聖經課的講題之一，至今基督科學教徒仍在研讀這些講綱。

不只艾迪，多數正統基督教會和穆斯林最後都開始反對催眠，而且直到今天仍然認定催眠是撒旦或惡靈的工具。一位在醫院協助減輕患者病痛的催眠師告訴我，他時常遇到因宗教理由拒絕他協助的病人，少數病人甚至比出手劃十字架的動作，想把他趕走，好像他是吸血鬼一樣。主流科學及大眾文化也抱持相同的態度，造成這種現象的原因之一，是大眾媒體對各種催眠致命故事的廣泛報導。1894 年，一名 22 歲的匈牙利貴族女子在降神會中喪命，大家相信是降神會的效應所致，隔年，喬治・杜穆里埃（George du Maurier）發表了廣受歡迎的連載小說《特麗爾比》（Trilby），描述催眠師斯文加利（Svengali）用催眠術引誘、操控一位易感的英國少女。自此之後，邪惡催眠師的形象持續出現在流行文化中，他們操縱受害者去搶銀行、殺人，還有戀慕催眠師（這是當然的）。

等到電影誕生的時候，催眠師的原型早已確立，《特麗爾比》至少被改編搬上大銀幕八次，同時許多電視節目（包括《夢幻島》（Gilligan's Island）、《神探可倫坡》（Colombo）、《史酷比》（Scooby-Doo）等等）也加入散播「邪惡催眠師」的行列。有趣的是，在布拉姆・斯托克（Bram Stoker）1897 年的小說《德古拉》（Dracula）中，施行催眠術的是主角，用來找出吸血鬼的蹤跡，但等到各種版本的改編電影出現時，又變成都是吸血鬼在催眠受害者。2013 年的電影《出神入化》（Now You See Me）中，魔術師催眠一名路上的男子，讓他去搶劫自己的銀行；《戰略迷魂》（Manchurian Candidate）裡則有一名男子受操縱去刺殺總統。典型的好萊塢催眠師總是留著山羊鬍，眼睛裡彷彿有漩渦在流動，而且能夠不經意地對受害者造成永久的影響或傷害（1999 年的電影《上班一條蟲》〔Office Space〕就是如此）。20 世紀很長一段時間裡，英國禁止電視播放催眠畫面，以免有心人使觀眾非自願地陷入出神狀態[2]。

　　好萊塢版本的催眠雖然娛樂性高，卻嚴重偏離事實（同樣失真的還有失憶症、巫毒教，以及美女愛上諧星亞當・山德勒）。任何研究催眠的專家都會告訴你，催眠師並沒有電影中那種無所不能的力量，你無法催眠沒有意願的人，也不可能逼迫別人去做他們不想做的事，更沒辦法把某人變成自己的奴隸。

　　然而，這麼多年來，催眠始終無法擺脫不光彩的歷史，至今

---

2 1952 年的催眠法案，是為了「對以大眾娛樂為目的的催眠表演進行規範」。根據該法案，催眠師必須取得特殊許可才能公開演示，但對於哪些行為是允許範圍，哪些禁止，定義卻很模糊，很顯然，擬定法案的人對催眠一無所知。此後，法案數次修改，但荒謬依然，可說是遊走在法律的灰色地帶。

仍處在科學與社會的邊緣地位。每隔幾十年，大家似乎就會對這個議題重新產生興趣，這時候，科學家就會窺見催眠對人體超乎尋常的影響力，有些案例簡直誇張到令人信念動搖。

1951 年，英國尚未從二次大戰的破壞中恢復過來，小男生都拿廢棄的軍需品當玩具，到處都是的破敗廢棄建築，則是他們的遊樂場。在那樣的環境下成長並不容易，但大概沒有人比一位不知名的 16 歲男孩過得更苦，他罹患一種罕見的先天性疾病魚鱗癬樣紅皮症（ichthyosiform erythroderma），疾病名稱大意是「魚鱗般的皮膚」。症狀剛出現的時候，患部皮膚只是變得稍微粗糙一點，顏色也比正常膚色稍深，然後病灶蔓延開來，成為《英國醫學期刊》（British Medical Journal）所形容的「除了胸、頸和臉部以外，角化的黑色表皮覆蓋整個身體表面」。男孩身上的病變部位變得堅硬，就像指甲，在腳掌、手掌、大腿部位尤其厚，還會不斷皸裂、受感染，流出「帶血的黏液」，散發令人作嘔的臭氣，不但他自己會聞到，身旁的同學也受不了；至於尚未皸裂、不會痛的部位，則完全麻木沒有感覺。由於外型嚇人、氣味難聞，而且幾乎隨時隨地都在痛，男孩在很小的時候就不得不退學。

幾位當時最頂尖的整形外科醫生嘗試了植皮手術，從男孩身上未受病灶影響的部位取皮，但每一次把健康部位的皮膚移植到病變區域，健康的皮膚也會出現深色、角化的病變。外科醫生放棄後，痛苦的男孩被帶去看內科醫生兼催眠師艾伯特·A·梅森（Albert A. Mason），梅森認為這是難得的機會，可以為催眠治療皮膚問題

的能力留下記錄。於是,他只治療男孩的左臂,以催眠方式向男孩灌輸暗示:他的左臂會自行復原,不再受贅生物的疼痛所苦。

　　糾纏了 16 年的折磨,竟在不到一週的時間內,左臂的角質開始鬆脫、剝落,露出底下幾乎完全健康的柔軟肌膚。梅森接著治療男孩的右臂,然後是雙腿、軀幹,每一次療程過後,男孩的鱗狀表皮就會大片大片地脫落,他的雙腿原本完全為角質覆蓋,治療後脫落了 50% 到 70%;背部症狀本就比較輕,治療後減少了 90% 的角質;曾經布滿鱗狀角質的手臂和手掌,則痊癒了 95% 至 100%。通常,科學論文不大可能讓人掉眼淚,但讀到 1952 年 8 月 23 日的《英國醫學期刊》,你很難不眼中泛淚,梅森在其中寫道:這個可憐的孩子,曾經「孤單、寂寞,對未來的交際、工作感到絕望」,轉眼間變成「快樂、正常的男孩」,之後還順利當上電工助手,接著成為一位自行車技工,舊病完全沒有復發的跡象。

　　如果施行催眠的人不是醫生,而是神父,這樣的結果足以讓人相信上帝的存在(或想出某種異想天開的原因,比如磁力)。然而,儘管成果這麼不可思議,這篇催眠紀錄卻沒有獲得應有的關注與研究。接下來半個世紀裡,醫學對催眠潛藏的療癒力的理解,幾乎毫無進展。

　　儘管如此,仍有幾位研究者產生了興趣,投入相關問題的探討。1950 年代末至 1960 年代初,史丹佛大學及哈佛大學的幾個研究團隊提出一份 12 步驟量表,以量化個人有多容易接受催眠的暗示,他們設計出一系列必須在催眠狀態下完成的任務,用來測量受試者的暗示感受性。舉例來說,在第 4 步驟中,催眠師會設法讓你的手臂無法動彈;在第 9 步驟,讓你產生自己在飛的幻覺;在第 12 步驟,讓你暫時失憶。量表得分較低的受試者,在催眠師的

暗示下可能會覺得手臂自己抬了起來；得分較高者則可能會失去說話的能力。經過長時間的研究，研究人員發現個人可接受催眠的程度，或科學家所說的「催眠感受性」，似乎是固定不變的特質。史丹佛大學的厄尼斯・希加德（Ernest Hilgard）證實，個人的催眠感受性和智商一樣，從青春期後期開始一直到壽終正寢那天，都不會有太大變化。此外，效果驚人的催眠只在催眠感受性最高的人身上才會奏效，這種人約占總人口的 10%，遠非好萊塢電影所描繪的誰都能被催眠；另外有 10% 的人對催眠不會起任何反應，其餘人口的反應則落在兩者中間。

科學家也蒐集到其他有用的資料，1997 年，加拿大心理學家皮耶・雷維爾（Pierre Rainville）成功催眠一組受試者，使他們感受不到熱水淋在手上的疼痛，同時催眠另一組受試者，讓他們相信雖然能感覺到痛，卻一點也不會難受。接著，雷維爾用正子斷層掃描儀掃描所有受試者的腦部，發現受試者對疼痛有兩種截然不同的神經反應，可見疼痛的感受和疼痛所帶來的情緒，各有完全不同的觸發點，這也顯示出情緒對於我們的疼痛經驗有多大的影響力。

透過像雷維爾所做的這類研究，如今我們知道催眠通常和腦部主掌注意力、情緒調節、疼痛的區域有關，我們知道每個人天生對催眠的反應似乎各有不同，且不會隨著年齡而有大幅變化，我們還知道容易受到催眠與否，和你的智商、意志力、是否容易在婚禮上感動落淚、喜歡聽偶像男團的歌……全都沒有關係。

對許多科學家來說，這就是研究催眠最令人感到挫折的地方：該如何辨別誰最容易接受暗示？這種情況和尋找對安慰劑有反應的人很類似，成功率也相近。儘管多方嘗試，科學家仍無法確實

指出和催眠感受性有關聯的心理或生理特質。有些研究者注意到，催眠感受性高的人較容易分心、常做白日夢，也有人說這種人很容易專注，還有人認為他們小時候是那種會有幻想出來的朋友的小孩。一項 1930 年的研究顯示，催眠感受性高的人通常性格外向，同時和站著不動時身體擺動的幅度有關。1970 年代還出現過一個充滿爭議的理論，主張催眠感受性和一個人翻白眼時虹膜周圍露出多少眼白有關。（就我個人看來，這種外型特徵可以反映心理歷程的理論實在太像骨像學，但話說回來，要是真的就是這樣呢？）

有一種很常用的量表叫做泰勒根專注量表（Tellegen Absorption Scale，由名字奇特、才華橫溢的明尼蘇達大學學者奧克・泰勒根〔Auke Tellegen〕於 1974 年發明），目的是量化個人的「專注度」──這種特質似乎與催眠感受性有某種程度的相關。量表中的問題大致像這樣：你是不是那種會久久凝視天上的雲、燃燒的火焰的人？你會完全沉浸在音樂或夕陽之中嗎？你是否曾經完全入戲、走不出自己在舞臺上扮演的角色？你有過靈魂出竅體驗、或曾感受到某個不在現場的人嗎？如果對於這些問題，你的答案有部分是肯定的話，你大概具有高度專注的傾向，理論上催眠感受性也較高。

如果催眠是一種腦內現象，某些情況下具有治療效果，且有些人的感受性較強，這不就是另一種安慰劑嗎？要回答這個問題並不容易，但目前普遍的共識是：這兩者是不相關的。首先，催眠感受性在人的一生中不會有太大改變，而對安慰劑的反應卻可能每天不一樣。此外，能夠有效阻斷安慰劑效應的那若松，卻完全阻擋不了催眠的作用。那麼，如果催眠不是安慰劑，它到底是什麼？

為了尋找答案，我和已從哈佛大學退休的心理學家厄文・柯爾希來到波士頓市郊一間他最愛的土耳其餐廳，一起坐下來面談。早在安慰劑效應的研究在科學界蔚為風潮以前，柯爾希就已經在這個領域研究了幾十年，他同時也是美國最頂尖的催眠專家之一，雖然已幾乎徹底退休，發表的論文也少了很多[3]，但他寶刀未老，對安慰劑的知識極其淵博。除了是安慰劑研究的先驅人物，他也是優秀的催眠師，多年來不斷尋找催眠與安慰劑之間的關係。

　　我向柯爾希解釋，我想要理解催眠在腦內是怎麼運作的。

　　「能讓我示範一下嗎？」他問，「來，把你的一隻腳踩在地上，再把手放在膝蓋上，像這樣。」

　　我興奮地會意過來：他要當場催眠我！我遵照指示，把腳穩穩踩在地面。他要我想像腳被黏在地上，牢牢卡住，有如千斤重。接著，他叫我嘗試抬起腳。雖然我很想相信自己被催眠了，但結果還是輕易地把腳抬了起來。他又要我把手放在膝蓋上，用力向下壓，然後再試著把腳抬起來。不出所料，這次抬腳變得非常困難，我的腳努力對抗手的力道，他要我牢牢記住這種感覺，並把它內化。

　　因為這種感覺並不是真的。你可以自己嘗試看看，用手把膝蓋往下壓，不管多用力，在這個角度下，手的力道其實無法阻止腳抬起來——除非你的注意力全都集中在手臂，而且心裡預期它壓得住腳。透過引導我的期望，柯爾希讓我錯以為我手臂的力道比實際的更大。他說，在某種意義上，這就是催眠。

---

3 小知識：這個統計數據在網路上流傳甚廣，但大家常將「銀河系」誤傳為「全宇宙」。如果你腦內的神經元數量和全宇宙的恆星一樣多，那你的腦重量應該有大約 15 億噸。

柯爾希承認，安慰劑與催眠是不一樣的，但兩者都運用了腦內深層的力量：期望。「當你能夠影響別人的期望時，代表你改變了對方腦內和大腦基礎功能有關的部分。」他告訴我：「或許正因為這一點，安慰劑效應可以說是呈現人腦如何生成感受的最佳示範。」

　　不要忘記，人腦是期望與預測的機器。柯爾希觀察到，催眠和安慰劑一樣，都會擾亂大腦真正的作用，因此，雖然是兩種全然不同的現象，但兩者的共通點無疑比差異性更重要，能夠讓我們一窺意識最根本的面貌。一頓飯吃完，我們喝著茶，柯爾希引用他的同事——心理學家馬歇爾・金斯波恩（Marcel Kinsbourne）——的話作為總結。

　　「來自外界的資訊會由外而內傳入腦中，」他說：「另外也有一波資訊從大腦皮質發出，包含了你的評價、你的信念、你的期望。意識就是這兩波資訊的相遇，它是一種碰撞。」

　　柯爾希表示，這就是催眠與安慰劑發揮作用的地方。

　　當然，柯爾希的催眠方法並不是唯一一種，歷史上多的是各種臨床催眠術和招搖浮誇的舞臺催眠表演。以表演為目的的催眠最能為這種技術帶來高知名度，同時也最容易使催眠背負不好的名聲。說來你或許不信，關於我們容易受暗示的大腦，舞臺催眠師知道的很多，因此我決定去找這方面的高手——一位靠迅速、確實地使人進入出神狀態的本事吃飯的人。

　　英國舞臺催眠師安德魯・紐頓（Andrew Newton）的個人網站

宣稱，在他從事催眠的 35 年中，曾經催眠六萬人以上。他在世界各地演出：偏僻的地方小酒吧、觀眾爆滿的表演廳、電視節目……到處都有他的身影。紐頓在表演之前所做的每一件事、身上的衣著、說的話，都是為了在觀眾心中建立期望。舉例來說，有一段時間他開勞斯萊斯，只為了把名車停在劇院大門口。

「所有走進劇院的人都會看著那輛勞斯萊斯，心想：『哇！他一定很厲害。』這都是演出的一部分，觀眾在外面排隊入場時，表演就已經開始了。」他說。

如果門票沒有全數售出，紐頓會想辦法補滿觀眾席，甚至不惜大方贈票。這麼做不僅讓觀眾覺得舞臺上的表演者很有專業水準，也能在現場營造集體感，使觀眾有一種群體心理，一致相信催眠師有致高無上的權威。每一場演出開始前，紐頓都會先上臺暖場，不同表演者的技巧不盡相同，關鍵在於讓觀眾行動一致：讓他們隨著你的指令起立、坐下，讓他們一起大笑。

紐頓對人類行為觀察敏銳，他說，這麼做之所以有效，是因為人類就是社會性的動物，我們身不由己，天生就渴望融入團體之中。透過向觀眾示意他是他們的領袖，接下來觀眾就會乖乖聽從他的暗示。紐頓還說，每當效果好的時候，催眠師往往比觀眾還要吃驚。

表演一開始，紐頓會找一群志願參與的觀眾上臺。大部分舞台催眠師都不會冒險只找一個志願者，以防那個人慌了手腳、裝死、不肯配合，或剛好屬於那 10% 對催眠毫無反應的人。趁那群志願者走上舞臺的當兒，紐頓會仔細觀察他們，第一段節目一定得完美進行，才能維持他掌控全場的暗示。紐頓說他會尋找一邊走上臺、一邊偷偷竊笑的一群年輕人，如果他們站上臺後，面對

底下注視著他們的幾百張臉孔，臉色變得有點蒼白，他就知道或許已經找到會對他的指令言聽計從的人了。接下來，重點就只在於抓到適當的步調，既能讓人享受表演的樂趣，又要緊湊到足以使觀眾維持共同的節奏。

標準的催眠療程是從所謂的誘導（induction）開始，催眠師會描繪某個地方的場景或一系列事件，讓接受催眠的人放鬆下來，比如一級級的臺階、長長的走廊、緩緩上升的氣球等。這麼做是為了引導對方，把自己一步一步推進深層的恍惚狀態。對許多人來說，這一刻是最關鍵的，就算極小的失誤都有可能前功盡棄。我去年嘗試催眠一位友人的時候，就是敗在誘導這個步驟，我就是抓不到適當的節奏、找不到合適的說法來讓友人進入忘我的境界。而對紐頓來說，他的誘導除了必須有效，還得迅速又具娛樂性。

被催眠以後，有的人必須很努力才能維持在被催眠狀態，有的人卻會進入更深層的恍惚，後者不僅會讓催眠治療變得有效，也能使演出變得精采。1992 年，紐頓曾讓一群易受催眠的人相信他們正在吃蘋果，而實際上他們嘴裡吃的是生洋蔥，那次催眠效果實在太好，他甚至有辦法讓志願者彼此之間爭執起他們手裡拿的究竟是什麼！

紐頓承認，舞臺催眠師之中確實有很多外行人，根本不知道自己在做什麼，甚至有可能傷害被催眠者。但優秀的舞臺催眠師的誘導功力，卻是很少有人能匹敵的。催眠既是一門科學，也是一門藝術，紐頓精通心理學，對團體動力學（group dynamics）尤其鑽研得深，雖然他有少數找他做催眠治療的客戶，但他從不否認自己最主要的身份仍是表演者，他的工作是控制人類的行為，藉此呈現一場精采的演出。有時候，這樣的表演需要誘導觀眾進入

恍惚狀態；但有時候，只要利用人類的從眾心態（herd mentality）就可以了——那是一種不願讓周遭的人失望的強烈傾向。換句話說，催眠和安慰劑一樣，都會因為同儕壓力而增強影響力。

在紐頓眼中，生活中無處不是催眠，舉個例子：閱兵典禮上，士兵用整齊劃一的步伐行進，觀眾則隨指令發出歡呼。他說，他此生見過最棒的催眠師之一，就是東尼‧羅賓斯（Tony Robbins），這位可說是全球最知名的勵志演說家，以無限的精力和搖滾巨星般的形象聞名。羅賓斯有一批極其忠誠、幾乎像狂熱信徒般的追隨者，參加過他的課程的人，常宣稱感覺充飽了電，準備好要從新做人。紐頓說，要找到他的祕訣其實不難。

「他用的是舞臺催眠最古老的把戲。」紐頓說，「他告訴觀眾什麼時候起立，什麼時候坐下，什麼時候和隔壁的人擊掌，什麼時候握手，什麼時候擁抱身邊的人，什麼時候在空中揮拳大喊：『對、對、對！』來到這裡，只要再一小步，就能從告訴別人怎麼做，進階到告訴別人怎麼想了。」

根據紐頓的觀察，眾人一起跪拜、禱告、誦經，都是集體催眠的形式，從這點來看，諸如德國納粹、電視佈道傳教士、一世代男團之類的魔力，就都不難理解了，他們都是運用催眠的力量影響大眾。紐頓告訴我 15 年前他去看美國電視佈道傳教士辛班尼（Benny Hinn）的情景：「從他說『開始』的那一刻，我就料到他的把戲了，我坐在觀眾席裡，他下一步會做什麼、說什麼，我都一清二楚。『你們會感受到聖靈強大的力量，它會讓你振奮，有的人還會有微微刺痛的感覺。』他的形容就是在催眠。」

從基督教、伊斯蘭教蘇非派到佛教，許多宗教信仰都運用某種形式的集體恍惚狀態（這實在很諷刺，因為許多宗教都把催眠

歸類為邪教或魔鬼的行徑）：眾人一起吟唱、起舞、誦經，無論是為了治療還是純粹只想接近某種更高的力量，憑藉的都是恍惚出神的原理。這種手段確實能用來操縱他人，但恍惚出神狀態（不管是集體還是個人）也能開啟一扇門，讓我們得以調整腦內的期望。催眠不僅是娛樂性高的舞臺把戲，也可以是強大的療法。

西雅圖華盛頓大學的大衛・帕特森（David Patterson）和馬克・詹森（Mark Jensen）大概是最清楚這一點的人了，他們是美國頂尖的催眠專家。催眠在現代科學中或許不是最吸引人的領域，但對帕特森和詹森來說，它實在太過迷人了。「這是一種很真實的現象，卻沒人能夠解釋它，」帕特森對我說，「我就是沒辦法接受它確實存在，我卻不知道是怎麼回事。」

帕特森與刻板印象中斯文加利式的催眠師全然相反，他隨和、親切，臉上總是帶著笑容，說起話來輕聲細語、帶一點遲疑，比較像個慈祥的大叔，而不是蠱惑人心的催眠師。他早已習慣一提到自己的工作，別人就會投以質疑的目光和竊笑，偶爾他也會想，是不是應該選一個主流一點的題目來研究，但接著總會發生一些令人目瞪口呆的事，使他再度深深著迷。

舉例來說，1990 年代，他在范德堡大學燒燙傷中心講授催眠與疼痛控制，那裡的醫生都抱持懷疑的態度。有一次，帕特森提議在他們其中一人身上示範他的催眠技巧，他們卻建議他在一名傷患身上試試看，那是一位帕特森形容為「充滿憤怒」的年輕人，全身有一半以上的燒傷面積。身上有大面積嚴重燒燙傷的痛苦，

幾乎是沒辦法用文字形容的，我訪問過幾位醫生，他們都說那是人類經驗中最可怕的一種痛。儘管已經服用了大量的強力止痛藥，每次護士想幫年輕人揭開繃帶、清洗傷口時，他依然痛得大喊大叫、拼命扭動身體。

那些醫生要帕特森治療的傷患，就是這位年輕人。年輕人對帕特森嗤之以鼻，強調他才不會被催眠，最後他同意嘗試，但顯然打定主意對所有指示唱反調。於是，在催眠過程中，帕特森示意年輕人他會感覺愈來愈緊繃，結果就像約定好的一樣，年輕人反向操作，整個人放鬆下來，短短幾分鐘後，他不費吹灰之力進入深層、平和的恍惚狀態，任由護士拿掉繃帶、用海綿擦洗傷口（帕特森放了一段相似案例的影片給我看，看得我不寒而慄）。

還有一次，在1996年，帕特森遇到一位病人，他被送到急診室時——實在沒辦法說得更含蓄——脖子裡插著一把生鏽的斧頭。經過這場可怕的意外，醫生保住了他的命，但過程中卻引發腦膜炎，他必須定時進行痛苦的腰椎穿刺。這時候，帕特森已經在華盛頓大學醫院擔任催眠師，在眾多患者之間疲於奔命，能為這位病人催眠的時間很短，他只好加快速度進行。

「當時他正又喊又叫，」帕特森告訴我，「而我真的只有五分鐘，於是我說：『待會護士碰到你的肩膀，要幫你翻身的時候，你會陷入恍惚狀態。』」在大多數人身上，快速誘導完之後就給暗示，通常是不會成功的。但帕特森很幸運，那位病人剛好催眠感受性很高。後來，當護士真的碰到他時，原本還在痛苦尖叫的他突然變得軟綿綿，任由擺布。「護士把他翻過來，他就變得全身軟綿綿，什麼感覺也沒有，」帕特森說，「但他完全清醒，只是臉上有一種呆呆的表情。」

和罹患駭人皮膚病的英國男孩一樣，類似的故事讓人不禁要問，為什麼不在每間醫院都安排催眠師？可是，暗示感受性並不是那麼容易開的處方。

　　「遇到十位病人，其中會有兩位的催眠效果好到讓你瞠目結舌。」帕特森說，「你就會很興奮，可是你在另一個病人身上嘗試，效果就是沒那麼顯著，這是催眠最令人抓狂的地方之一。」

　　確實，只有 10% 的人對催眠會有顯著的反應，大多數人的反應落在合理、還可以的範圍。此外，每位催眠師的功力差異頗大，聲音、說話的節奏、時機的掌握，都能決定催眠是成功還是失敗，要找到適合的誘導場景不容易，要找到對的故事讓暗示持續奏效更難。就算聲音、節奏、故事都對了，催眠師仍必須隨機應變，憑直覺去感受病人對什麼最有共鳴。這種種制限，讓科學家幾乎不可能針對催眠進行標準化實驗，想像牛頓要測量墜落物體的速度，地心引力卻不斷變動，研究催眠的感覺就像這樣。

　　儘管如此，透過檢視催眠恍惚狀態下神經的基礎樣貌，帕特森和研究夥伴詹森依然獲得長足的進展。詹森提議給我示範他的研究工具：可以測量腦內電波的腦波測量儀（electroencephalography，簡稱 EEG）。每個神經元在傳遞身體的訊息到腦部，以及在腦內各區域間傳遞訊息的時候，都會不斷發出電脈衝，有時候，大群的神經元還會協調這些脈衝，形成有節律的活動。

　　如果人腦是巨大的足球場，這些脈衝就是球迷在跳波浪舞。透過在頭骨外連接感測器，科學家可以聆聽大量神經元共同運作所造成的這些電波律動，稱為「振盪」（oscillation）。但別忘了，人腦不只是一座足球場，而是 120 萬座環環相扣的足球場結合體。因此，腦波測量儀可能偵測到各種環環相扣的元素，比如啦啦隊

在歡呼、演唱會中觀眾跟著歌手合唱、唱國歌、交響樂團調音的聲音等等。

複雜的地方不只於此，因為感測器是連接在頭部表面，像詹森這樣的研究人員只能測量到腦內較外圍的區域，這樣一來，要聽到足球場的聲音就更困難了。「滾石樂團來開演唱會，但你沒有門票，」他說，「所以你只能站在場外聽，聲音很含糊，沒辦法確定是在唱什麼歌，但你還是聽得出來是在唱抒情歌曲還是搖滾樂。」

令人驚嘆的是，儘管有這麼多阻礙，科學家在聆聽不同腦區的時候，仍然觀察到催眠的神經藍圖開始浮現。舉例而言，冥想和催眠感覺起來可能很相似，但兩者創造的腦波情境卻大不相同。在冥想過程中，許多腦區共同參與的「球場大合唱」，測得出比日常生活中的律動來得慢，至於催眠狀態下的律動，又要更慢一些，而唯一能讓腦波律動數值比催眠狀態還要低的情況只有一種：陷入昏迷。

為了示範這是怎麼樣一種感覺，詹森讓我參與了一個小實驗。在他辦公室附近的一間單調、無窗的房間裡，他的學生在我頭部左側接上幾個腦波測量儀電極，又為我戴上一副耳機。詹森要我摒除雜念，放輕鬆就好，算是一種自我催眠。我照著做的同時，他的學生看著我的腦波開始在螢幕上波動，更精確地說，她是在觀察我的阿法（alpha）波和西塔（theta）波。在放鬆或者閉上眼睛的時候，主要產生的是約 8 至 12 赫茲（每秒振動 8 至 12 次的電波）的阿法波；4 至 8 赫茲的西塔波通常出現在昏沉或出神的時候；最慢的德爾塔（delta）波為 0 至 4 赫茲，在入睡或昏迷時才出現。

我幾乎可以聽見自己腦中全體小小的神經元，從平時瘋狂、

紛亂的躁動，轉換為有節奏的吟唱。每當我表現良好（即西塔波低於特定閾值），耳機裡就會傳來使人平靜的新世紀音樂（好像是恩雅唱的，聽了讓我更加放鬆）。當我的神經元發出德爾塔波時，我聽見海浪的聲音。而當兩種律動都超越閾值時，我聽見音樂和海浪拍打的聲音舒緩地結合在一起。

　　但只要某個念頭浮現腦海，這些聲音全都嘎然而止。整個過程令人十分挫折，我坐在那裡，摒除雜念，努力重現那種當你什麼都不想，腦中可以感受到一種單調、幾乎像心跳顫動的感覺，此時音樂流洩、海浪拍打，有那麼幾秒鐘，一切都非常完美，然後我心想：「這真是太好了。」音樂和海浪就停了。

　　一開始我並不知道，每一次我在恍惚狀態下陷得夠深、能夠聽見海浪和音樂的時候，詹森的學生就會把可聽見海浪和音樂的閾值往上調高一些，也就是說，我得更放鬆才能再聽見海浪和音樂。我聽見音樂、她把標準上調、音樂停下，為了追尋那種舒服的海浪聲與音樂聲，我愈陷愈深。最後，我幾乎覺得自己可以隨心所欲啟動大腦的德爾塔波和西塔波。

　　這是很聰明的方法，詹森利用這個練習，訓練受試者學會控制腦波，達到減輕疼痛的效果。就像柯爾希教我欺騙自己手可以壓得住腳，讓我記住最基本的接受暗示是什麼感覺。

　　詹森的研究顯示，西塔波與阿法波可能是緩解疼痛的關鍵。在日常的活動中，大腦一般運用速度快得多、每秒高達 100 次振盪的貝他（beta）波及伽瑪（gamma）波，感到疼痛的時候尤其用得多，且往往隨之產生焦慮和壓力。因此，如果催眠及冥想能觸發較慢的腦波，就可以取代較快的律動，進而取代疼痛的知覺。（這與托爾・威格研究的腦內化學物質無關，就像觀察一座喧騰的球

場有許多不同方式，研究腦部也可以從多種角度出發。）這將能幫助無數飽受慢性疼痛所苦的人，影響巨大。

這個結論促使詹森進一步展開另一項有趣的研究，他找來 20 名透過催眠及冥想有效舒緩疼痛的患者，觀察他們在療程前後的腦部狀態。詹森發現，天生西塔波較活躍（即天生較放鬆、腦電波較慢）的患者對催眠的反應較強，能大幅減輕疼痛。另一方面，對於思緒繁雜、過度活躍的人，冥想的效果最好，能使他們忙碌的大腦逐漸慢下來。

「冥想是改善問題，催眠則是增進原本已有的技能。」詹森表情生動地說，「一個是善用優勢，一個是補償弱點。你是發揮原本已有的能力呢，還是彌補本身的不足？目前看來，冥想是彌補不足，催眠則是發揮優勢。」

研究顯示，思緒繁雜的人疼痛管理能力可能較差。如果把疼痛管理看成一種技能，比如跑步或舉重，那麼根據詹森的觀點，催眠有點像帶原本已經很強的短跑選手去健身房，讓他突破自己、更上一層樓；而冥想則比較像一個成天宅在家、這輩子從沒鍛鍊過體能的懶人，突然徹底改變飲食習慣，而且開始每天跑步。

如果詹森是對的，他的研究將可以證實科學家多年來的猜測：催眠並不是一種安慰劑，也不是開啟腦內自癒藥房的心理手段，它和利用大腦需要專注的特點來掩蓋疼痛的分心療法，也不是同一回事。從這個脈絡的推論來看，催眠可能是一種奇特的大腦狀態，直接對期望與知覺產生作用——有點像把電腦中所有軟體都關掉，直接從基礎的程式編碼下手，只不過，催眠還要更複雜一些。

　　與西塔波和阿法波一番纏鬥以後，我該準備接受催眠了。我回到帕特森在華盛頓大學的辦公室，同行的還有我的朋友兼助手莉茲・尼利（Liz Neeley），她會跟我一起去，除了協助我之外，也是出於好奇。她顯然很想嘗試催眠，可是帕特森的時間非常寶貴，而要寫一本關於人腦受到暗示的書的人畢竟不是她，所以我把攝影機交給她，請她在旁邊把整個過程錄下來。帕特森先詢問我的家庭背景，接著問我想治療什麼不適的症狀，我說了手臂疼痛的狀況，問他能不能針對這個問題來治療。他似乎有些失望，因為用催眠治療慢性肌肉疼痛往往需要很長的時間，但他同意試試看，並讓我在辦公室一張非常舒服的椅子上坐下來。

　　催眠的重點在於暗示，就是先講一個引人入勝的故事，然後再說出你想要的結果。（帕特森曾跟我說：「要真正使人專注投入，最好的方法就是講故事。你知道蓋瑞森・凱勒（Garrison Keillor）主持的廣播節目《大家來我家》（Prairie Home Companion）嗎？他大概是史上最厲害的催眠師。」）但要催眠成功，療程中「魔咒」完全不能破功，真的很不容易。進行誘導的時候，只要稍有閃失，或思路一下岔開，或說了不對勁的話，只要那麼一次，患者都有可能注意到而回過神來。我一直以為自己滿會說故事，口條也很好，可是和帕特森比起來，我就像個笨嘴拙舌的小孩。（幾個月前，我用帕特森給我的誘導腳本催眠一個朋友，結果慘敗收場。如果你也想試試自己的催眠天賦，這份誘導內容就收錄在附錄裡。）

　　日常交談時，帕特森有一種討喜的、帶點自嘲的幽默感，但說話有一點結巴、口齒不清，而且和許多科學家一樣，很容易分

心。坐在他的辦公室裡，我實在無法想像他有辦法催眠任何人，可是一旦開始催眠誘導，他馬上換了個人似的，聲音變得冷靜、自信，如絲綢般柔軟流暢。帕特森先要我想像自己的右臂猶如羽毛一樣輕盈，他形容我的手臂裡填滿了氦氣，使我的身體也浮了起來。我努力想像，但覺得有點不自在，甚至覺得有點傻。我希望我的手臂會因為催眠而神奇地抬起來，但並不想假裝被催眠而自己把手抬起來。當然，這些胡思亂想讓我更沒辦法放鬆。

帕特森伸出手，抬起我的手臂，發現誘導並沒有效果。他一秒都沒有遲疑，馬上改變策略，這時他說，我的手臂重得像鉛塊，重重壓在我的腿上。我非常配合，開始想像手臂像鉛錘一樣牢牢壓著大腿。隨後，他開始長達 30 分鐘、不斷重複循環的獨白，把治療手法整合成一個讓我專注投入而又能緩解手臂疼痛的故事。

他提到好幾個主題，包括我手臂的疼痛、我漂浮在太空中的意象、自由平靜的感覺、我父親的手臂因為打棒球受的傷，還有我必須把追根究柢的思緒和放鬆的思緒區分開來。他的話好像沒有邏輯，卻又持續向前推進，不斷繞圈子打轉，重複著同樣的概念，不知要把人帶到哪裡去。我覺得跟不上他的脈絡，這就是他的目的，因為我很快開始放鬆下來。可是，我仍然沒辦法真正進入被催眠的恍惚狀態，我想像自己漂浮在太空中，那裡沒有星星，但到處是黃色和紅色的星雲從我身邊掠過。那種感覺很好，但每隔幾秒鐘，我就忍不住想：我到底被催眠了沒有？這個念頭讓一切破功，我又得從頭來過。

最後，結論就是：我不是特別容易被催眠的那種人。事後帕特森說，史丹佛催眠感受性量表（Stanford Hypnotic Susceptibility Scale）的滿分是 12 分，我大概屬於 3 分左右。這實在有點令人失

望，若換作幾個月前的我，大概會因此感到自豪，好像自己成功抵抗了邪惡巫師的誘惑，覺得無法被催眠是某種超能力一樣。但現在我已見識到催眠驚人的力量，所以只覺得非常挫敗。

這並不是說我什麼感覺都沒有，沒錯，我沒有陷入恍惚狀態，我沒有學雞走路，也沒有不由自主地哭泣，但我確實體會到深度的放鬆。而且，當帕特森想結束療程、把我拉回現實，我很抗拒，我的意識完全清醒，只是不想睜開眼睛。數百年來，我們一直以為容易陷入恍惚狀態的人是耳根子軟、容易受騙，但詹森徹底顛覆這個觀點，他認為催眠感受性高不僅是一種技能，更是一種「天賦」。

「這是一種容易受到影響的特質，但也是貨真價實的技能。」他說，「它和性格無關，只是大腦轉換狀態運作的能力。催眠就是讓人專注在這種能力上，好發揮它的優勢。」他停了一下又說，「你在自己心目中是怎麼樣的人？我們推測，如果你很有催眠天賦，你灌輸自己的東西會有影響力得多。」

照這個邏輯來看，我是個沒天賦的傢伙。我站起身，看得出來帕特森並不滿意。他看著莉茲關上攝影機，瞇起了眼睛，問她：「妳想試試嗎？」

我跟莉茲有許多共通點：我們都很樂天、親切、充滿好奇心，這大概就是我們能成為朋友，而且維持多年情誼的緣故。但莉茲身上有一種我所沒有的開放心態，她總是聚會的中心人物，而我則不介意躲在角落。（還有一件很有趣的事：她的眼白顯然比較多。）

或許帕特森覺察到這一點，也可能純粹只是走運，他用類似的手法誘導莉茲，結果幾乎從一開始，莉茲就墜入比我更深層的

催眠狀態。帕特森暗示她的手臂和氣球一樣輕，她的手就真的像被線懸吊著抬了起來，當帕特森要她把手緩緩放回大腿上，她的手臂用極慢的速度放下，彷彿永遠碰不到大腿一樣。看著莉茲，我可能會以為她已處於某種恍惚出神的狀態，神遊在一個普通人無法窺知的祕密天地裡，在那裡，她像個出竅的魂魄，遠遠看著自己。但她的意識其實非常清醒，也完全能控制自己的思想。

催眠結束後，她說：「我剛剛覺得好奇怪，為什麼我的手還沒有碰到大腿，感覺好像我的手直接穿過大腿了。」

試試看：閉上眼睛，把手從桌面上或大腿上抬起來，然後緩緩地——要非常、非常的慢——再放下來，你可能在手臂真的落回原位以前，就一直有早該碰到了的感覺。這就是催眠很關鍵的一部分：利用巧妙的手法來創造一種你已經被催眠的感覺，過不了多久，你就真的被催眠了。

離開詹森和帕特森的實驗室以前，我花了幾分鐘參觀研究團隊最新的虛擬實境催眠程式。帕特森、詹森，還有第三位研究人員兼程式設計師亨特・霍夫曼（Hunter Hoffman），已經針對這個概念研究了數十年，如果成功，將會大幅提昇科學家研究催眠術的可行性。研究催眠的最大瓶頸之一，就是能力的落差問題，就像有些患者比其他人更容易進入催眠狀態一樣，有些催眠師也比其他人更擅長讓人進入催眠狀態。兩項主要因子都可因不同人而有巨大差異，要進行大規模研究實在太困難了。但如果電腦程式能達到不錯的效果，至少可以把一半的變因標準化——只要讓患者戴上頭部裝置，播放錄音，一瞬間，病人的疼痛馬上緩解。

唯一的問題在於：虛擬實境催眠的效果不太好。幾年前，我見識過霍夫曼設計的程式的早期版本，表現並不理想，體驗者會

緩緩陷入雪堆裡，接著進入一個冰雪的世界。作為分散注意力的工具，它非常有效（就像電玩遊戲能讓人暫時忘記疼痛），但不算有催眠效果。它的影像常出現鋸齒狀，整個場景也有點單調。

所以，我對新版本並沒有太高的期待，但出於禮貌，我們還是同意體驗一下。由於眼鏡裝置無法運作，莉茲和我各自站在簡單的電腦螢幕前觀看，效果當然比不上戴著讓人有如身歷其境的虛擬實境眼鏡。電腦喇叭開始傳出帕特森的聲音，這次的場景不是雪堆，螢幕上出現一條電腦模擬的溪流，模擬得相當精細，溪邊有石頭與樹木，還有遠山矗立，令人感到心曠神怡。

然後，體驗者開始沿著溪流慢慢往下走，經過大石、轉彎、淺塘，只聽見帕特森的聲音緩緩從一數到十，數字隨著他的計數從螢幕飛出來，我看得入迷，特別是被清涼、湛藍的溪水吸引。水流過溪底的石頭，有節奏地泛起漣漪，岸邊的溪水輕輕波動，那麼輕柔，那麼舒緩。

突然間，有人把電子裝置丟進箱子拖走的聲音把我驚醒，我這才發現，剛才有那麼一瞬間，我幾乎已經完全沉浸在出神狀態中。我回頭看看莉茲，只見她站在距離螢幕 3 公尺遠的地方，靠在牆上，臉色發白。

「沒辦法，我非離開不可，我快暈倒了。」她虛弱地說。

影片播放到數字七的時候，莉茲感覺到脖子和肩膀緩緩放鬆下來，然後手變得麻木、刺刺的。她怕自己會一頭栽倒，趕緊後退，靠著牆壁——就只因為一支影片。

我並沒有被催眠的感覺，但毫無疑問，這個版本比上一版進步很多。原因在哪裡很難說清楚，我想是那迷人的蕩漾溪水吧。先前帕特森嘗試催眠我的時候，要在腦海中維持一幅場景，我覺

得是很費勁的事，相較之下，只要盯著螢幕上的溪流，任由腦中思緒馳騁，真是簡單多了。

　　目前，數位催眠的成績仍遠不及真人施行催眠，但可以肯定的，數位催眠的前景可期。

　　所以結論就是：我是個超沒天賦的催眠對象。我一點都不覺得驕傲，反而感到很失望。反觀莉茲，在知道自己是可被催眠的類型以後，她現在多了很多選擇——緩解疼痛、減輕焦慮、戒除惡習……只要能找到不錯的催眠師，這些對可催眠性高的人來說會簡單許多。

　　最終，我們該怎麼看待催眠？它不是安慰劑，更絕對不是魔法，但它是能夠發揮期望力量的強大工具。安慰劑會告訴我們：「試試這個神奇的東西，它會讓你好起來。」這是對未來的承諾。催眠則是暗示我們：「順著流水漂下去，你突然之間就會好起來了。」這是對當下的承諾。哪一種比較好？哪一種更能有效並持久地運用期望？要回答這個問題，我還得花更長時間坐在舒適的椅子上，聆聽厲害的催眠師那平靜而充滿暗示力量的聲音。

　　與此同時，世界上還有很多催眠師和我見過的那些一樣厲害（甚至更厲害），只要你具備足夠的催眠天賦，他們就能帶你踏上一段放鬆的旅程，消除各種病痛的困擾。或者，如果這種比較正式的療程讓你覺得不自在，也有很多自我催眠的技巧可以利用，更別提未來會問市的虛擬實境催眠工具。

　　但有一件事是催眠時絕不該做的，那就是會摧毀生命、甚至

使無辜的人入獄的暗示，不管是用在催眠還是其他形式的暗示都不應該。如果說安慰劑是建立在未來的暗示、催眠是直指當下的暗示，那麼會影響過去的暗示又算什麼？確實有一種這樣的暗示，而且它是所有暗示之中最危險的一種。

第六章

撒旦崇拜、外星人，
以及那些你明明記得、
但卻從未發生過的事

很多人都誤把想像當成了記憶。

——喬許‧畢林斯（Josh Billings）

　　1988 年 3 月，佛羅里達州一個叫做斯圖爾特（Stuart）的小鎮籠罩在一片恐慌之中，只能用集體歇斯底里來形容。警方發現，有一個祕密活動的撒旦教派潛伏在當地的蒙特梭利幼稚園內。流傳有穿了深色連帽衣的人在這裡出入、發生過詭異的血祭、兒童受到進行儀式性的性侵等等。

關於這個由變童者組成的祕密邪教，所有證據都是出自這所幼稚園的學童之口——只不過是在十年後。他們記憶中的行為很多都極其駭人、野蠻，所以受害者一直把記憶埋藏在心底深處，是在密集的催眠之下才被揭發出來。經過數小時的催眠之後，心理學家和警方終於找回長期深埋在他們記憶中的怪誕儀式、虐待，還有無法想像的性侵行為。大批心理學家來到這座小鎮，企圖揭露更多道德淪喪的惡行，進行訪談，拯救這些無辜的孩童。

「這件事鬧得很大，鎮上幾乎每兩間店面就會看見一個新來的兒童心理學家。」當地居民卡蘿·麥克米蘭（Carol MacMillan）說，「他們同心協力要把當事人的記憶恢復起來，整個鎮簡直就像一間家庭工廠。」

心理學家與警方挖得越深，就找出越多儀式性虐待事件。不久，他們已經收集到超過 60 份駭人的折磨和性偏差（sexual deviance）行為的證詞。鎮民群情激憤，有人帶著手槍參加鎮上的集會，準備獵殺撒旦教徒；也有人在教室裡安裝竊聽器，並尋找校園內是否有亂葬坑。「彷彿塞勒姆女巫鎮事件重演。」一名家長回憶道。

根據孩子的證詞，警方逮捕了這所幼稚園的所有人詹姆斯·托華德（James Toward），以及他的經理。接著他們對托華德的妻子展開調查，她也在學校任職。由於案情對她不利之處比對她的丈夫少，因此律師和心理學家找上另一批兒童，想找出她可能涉案的新事證。其中一個孩子就是卡蘿·麥克米蘭的女兒。她是個配合度極高的金髮小女孩，名叫克絲蒂·葛蕾絲·艾瑞克森（Kristin Grace Erickson），接受催眠時她才 12 歲。她從醫生和鎮上其他大人那裡得知，她的幼稚園老師和職員做了一件可怕的事，如果沒

有人幫忙阻止，他們還會害更多人。她信任醫生，同意跟著他們到訪談室去，讓醫生對她催眠，然後開始問問題。

我們已經知道，催眠無法強迫別人去做違背本身意願的事；但被催眠的人可能會變得非常容易接受暗示。艾瑞克森記得，有一位心理學家先從試探性的問題開始，問她幼童時期在這所幼稚園的經歷。最初，她想起來的都是愉快的回憶，員工非常照顧她，偶爾還有過夜的營火晚會。但催眠過幾次以後，她開始回憶起詭異的儀式，她被放在一張桌子上，邪教的人在戳弄她。

「我說看見一條蛇被殺掉，然後沿著側面劃開，我們被逼喝牠的血。火堆周圍有一群穿連帽衣的人。」她說。

這位心理學家似乎很滿意，催促她想起更多細節，特別是關於托華德妻子的事。這次催眠結束後，艾瑞克森覺得怪怪的。她知道把那時發生的事告訴這些人，是在保護其他可能有危險的孩子。可是，她不敢確定自己說的全部都是真的。那段記憶感覺很怪，像個謊言。於是，她怯生生地和那位心理學家提起，這些事可能是她憑空想像出來的。「不是，」她記得他回答，「只是感覺上好像是這樣。但這些是真實發生過的事。」

接下來的 15 年裡，艾瑞克森一直相信自己曾被以蒙特梭利幼稚園為幌子的撒旦教派猥褻過。後來在她 20 多歲、住在舊金山的時候，她決定體驗看看感官剝奪池（sensory-deprivation tank）——這是一個光和聲音完全進不來的小房間，裡面裝了半滿的微溫的水。進到池裡，你會覺得好像靜靜地漂浮在宇宙中最黑暗的空間裡。幾十年前就開始有人利用這種極端寧靜的黑暗環境，迫使自己進入冥想狀態。

一開始除了安靜、無聊，她什麼感覺都沒有。但就在最後幾

分鐘，艾瑞克森突然領悟了一件事。她意識到，小時候的催眠經驗至今仍糾纏著她，而她必須和這件事達成和解。不久之後，她查了艾倫・泰森（Alan Tesson）的資料，這是當初參與案件調查的心理學家之一，結果震驚地發現，在調查結束之後十年，他被控對一位病人植入虛假記憶。

她心想，虛假記憶是什麼東西？如果記憶不是真的，應該叫做謊言吧。

艾瑞克森不知道的是，她遭遇的事情恰好發生在 1980 與 1990 年代所謂的「撒旦恐慌」（Satanic Panic）時期。根據美國聯邦調查局 1992 年的一份報告，這段期間有「數以百計的受害者，指控數以千計的加害人以撒旦教組織成員的身分虐待甚至謀殺了數以萬計的人——但確鑿的證據很少或是完全沒有。」

如今科學家已經知道，當時造成全國恐慌、數十人入獄的事件，起因並不是什麼戀童者的陰謀，而是人類心智中一個有趣的小缺陷。說得更精確一點，就是我們在某些情況下會憑空創造記憶。

你或許會以為，我們在感受周遭世界的時候，眼睛和耳朵的功能就像攝影機和錄音機一樣，你看見的、聽見的就是事物的原貌：林木茂密的小山丘上的一張公園長椅；你家客廳裡的家具；書上這一頁的文字。

但事實上，你的眼睛和耳朵接收的是光線和聲音，把它們轉換成電信號傳遞給大腦，大腦再對被你看見的事物建構出一個合理的版本。要辦到這一點，你的腦必須做一些假設、抄一點捷

徑，有時候就會犯錯。視錯覺（optical illusion）、盲點、幻覺等現象在在示範了你的腦會對你看見的東西做出錯誤的解讀，甚至造成非常令人困惑而危險的結果。腦損傷如視覺失認症（visual agnosia）──因奧利佛・薩克斯（Oliver Sacks）的著作《錯把太太當帽子的人》（The Man Who Mistook His Wife for a Hat）而廣為人知的一種知覺障礙──會使視力完全沒問題的人認不出他見到的東西是什麼。而就算你的大腦運作正常，優秀的魔術師還是能操弄你的注意力和期望，成功地騙過你。

視覺的運作不是像相機那麼簡單，同樣地，記憶也不像被我們丟在抽屜角落裡積灰塵的隨身碟。和視覺一樣，記憶的生成也是一個整合性的建構過程，會不斷自我精進──重新建造、重新組合，並尋找新的捷徑。因此，就像看東西時可能出現視錯覺一樣，你的記憶也可能會擺你一道。

運用安慰劑時，重點在於讓服用者相信藥丸裡含有某種其實根本沒有的成分。而催眠則是用一個故事或影像來取代現實，改變心智對某種情況（比如疼痛）的知覺。這兩者都是暗示：這顆藥丸含有強效成分；你的手臂和湖水一樣清涼，沒有熱痛感。同樣的道理，記憶對暗示的反應也一樣強，只不過作用在記憶上的暗示不是即將發生的事，而是已經發生過的事。

要理解這一點，最好知道一下記憶的運作機制。整體來說，記憶的生成有三個階段：編碼（encoding）、鞏固（consolidation）和提取（retrieval）。編碼階段出現在事件發生的當下，也就是你發現自己注意到某個事物的那一刻。你的腦每一天、無時無刻都在持續接收身邊的景象、氣味和聲音，弄懂這些訊息，並以短期記憶的形式儲存起來，比如：我把鑰匙放在門邊的綠色盤子裡；

樹上那隻鳥看起來像黑冠山雀；我好像聞到東西燒焦的味道——你的腦會把這些觀察內容轉換成記憶，其中的任何部份都可能成為陪伴你一輩子的記憶中的片段，至於是哪些部分，則取決於下一個階段。

記憶鞏固是把短期記憶轉為長期記憶的階段，時間可能需要幾個小時、幾週，甚至好幾年。在這個複雜又有點神祕的過程中，某些突觸（腦細胞間的空隙）變得敏感，幾個神經元會開始一起發出信號。訊息的重複確實有助於記憶鞏固，此外壓力荷爾蒙（所以我們對高度壓力情境的記憶才會那麼鮮明）和深層睡眠（很多科學家認為作夢和記憶鞏固有關[1]）也有幫助。不妨把這個階段想成心理歸檔系統：大腦會在一天結束的時候，篩選一整天下來產生的記憶（出門前鑰匙放在哪裡、樹上的是山雀還是鴞），只把重要的部分（我那蠢蛋室友不小心把廚房給燒了）轉成長期記憶。

記憶生成的最後一個步驟是提取，也就是你實際回想起某件事的那一刻。你可能會覺得不對勁：等一下，提取記憶和生成記憶明明是截然不同的事，畢竟你只是去翻一翻那個假想的檔案櫃，找出一張照片而已不是嗎？不是的。記憶不像照片那樣是靜態的，比較像用拼圖重新組合成一張圖，或是先把圖拿去影印，你看的是印出來的複本。重點在於，記憶的提取本身就是一種創造。你每次創造出來的複本都會有些微的差異，可能變得模糊了，或是

---

1 有趣的是，夢魘、失眠都屬於創傷後壓力症候群（post-traumatic stress disorder；PTSD）的症狀，讓患者一次又一次重溫痛苦而可怖的記憶。此外，PTSD 也常與睡眠失調患者有關，比如罹患睡眠呼吸中止症（sleep apnea）的人。但如果患者無法入睡並不是因為 PTSD，而是造成 PTSD 的那些原因呢？由於缺乏足夠的時間歸檔，記憶因而遺落在類似陰陽魔界的混沌境地之中，在這種情況下，記憶會不斷折磨當事人，直到被收存起來為止。以這種角度來想，PTSD 可能並不屬於焦慮或壓力疾患，而是一種睡眠疾患。

顏色褪了。到最後你總得拿起不掉色的馬克筆補上一些線條，讓它看來清晰一點。

簡單來說，虛假記憶就是在這些階段中所出的差錯。而且一旦錯誤產生，幾乎不可能糾正。我們拿傳奇性的心理學家兼記憶專家烏瑞克・奈瑟（Ulric Neisser）的研究當例子好了：1986年，美國太空總署的太空梭挑戰者號（Challenger）爆炸事件發生後，奈瑟調查了他的學生剛得知消息時人在哪裡。將近三年後，他又做了一次同樣的調查，結果幾乎所有人的回答或多或少都不一樣，有幾個人還認定自己當時處在完全不同的情境，堅決不相信自己兩年多前親筆寫下的回答是正確的。

這個結果令人吃驚，也讓人有點不知所措。但大部分的記憶改變似乎都有一個模式，不是 (a) 變得更戲劇化，就是 (b) 更合乎一套前後一致的敘事內容。這種現象至少有一部分是所謂「閃光燈記憶」（flashbulb memory）效應造成的；特殊的重大事件如約翰・甘迺迪遇刺案、挑戰者號爆炸、九一一恐怖攻擊事件等往往會被人多次重述，而每次重述之後，事件都會變得有點不一樣。

有沒有覺得很熟悉？還有什麼是需要透過敘事來製造共鳴，以便把真正的現實改成我們期望的現實？這套描述很容易就可以套用在安慰劑或催眠上，期望會受到暗示和好的敘事方式所影響。和安慰劑一樣，虛假記憶也和我們的腦（一種預測的機器），以及我們理解周遭世界的方式緊密相連。走在街上的時候，你不可能隨時都要確認人行道會不會突然變成烤馬鈴薯，或者天上會不會有小狗掉下來。你的腦會設定好特定的期望，然後擱置一旁。你會期望地是硬的，小狗大部分都只會待在地面上。

為了過日子，腦需要記憶的幫助，來判斷該做什麼、不該做

什麼。著有影響深遠的《記憶七罪》（The Seven Sins of Memory）等許多記憶相關重要著作的心理學家丹尼爾‧沙克特（Daniel Schacter）指出，腦是利用過去來想像未來會發生的事。（在本書中我們並不是第一次接觸這種論點。基於類似的道理，服用阿斯匹靈之後疼痛緩解，這個經驗會成為記憶，並在未來再次服用阿斯匹靈時強化我們的期望。）沙克特在他位於哈佛大學、俯瞰波士頓的辦公室裡告訴我，大腦在很多方面都是用一樣的方式在處理未來和過去的事。例如，想像未來和回憶過去所用的神經網路很多都是相同的，負責的腦區也差不多。隨著年齡增長、對往事的記憶慢慢消褪，我們想像未來的能力也跟著衰退，勾勒不出任何細節。

「記憶其實是我們最新版本的故事。」沙克特說，「這種功能——彈性地運用過去來思考未來——正是可能使記憶容易出錯的原因。」

在《記憶七罪》中，沙克特指出大腦記憶的弱點正是從它的強項而來。強烈情緒創造的記憶，事後很容易提取出來，但這些記憶發展成恐懼症甚至嚴重的創傷後壓力症候群（PTSD）的機會也較高。這種利用過去預測未來的能力，有時可能導致過往的記憶出現錯誤。

沙克特說，這和「忘記」是不一樣的。忘記一件事的時候，你會很清楚自己不記得了。但虛假記憶是你根本不知道哪裡有問題，要等到證據擺在眼前，你才知道記憶出了錯。我想這其實不該怪我們；我們只是很習慣聽信自己的記憶而已。沙克特也很謹慎地澄清一個重點：記憶和想像也不一樣，但他也說這兩個絕對常常勾搭在一起。因此不難理解，一個處於極度放鬆、易受暗示

狀態下的人，可能會任由想像力馳騁，然後把他在想像中見到的事物解讀成真實的記憶。確實，沙克特筆下的記憶七罪之一，就是本書中一再出現的老朋友：暗示感受性[2]。

丹尼爾・沙克特是最早正視虛假記憶本質的科學家之一，但真正讓它受到全球性關注的，是加州大學爾灣分校的心理學家伊莉莎白・羅芙特斯（Elizabeth Loftus）。她過去 35 年來的研究，顛覆了我們對這個現象的所有認知。

羅芙特斯 1974 年自史丹佛大學畢業後，任職於美國交通部，審閱車禍意外的目擊者證詞。她注意到，在估計車禍中車輛行駛速度時，目擊者的回答會隨著問題的措辭而不同。請目擊者估計兩輛車「對撞」時的速度有多快，他們回答的數字是最高的；若詢問他們那兩輛車「相碰」時的速度，會得到次高的答案；若問題是兩輛車「接觸」時的速度，得到的數字是最低的。羅芙特斯開始好奇這個她稱之為「記憶汙染」（memory contamination）的現象有多普遍。

於是羅芙特斯在 1970 年代中期進行了她最著名的一組實驗。受試者觀看一系列幻燈片，內容是一輛紅色達特桑經過「停車再開」標誌然後撞上行人。實驗者詢問受試者好些問題，其中有些有誤導的嫌疑，比如：「紅色達特桑在『讓路』標誌前停下來的

---

2 其餘六宗罪分別是健忘（transience）、阻斷（blocking）、錯認（misattribution）、偏頗（bias）、糾纏（persistence），和我個人最喜歡的一項：失神（absent-mindedness）。

時候，有別的車經過嗎？」受試者思考了一會兒，心中暗想，不，我在『讓路』標誌旁邊絕對沒看見別的車子。就這麼簡單，在他們腦中那個標誌已經變了。

所以你可以發現，受試者想要理解眼前發生的事，靠的是腦中由畢生經驗所建立起來的框架。而且親眼觀察到的事實，有時竟然比更早之前就知道的故事更容易變動。那是『讓路』標誌嗎？對啊，應該是吧。很多人以為記憶是類似影片的東西，我們只要倒帶回去就能看見發生了什麼事。在好萊塢電影裡，每當主角需要提取過去的某個資訊，就會施展高明的手段（利用引導想像、催眠，甚至裝有閃閃發亮的藍色回憶的魔力鋼桶）回到過去，尋找他第一次可能沒有看清楚的細節。這概念是不錯，但這種所謂的「隱藏記憶」（hidden memory）就算真的存在，也是極其罕見的。在回顧往事時，我們的腦往往只會用看似合理的細節把空白的部分填滿，建構成它想要的故事。我們都有這樣的記憶，明明覺得非常肯定，閉上眼睛都歷歷在目的事情，實際上根本沒有發生過。

我自己最喜歡的一段虛假記憶，就是本書開頭所描述的那一段。我嬰兒時期和死神擦身而過的經歷，成了我們家族裡的傳奇故事。在我長大的過程中，想到自己曾經差點死掉、是上帝救了我一命，實在非常令我著迷。我會想像那是什麼感覺，也經常問爸媽當時的情況。今天我可以近乎完美地回想起那命中注定的夜晚：爸媽眼裡的恐懼、在他們懷裡瀕死的嬰兒，甚至是灰色的斑點壁紙。整段記憶宛如昨日一般清晰，要問我房間裡的細節我也說得出來：角落裡的落地鐘，沙發旁的木桌。

這裡面只有三個問題。第一，壁紙不是灰色，而是白色的。第二，我在腦海裡看得見那個嬰兒的模樣。但我就是那個嬰兒。

我把這一點告訴沙克特，他說，有少數極早期的記憶偶爾會從「主觀視角記憶」（field memory；從自己的角度向外看）轉變成「旁觀視角記憶」（observer memory；自己變成一個隱形人，從外部角度觀察事情的發生）。科學家還不清楚這種現象的原因，但有一些證據顯示，旁觀視角記憶的準確度低於主觀視角記憶。第三，也是最重要的一點，一歲的孩童根本無法形成長期記憶。但一個深深著迷於自己過去發生事件的小男孩，卻有可能逆向創造出來；成年人也同樣可以。每一次我聽人說起那天晚上的事，或者自己在腦中玩味這件事，設法想像當時可能的情形，我可能有什麼感覺，都等於是在創作一幅內容豐富、看起來很像記憶的畫面。然後，隨著時間過去，我回想這件事的時候回想的不是事件本身，而是我想到這件事的那些時候，於是這件事就真的「變成」記憶了。即使到現在，我已經和父母聊過，也看了舊照片，確認根本沒有灰色壁紙，我都還會看見我記憶裡的壁紙顏色開始跟著變化。

　　羅芙特斯完成交通事故研究後，開始全心鑽研這個類型的記憶汙染。這些年來，她成功對受試者植入數十種未曾發生的童年情境。其中一次，她讓許多受試者相信他們小時候曾在大賣場走失，父母都慌了手腳，最後是一位穿著牛仔外套的好心男士發現了他們，把他們送回父母身邊。為了鞏固這段記憶，她用上了她所有的暗示技巧（比如讓路標誌的例子），並加入一個新元素，請受試者信賴的家庭成員出面證明他們小時候走失的故事是真的。幾週內，就有四分之一的受試者把這件事當成真實的記憶。

　　當然，記憶一旦創造出來，我們就會開始自己填補細節，就像我記憶中的壁紙一樣（「對對，他穿了一雙靴子，還有很亮的皮帶釦！」）。有批評者提出質疑，羅芙特斯說不定只是發掘到

他們在賣場走失的真實記憶（最好是這些年來都有穿牛仔外套的男士在賣場裡救了那麼多走失兒童），她也接受，於是她改植入另一個記憶，讓受試者相信他們小時候曾經去迪士尼樂園見兔寶寶，跟他合照、握手，有人還拿到一根棒棒糖。

只是迪士尼樂園根本沒有兔寶寶。他是迪士尼的勁敵華納兄弟旗下的角色。這就像是有人記得看過教宗在阿爾及爾大清真寺主持晨禱一樣。然而不管是多麼怪異或格格不入的情境，絕對都能說服某些人相信它真的發生過。

「我們幾乎已經有了一套做這件事的標準流程，」羅芙特斯說，「第一步是設法讓受試者覺得這件事可信。可疑的療法會告訴患者，很多人都有被自己壓抑下來的記憶，要把這些記憶翻出來，病情才會改善。這就是一個強化可信度的訊息。」

第二步是創造「回憶」（recollection）感。她說：「受試者就算相信某件事原本可能會、或確實曾經發生在他們身上，或許還是不會有任何回憶感。這時你再讓他們進行一些想像練習，趁機在已經建立起來的信念中加入感官的細節，他們就會開始對這件事產生回憶的體驗。」這就是牛仔外套和兔寶寶的作用。

羅芙特斯進行這些試驗的同時，也開始在刑事法庭上擔任專家證人與顧問。她的證詞對目擊報告提出質疑，尤其是透過催眠獲取的證詞。她說服數十位陪審團員相信，某個人以為發生過的事有可能不是真的。

羅芙特斯發現，虛假記憶在執法工作上很普遍，而且有眾多方法可以把一個記憶強加在證人腦中。網飛（Netflix）2015 年的熱門記錄片影集《製造殺人犯》（Making a Murderer）完美地展示了這一點，片中一個話不多的青少年在審訊過程中遭到警員威嚇，

被迫「回憶起」一件可能不存在的事。這種情況也有可能意外發生。例如，你要是向目擊者展示一連串黑白嫌犯檔案照，裡面夾雜一張彩色的高中畢業照，那麼就可能創造出他對這張彩色照片的記憶，只因為它不一樣。或者你把一排檔案照拿給目擊者看，然後把其中一張混進另一組檔案照中，目擊者在看新的那組照片時可能就會「認出」這個人，並把他植入犯罪現場的記憶中。

羅芙特斯以專家顧問身分協助過的案子中，有的客戶是真的有罪——比如泰德・邦迪（Ted Bundy）[3]和瑪莎・史都華（Martha Stewart）——有的則是清白的。但久而久之，「某些記憶可能並非事實」的想法（特別是透過催眠獲取的那些虛構證詞）開始在學術界與法庭上得到正視。對此有兩派意見爭執不下，一派認為記憶可能會因創傷而受到壓抑，另一派則主張那些「被壓抑」的記憶多半是虛假記憶，也就是被誘導而來記憶；這場爭論稱為「記憶戰爭」（memory wars）。

很多難以解釋的虐待故事最後都形成特定的模式。一個成年人因焦慮、憂鬱或飲食失調而求助於治療師，治療師為了一舉了解他的問題，建議進行催眠。（遺憾的是真正優秀的催眠教學並不好找，很多地方只能讓你學個半吊子，這恰好是最危險的。像大衛・帕特森這種負責任的催眠師是花了多年時間精進技巧，懂得避開特定用語以免誤導對方，或意外植入某些想法。）儘管被壓抑的記憶確實存在於理論中——正式名稱是「解離型失憶症」（dissociative amnesia），也仍舊列在最新版的《精神疾病診斷與

---

3 羅芙特斯協助邦迪辯護，是在他第一次被逮捕的時候；當時大眾對他的連環謀殺罪行尚不知情。

統計手冊》（Diagnostic and Statistical Manual of Mental Disorders）上
——但很難在實驗室裡加以研究，而且有部分專家堅持認為這種
記憶根本不存在。

關於被壓抑的記憶，有記載的實例非常少。羅芙特斯說，
根本沒有證據表明單純的恐懼經驗會造成失憶症；而且1990年
代收集到的例子全都找得到其他的解釋。她說，那些往往只是虛
假記憶而已。與沙克特一起寫過多本書的理察‧邁耐利（Richard
McNally）也有同樣程度的質疑，並不認為一個人能自行消除創傷
記憶，然後多年後又重新發現那些記憶。不過他有一個比較簡單
的解釋：他們可能只是忘了。年紀太小的孩子在事發當下可能根
本不懂那是怎麼回事；唯有長大成人之後偶然間回想起那段經歷，
才會明白自己遇上了什麼事，也在這時候才受到創傷。

對克絲蒂‧葛蕾絲‧艾瑞克森而言，發現自己童年的受虐經歷，
是過度求好心切的心理學家和她本身太過豐富的想像力共同造成
的結果——而這是一場苦樂交織的領悟。她愈去想，就愈了解到
這件事和她在電視上看過的事件的相似性。「我看過不少關於撒
旦的電影，《玉米田的小孩》（Children of the Corn）之類的——所
以我知道他們想找的是哪種意象。」她說。

艾瑞克森記得她當時很想幫上忙，而且無條件相信她的父母
和醫生。再加上她也很享受眾人的關注。很多後來撤回證詞的兒
童證人都說了類似的話，有的發現自己的記憶是假的，有的則是
從一開始就清楚自己在說謊，只是想讓大人滿意而已。

在1992年還有一個案子，一名警探詢問一位證人女童，被告
（就是那個孩子的祖父）在侵犯她的時候有沒有把什麼東西潑在
她身上？女童回答沒有。他換個問法再問一遍，問她有沒有被液

體潑到身上？還是沒有。然後警探又問，被告是把油還是蕃茄醬潑到她身上，這一次女童回答：「蕃茄醬」。雖然缺乏物證，被告布魯斯·波金斯（Bruce Perkins）仍被判有罪，到今天都還在服刑，但他自始至終都堅持自己無辜。

另一個離譜到令人難以置信的例子中，一名因憂鬱和體重問題求診的女性在接受催眠治療後，相信自己參與了父母的撒旦教儀式，一起殺害了姊姊。可是，她的姊姊在她出生前好幾年就過世了。童年時對從未謀面就已過世的姊姊的好奇心，構築了這段記憶。

我們並不清楚有多少無辜的人因為虛假記憶的證詞，目前還在坐牢，但每年美國的州、郡政府偶爾都會低調地釋放幾個兒童性侵犯，他們因兒童在催眠下所做的證詞而被定罪，已服刑數十年。

艾瑞克森說她小時候是個焦慮的問題兒童，她在幼稚園被猥褻的故事給了她父母一個怪罪的對象。長大以後，她很難和男性交往，她弟弟有了孩子之後她也不敢靠近姪子，擔心自己會突然失去理智，也變成兒童性侵罪。現在她雖然不再相信自己曾經在邪教儀式中被侵犯，但還是很難信任人，對一切的表象都心存懷疑。畢竟你要是在 12 歲時得知自己被撒旦教徒侵犯過，到了 25 歲才發現根本沒這回事，你也會難以判斷真假。

更麻煩的是，很多虛假記憶都在層層的虛構之下包藏了真實性。比如艾瑞克森說她依稀記得幼稚園的一場露營，有帳棚、睡袋，負責人詹姆斯·托華德還生了一個大大的營火。（或許有人會認為讓這麼小的孩子在幼稚園的遊樂場上露營有點奇怪，而且可能讓家長對幼稚園產生不信任感。）隔天早上醒來，她記得聽見有人說，有一條蛇爬到離孩子太近的地方，被托華德殺死了。

她沒看見蛇，但當時這一切聽起來非常刺激。她現在認為，正是這些記憶埋下的種子，使她想像出孩子圍著火堆喝蛇血的撒旦教儀式。

為了減輕她害托華德被判刑的內疚感，艾瑞克森帶頭奔走想救他出獄，但在過程中得知他犯了法定強姦罪。或許他沒有在邪教儀式上猥褻兒童，但調查人員確實發現他付錢給兩個貧窮弱勢社區的未成年男孩，交換性交服務。（而且受到所謂儀式虐待的受害者得到數千萬美金，但真正被托華德侵犯的那兩個孩子卻沒有拿到一毛錢。）艾瑞克森因此停止了行動。最後，在歐洲出生的托華德被悄悄釋放出獄，條件是他要永遠離開美國。

對於虛假記憶在腦中如何運作，科學家已經能夠描繪出一幅豐富的圖像。在記憶生成的任何階段都有可能形成虛假記憶，包括最初的編碼階段、把短期記憶轉為長期記憶的鞏固階段，以及幾天、幾個月甚至幾年後的記憶提取階段。我們知道對某些人來說，虛假記憶的力量與真實記憶同樣強大，甚至更持久，而且和「要旨記憶」（gist memory）或「模糊記憶」（fuzzy memory）有很多共通點。所謂要旨記憶，相對於較精確的「逐項記憶」（verbatim memory；比如「我小時候的地址是葛洛弗街 35 號」），是以語意（semantics）為基礎，發生在你對一件事有大致的概念、但想不起所有細節的情況（比如：「那間房子在一座很大的山丘上面」）。換句話說，要旨記憶會在我們告訴自己的故事中找到一個適合的地方，幫助我們記得某件事。

科學家可以透過好幾種方式來修改這種記憶。例如想像你看見一張單子，上面用不同的顏色寫了一些詞彙，「籃球」是藍色，「氦氣」是綠色，「果汁」是黃色，「網子」是紫色，「足球」是紅色，「沙子」是黑色。請問果汁是什麼顏色？這是逐項記憶的問題。裡面有幾個詞和運動有關？這是語意式的要旨記憶。科學家認為，腦對這兩種記憶的編碼方式不一樣，而要旨記憶是比較容易被擾亂的。如果問你「果汁是不是藍色的」，基本上你要不就會記得正確答案，要不就會很肯定地說你不記得了。然而，如果這張單子夠長，用來擾亂你的其他字詞夠多，我或許就能讓你相信「排球」也在單子上，因為它也和運動有關，而且你看過「網子」和「沙子」這兩個詞[4]。

　　因此虛假記憶的力量才會這麼強大：它和既有的敘事內容搭配得很好，所以看起來很可信。雖然讓你以為我說「沙子」的時候說的是「排球」還滿好玩的，但這是科學家實驗虛假記憶機制時非常關鍵的做法。這種研究思路中最有趣的，是探討如何鑑別虛假記憶。在大腦中，虛假記憶和真實記憶看起來一定不一樣對吧？

　　有些專家觀察到，表面上虛假記憶的細節不像真實記憶那麼多。也有研究發現虛假記憶持續的時間比真實記憶更久。還有人指出虛假記憶附帶的情緒沒有那麼強。不過這些論點都無法通過重複試驗的證實。

　　到目前為止，還沒有發現任何可靠的特質能用來鑑別虛假記憶，因此科學家轉而從腦部顯影下手。你應該可以想像這是非常

---

4 這種類型的字詞暗示測驗稱為 DRM 典範（Deese—Roediger—McDermott paradigm），但也有其他技巧是運用形狀、聲音等等，只要受試者可以體驗、記住的東西都可以。

艱難的事。還記得嗎，光憑一張腦部影像要判斷出某人是否疼痛有多困難？想想看要是連說謊的人都不知道自己說的是謊言，要鑑別出謊言有多困難？（大多數測謊器都是依據人說謊時觸發的細微生理變化──眼球運動、脈搏、膚導電率──來判斷。要是他根本不知道自己在說謊，這些生理變化就會消失。）多年來，科學家一直想要看見有意識的欺騙（conscious deception）在腦中的樣子，有一間名叫「不說謊磁振造影」（No Lie fMRI）的公司甚至因為這方面的一項技術而發展起來，但最終這項技術仍無法把謊言從背景雜訊中區別出來。所以他們要怎麼區別出虛假記憶？

　　這件事的難度有一部分在於，經由三階段形成的記憶牽涉到很多不同的腦區。但如果有別種方式可以處理這個問題呢？如果我們不再嘗試判斷某個記憶的真假，而是判斷某個人是否容易形成虛假記憶呢？

　　有幾項研究發現，特別年幼或特別年長的人比較容易出現虛假記憶──這可以解釋「找回受虐記憶」這種現象的某些方面。然而，2007 年英國所做的一項研究卻顯示，兒童在回憶時，壓制虛假記憶的能力比成年人好。也有專家發現，特別年幼的孩童不會進行必要的推論（比如用「橘子」來取代「葡萄柚」）。但一項 2015 年在加拿大所做的小型研究──在科學展覽的魔術秀上利用記憶遊戲進行實驗──卻發現孩童會形成虛假記憶，而且更傾向於記住虛假記憶、忘記真實記憶，這個歷程稱為「提取引發的遺忘」（retrieval-induced forgetting），也就是因為想到某件事而忘了另一件事。

　　所以或許年齡並非最佳線索，那麼還有哪些別的因素？已經有一些研究者說過，虛假記憶和智力、教育程度，以及「知覺能

力低落」有關。也有人說它和工作記憶（working memory，也就是見到有意義的訊息時能把它記住的能力）有關，工作記憶差的比較容易形成虛假記憶。我個人最喜歡的論點是，形成虛假記憶的「天賦」與一個人的催眠感受性有關。雖然這個想法可以解釋很多艾瑞克森發生的事，但虛假記憶與年齡、智力和催眠感受性之間的連結依然很薄弱。

2015 年，西班牙一個研究團隊發現抽大麻會促進虛假記憶的生成；這個結論沒有人會意外。令人意外的是就算已經不再抽了，他們生成虛假記憶的傾向還是比較高，代表經常性使用大麻，會導致大腦的顳葉內側發生長期性的改變。睡眠剝奪也有很大的可能性會造成類似的效應，雖然是作用於不同的腦區。

這些都很有趣，但也都有點漫無方向。現在的腦部顯影研討會充斥了類似這樣來自各門各派的虛假記憶研究。但其實我們對這個現象的了解比我提到的更多。好比說，我們知道有多個腦區（不只是和記憶有關的部分，還包括和想像、知覺、情緒相關的區域）都會造成虛假記憶的生成；我們知道在記憶形成與回憶的任何時刻都有可能出錯；我們知道虛假記憶的情緒力量和確定性並不亞於真實記憶，甚至更強；我們還知道不管你自以為多麼不受影響，任何人都可能形成虛假記憶。有研究顯示就連患有超憶症（hyperthymesia）的人——患者會不由自主地記得生命中每一個事件的每一個小細節——容易產生虛假記憶的程度也和一般人差不多。

2010 年，伊莉莎白‧羅芙特斯和一群中國專家透過實驗尋找更心理導向的特質，如「害怕負面評價」、「躲避傷害」、「合作性」、「酬賞依賴度」、「自我導向」等，探討是否其中有任

何特質能用來預測產生虛假記憶的傾向。他們發現沒有單一特質可以預測虛假記憶的生成，但某些特質的組合可以。例如，常無視危險或他人的負面意見、卻有高度合作性且易受酬賞驅使的人，或許就是很容易產生虛假記憶的類型。（當然，談到受酬賞驅使的心態，就一定要考慮到驅動酬賞機制的多巴胺。）可是，在弄清楚是腦中的哪些機制在控制虛假記憶以前，我們不能過度解讀。

有人可能會說，要解決性格測驗的不夠精準，就不能把這些評價指標和其他同樣模糊的指標結合在一起。但正如凱瑟琳・霍爾的 COMT 安慰劑研究，這種考量是為了觸及更深層的事實，那就是一個人的心智和性格的許多部分，都會影響他易受暗示的程度。

總而言之，虛假記憶和安慰劑反應一樣，很可能都和腦中無數的意識與潛意識歷程有關，和你的性格和世界觀有關，或許也和你的遺傳基因、甚至你某一天的情緒有關。此外，它也受權威影響；羅芙特斯為了讓人相信她設計的「賣場走失」情境，必須把受試者家裡的長輩請來，誘導受試者回想起一件沒發生過的事。指認嫌犯的情況也一樣；若警方透露他們懷疑的犯人是哪一個，證人往往會以那個人為中心，去形塑自己的記憶。

從期望可以看出我們的個人特質和出身背景，也能透露我們的遺傳基因、年齡，或是腦部化學機制。而暗示感受性，似乎就是我們的大腦、身體，以及塑造自我認知的個人歷史碰撞出來的結果。

當然，並不是所有虛假記憶都和猥褻、虐待或犯罪有關。多年來，科學家理察・邁耐利在研究虛假記憶以及類似艾瑞克森的

童年創傷案例時，就一直遇到同樣的問題。雖然那些精心策畫的撒旦教儀式存在的可能性不高，但也不可能完全不考慮真的有事（和真實的虐待有關）發生。如果虛假記憶中可能包含了真實的記憶，你要怎麼去研究它？因此他轉向下一個合理的記憶研究目標：外太空的小綠人。

距離我們最近的恆星系是 4.37 光年以外的南門二。如果你是《星艦迷航記》的劇迷，或許會覺得這樣很近，但 1 光年有將近 10 兆公里。航海家 1 號太空船發射時，我才八個月大；它以時速 63360 公里遠離地球，到現在它移動的距離還不到 1 光年的 0.2%。

此外，我們目前發現可能適合生命存活的行星中，距離地球最近的是沃夫 1061c，約 13.8 光年遠。要是住在那裡的外星生物要來拜訪我們，它必須打破幾乎每一條物理定律，而且旅程依然會極為漫長。經過這樣筋疲力竭的奔波，照理說，外星人最想做的事不太可能是靜悄悄地選中某些人，在睡夢中把他們抓起來取卵子或精液。至少邁耐利是這麼假設的。因此，宣稱曾被外星人綁架的人必然是產生了某種形式的虛假記憶[5]。

想到被外星人綁架過的人，你腦中或許會浮現一個人頭上戴著錫箔紙帽，一下喃喃低語，一下喊出大衛・林區的電影臺詞。可是邁耐利開始研究之後驚訝地發現，這些公開宣稱有被綁架經歷的人「聰明、善於表達、討人喜歡，看起來神智非常正常」。事實上，這正是引起他注意的地方。很多人（但並非全部）都是透過催眠才發掘出受到長期壓抑的記憶。這些正常人怎麼會有這

---

5 當然，在科學上消極事實是無法證明的，特別是涉及外星科技或跨次元穿梭旅行的時候。但研究必有個出發點，而許多如今廣受認可的科學，最初的假設都比它更不可靠。

麼不正常的信念？[6]

　　2002 年，邁耐利在哈佛大學用一組相關詞彙進行實驗，發現宣稱接觸過外星人的受試者，形成虛假記憶的可能性是控制組的兩倍（擁有壓抑記憶的人也是如此）。有趣的是，受試者被要求回想那段經歷時，出現的身體反應——冒汗、透過皮膚測量到的生理激發狀態——都與 PTSD 患者相同。其中部分反應與托爾·威格在研究安慰劑反應時觀察到的相同，而且這種反應是無法作假的。也就是說，這些人的信念影響了生理，類似經歷過悲慘事件的人出現的生理效應。但邁耐利表示，這並不是定論：「被綁架的記憶本身的生動性，產生了原先我們以為只有創傷事件才會引發的生理反應。」他說，「但生動性並不保證真實性。」

　　很快地，邁耐利和學生擴大研究範圍，開始探討曾經看見自己前世的人，也就是前世回溯（past-life regression）的經驗。和曾受撒旦教虐待的案例相仿，多數前世回溯者也是經由催眠發現自己的前世記憶，邁耐利觀察到這兩者有相同的傾向，與相同的暗示感受性。保羅·辛普森（Paul Simpson）曾經當過催眠治療師，幫人進行過這類療程，但後來（在 1993 年）明白他的做法其實是在對患者植入虛假記憶。他說，有五種經驗是虛假記憶創造出來的：虐待、撒旦教的儀式性虐待[7]、子宮內回溯（regression into the womb）、

---

6 與寮國移民因自身恐懼而導致死亡（見第 4 章）相似，許多被外星人綁架的受害者也會出現某種睡眠癱瘓的情況。有記者向邁耐利的一位受睡眠癱瘓與幻覺所苦的受試者表示，或許上面這個說法可以解釋他的問題，但邁耐利說那位男性受試者回答：「相信我，完全不一樣。你得親身經歷過這兩者，才能明白其中的差異。」

7 他把撒旦教儀式虐待與一般虐待分開歸類，是因為它具有較複雜的結構，且通常和好幾代的撒旦崇拜者共同進行。

外星人綁架，以及前世創傷，而且這些可能成為他們人生的重心。從那之後，他開始對有過這五種經驗的人進行諮商與訪談。

這些案例之間的相似性令辛普森大為驚詫。其中多數人都是因個人因素（如憂鬱或體重問題）向諮商師求助，然後被引導進入恍惚狀態——不論叫做催眠、眼動減敏與歷程更新治療法（eye-movement desensitization and reprocessing），還是（某些基督教團體的）聖靈啟發的眼界和導引法都好。他也注意到，「記得」撒旦教儀式的人，與聲稱被外星人綁架過的人完全沒有重疊，反之亦然。如果你要透過催眠尋找有外星人綁架經歷的人，照理說至少也該發現幾個經歷過撒旦教儀式的人吧？但事實並非如此，研究者發現的通常正好就是他們要找的那種記憶。1990 年代甚至有幾項實驗，對不知情的受試者植入記憶來測試這個概念。果不其然，要預測治療師會找到什麼，最準的就是看治療師預期要找到什麼。

外星人、撒旦教、謀殺、騷亂……虛假記憶的研究內容可說是精采絕倫。不過偶爾出現幾段虛假記憶不見得是壞事。比方說邁耐利和其他好幾位研究者都發現，說自己曾經被飛碟綁架、或是經歷過其他主要由虛假記憶引發的事件的人，往往也比較有創造力和想像力，對新概念的接受度也比較高。有幾項研究認為虛假記憶與產生「神祕意念」（magical ideation），也就是奇幻思維的能力有關。而科學家已經知道奇幻思維和我們的老朋友多巴胺有關。在用來評量奇幻思維的問卷中得分較低的人，常無法自得其樂，懷疑生命的意義，甚至有憂鬱症狀。

人類並不是唯一會創造虛假記憶的生物；鴿子、老鼠，甚至

蜂似乎也都會[8]。這代表虛假記憶可能只是我們思考方式的一部分，是我們與生俱來就會依據主題把事物歸類的能力造成的副產物。就像沙克特說的，記憶是幫助動物利用過去經驗預測未來的工具。為了做到這一點，我們人類已經成了快速分類、建構模式的專家。

想想一隻狗。狗需要從記憶中獲得什麼資訊？狗已經算是比較聰明的動物，但還是沒有像人類的記憶這麼驚人的本事。牠要記得的是附近哪裡的垃圾堆最好、前兩天沒啃完的雞腿被牠埋到哪裡去了。牠還要記得小比利・詹金斯住在哪裡，因為比利喜歡用 BB 槍射狗。另外身為群體動物，牠也必需記得團體動力（pack dynamics）的細節，比如誰是老大、誰好欺負等等。

但這些記憶全都和情緒或感官經驗掛勾：喜歡這樣，不喜歡那樣；這個好吃，那個好可怕。牠不需要完美的回憶內容。要把遇到的事情全都完美地記憶下來，對牠的大腦來說負荷過重，並不值得。

再想想我們的老祖宗：人類出現以前的「前人類」（pre-human），他們歷經數百萬年，演化出愈來愈複雜的大腦，能形成更完整、更精細的記憶。他們會貯存食物過冬、開闢複雜的獵場、預測動物的行動。他們有高度複雜的社會階層，能記住 5 年、10 年、20 年前遇到的其他原始人的詳情，也能記得自己製作工具的細節，知道怎麼做才對、怎麼做會更好。但這中間沒有任何一個時間點需要完美的精確度。這並不是說他們擁有的是次等記憶；他們就

8　蜂的例子是在一項巧妙的實驗中發現的。生物學家教會了蜜蜂知道帶有某個特定圖案的花朵裡有花蜜；因此，隔天蜜蜂就知道該飛回哪裡採蜜。但時間一久，牠們似乎把這個圖案記錯了，結果先飛到了一朵外型相似、但牠們沒有見過的花飛過去。

只是不需要準確回憶而已。而且誰知道呢，說不定能用自己想要的方式記得事情，而不是原原本本地記得那件事，是有某些好處的（至少能讓和你一起圍坐在火堆旁的人覺得你有趣得得多）。

時間快轉到 21 世紀。我們和老祖宗一樣，每天的生活都要靠記憶。我把錢包放在哪裡了？英國的電話國碼是多少？是勞動節還是陣亡將士紀念日不能穿白色衣服？還有說真的，我到底把錢包放到哪裡去了？！

大部分時候我們的記憶都是正確的，也因此我們以為事情就是我們記得的那樣。就像狗想找出牠埋的骨頭一樣，這樣就夠好了。可是它終究不是完美的，當然更不是影片資料夾。

到頭來，我們還是不能完全信任自己的記憶；但知道這一點本身就有很大的力量。一旦你可以了解人的記憶不像影片播放，而比較接近擴大延伸過的個人敘事內容，這個世界對你來說就會變得合理一點。每個人的自述不再是絕對的真相，而變成「一些發生過的事加上一些大概沒有發生過的事」。

這個傾向沒有人能豁免。2015 年 2 月，電視新聞主播布萊恩・威廉斯（Brian Williams）敘述他在直升機上遭到火箭砲射擊的故事不知道第幾次之後，丟掉了全美國最受敬重的新聞工作。他說當時真的非常接近，他甚至看得見那支火箭筒。但事實上，真正被攻擊的直升機是在他之前半小時的那一架。

類似的案例是希拉蕊・柯林頓，她宣稱在波士尼亞的一座機場遭到狙擊，但事實是她和喜劇演員辛巴達一起在機場受到熱情

歡迎。美國前總統隆納·雷根說過一個二戰飛行員決定和機槍手一起赴死的感人故事，後來大家才發現那是他看過的一部電影裡的情節。可以很肯定地說，美國民眾絕對無法容忍這種愚昧的錯誤，對他們而言這就是公然說謊。然而和我聊過的記憶研究專家大部分都同情說這些話的人，就像同情那些自以為認出了嫌犯、多年後才發現記錯人的目擊者。

威廉斯的事件爆發時，羅芙特斯上了很多媒體，表示威廉斯有可能真的相信自己說的故事。這並不是要我們不再質疑公眾人物誇大事實的言論，也不是說我們不該再相信目擊者的證詞。而是說我們每個人都會創造虛假記憶，就像我們會被其他類型的暗示影響一樣。生而為人，這似乎就是我們的天性，不管你是希拉蕊·柯林頓、某個記得自己被外星人綁架的人，還是一個搞不清楚狀況只是一心想取悅大人的孩子。

一個聰明、有創意的人一再地敘述一個情緒豐富的故事，每次叫出那段記憶就稍微做一些更動，這都要歸因於記憶和想像力在腦中的相似性[9]。重述到某個次數之後，這個人就會發自內心認為編造版就是真實版。無論是撒旦崇拜、外星人還是狙擊手，故事總比無聊的事實要有趣、刺激得多。事實是一個男人付錢給鎮上貧窮社區的孩子換取性交易。事實是你在床上醒來發現自己動彈不得，同時出現小綠人的幻覺，腦中一片混沌。事實是第一夫人走下飛機，參與又一場無趣的歡迎儀式，不停地微笑著和人握手。

有些執法機關逐漸意識到，他們可能在無意間植入了虛假記

---

9 首先提出這個觀點的是一個英國研究團隊，他們在 2003 年寫道：「思考未來與記憶回溯密切相關」。他們發現，想像未來與回憶過去，運用的是相似的神經網路，有點像兩個常常去同一家餐廳用餐的室友。

憶。2014 年，美國國家科學院公開了一份十分詳盡的調查報告，說明污染證詞的科學成因，並提出多項建議，包括審訊過程全程錄影、採用雙盲指認（也就是指認現場的警察和目擊者都不知道誰才是主要嫌犯，基本上就是科學家為了避免自己無意間透露了是誰服用安慰劑所用的方法）。

　　除此之外，要在司法體系中排除虛假記憶，能做的事情大概不多。但想像一下，如果我們能用某種方式辨識出特別容易受虛假記憶影響的人呢？假設 COMT 能用來預測某個人產生虛假記憶的傾向（目前還沒有人做過研究，也沒有證據可以看出這個關聯，但先容我拿來當例子）。如此一來 met/met 型人證詞的證據力一下子就不如 val/val 型人的證詞。目前的法庭是以法律之前人人平等的概念運作，但如果你是陪審團的一員，又知道某個人有創造虛假記憶的傾向，你還會信任他嗎？我們會不會把易受暗示的人貶為二等公民？

　　可能的間接影響還不只這樣。1938 年，舞臺劇《煤氣燈下》（Gas Light）在倫敦上演，六年後改編成電影而大受歡迎，由英格麗·褒曼（Ingrid Bergman）與查爾斯·博耶（Charles Boyer）主演。故事是一個狡詐的丈夫為了讓妻子以為她神智失常，故意操弄家裡的某些東西，片中一個特別有效的方法是轉動煤氣開關，讓屋內愈來愈暗，而他從頭到尾堅決否認有任何地方不一樣。從此「煤氣燈操縱」（gaslighting）就用來指稱一種普遍但令人意外的現象，也就是親密關係中的心理虐待，其中一方透過這種行為想要讓另一方產生自我懷疑。想想看要是那個女人知道自己會產生虛假記憶，會不會讓她特別容易受到虐待？

　　這也會讓你成為下手的目標。兒童和精神障礙者遭到攻擊的

案例出奇地高，部分原因在於他們是很糟糕的證人。要是性侵犯可以鎖定容易形成虛假記憶的人呢？有幾項研究顯示女性比男性容易出現記憶錯誤，如此一來半數人口都變得不可信了。我們的社會真的準備好面對這種的資訊了嗎？

這就是研究安慰劑的個體差異，與研究虛假記憶的個體差異，這兩者之間最關鍵的不同。如果能找出安慰劑反應傾向高的人，醫生就能提供他們一套全新且有效的醫療選項，而其他人則有數十種、甚至數百種新藥可以選用。至於虛假記憶在實際應用上就令人不寒而慄。或許是因為記憶在「我們是什麼樣的人」這一點上扮演的角色實在太本質性了。也或許是利用期望來操縱思想，比操縱身體更令人感到不安。我只要閉上眼睛，就可以看見 20 年前我在優勝美地那場暴風雨中攀爬的落箭塔崖壁。我可以看見那面山壁，聽見瀑布的怒吼，也幾乎能感覺到在我胸腔裡揪成一團的心臟。但要是明天突然有人告訴我這一切從來沒發生過的話呢？或者說這是發生在別人身上的事？一個曾經在我心頭縈繞不下數百次、充滿激動的情緒、對我人生帶來決定性影響的事件，就這樣輕易被扭曲了。

每當有人問我為什麼不再信奉基督科學教派時，我往往會說是我站在那塊岩石上、距離谷底 600 公尺高的那一刻。當然，我脫離兒時信仰的原因不只這樣，但是在我為了理解我的人生而告訴自己的故事裡，那就是一切豁然開朗的時刻。

要是這段作為我的一切基礎的記憶，其實不是真的呢？那我到底算什麼？和所有型態的暗示一樣，虛假記憶也提醒我們：我們對現實的知覺是可能出錯的。正如多數人都會受安慰劑和某種程度的催眠影響，我們也必須明白，不是我們自以為發生過的事

都真的發生過。我們都會受到合乎自身期望的暗示性敘事影響。要是我們不能認清記憶是會出錯的東西，後果可能會非常嚴重。

不過這並不代表虛假記憶永遠沒有用處。2012 年，羅芙特斯和耶魯大學的研究團隊，與美國海軍合作一項實驗，期間訪談了在模擬戰俘情境中承受極大痛苦的水兵和陸戰隊員。海軍的目的是幫士兵做好心理建設，面對被敵方俘虜時可能遭遇的危險。但事後研究團隊很輕易就能改變他們記憶中的細節，例如審訊者是誰，他有沒有帶武器，房間裡有沒有電話。

他們發現，一個人剛結束壓力情境時，記憶是很容易塑造的——可能比平常更容易塑造。這個發現確認了十多年前耶魯大學一項小規模研究的論點，並引發許多令人好奇的疑問。要是能利用虛假記憶來取代創傷記憶呢？要是能用來治療 PTSD 呢？

美國退伍軍人事務部（The U.S. Department of Veterans Affairs）估計，10% 的阿富汗退伍軍人、20% 的伊拉克退伍軍人，以及整整 30% 的越南退伍軍人，都有某種形式的 PTSD 症狀。要是有辦法對他們植入記憶，用來淡化戰爭的創傷呢？（早在 1880 年代，就有很多催眠治療師承認曾經為了治療上的理由對患者植入虛假記憶。）

在羅芙特斯與海軍合作的同時，麻省理工學院（MIT）也有一個團隊，研究經過特殊設計的老鼠腦中的特定記憶。他們用雷射實際在老鼠腦中加上了新的記憶（這項實驗添加的是負面記憶，讓老鼠記得牠們進到一個盒子裡，腳就會被電擊，只是牠們從來沒有這樣被電擊過。不過也可以很容易換成正面的記憶）。本質上他們就是使老鼠產生了虛假記憶。這項實驗透過媒體造成轟動，讓全世界驚訝地了解到我們有一天可能可以編輯過去的經驗。

但是這個做法要用在人類身上還差得遠；而且故意進入某人腦中竄改某個記憶，顯然有很大的倫理問題。不過或許有不那麼極端的辦法。目前科學家已經能夠使用心得安（propranolol）這種藥物，在實驗室裡改變大腦對某些情緒性記憶的鞏固過程。基本上它是阻止大腦把記憶正確地填補起來，這個記憶最後就會失去破壞力。這個過程不會把記憶本身替換掉，而是運用虛假記憶生成的理論，稍微減輕它的銳利程度。我們可以讓患者玩電動遊戲，或進到和他的痛苦情境類似的虛擬實境來增強效應。但目前還不確定這種方式對長期 PTSD 患者是否有幫助。

　　我們往往會把自己的心智想成和身體一樣，處於固定的狀態。沒錯，我們偶爾會弄傷身體，或是忘記畢業舞會上舞伴的名字，但我們都以為自己的身心會依照特定的規則來走。身體會精確地回報事發情況，而當心智告訴我們一件事是怎麼發生的，我們就認定是那樣發生的。但暗示感受性的科學讓我們發現，這是一場美麗的誤會。有很多情況是，身體告訴我們的事情只是大腦期望的事情，而大腦只會以不和我們已經接受的敘事內容自相矛盾的方式，來「記得」我們的人生。儘管被外星人綁架或是被撒旦教徒餵血，確實都是很詭異的敘事內容，但只要打開電視，就會看見我們在現代社會中經常都會碰到這樣的故事。說也奇怪，對一些人來說，某種未知生物跑了 13 光年來地球取走人類的精液，比我們的記憶有時不值得信賴還容易接受。

　　但在我們的生活中，暗示感受性的作用遠不止於此。緩解身體疼痛、帕金森氏症的破壞和腸胃不適確實很厲害。只說出幾個催眠性詞語，就能讓意識清醒的病人接受手術，更令人驚嘆。而改變人類記憶的基本結構，或許又更加不可思議。不過，暗示的

作用並不限於這樣的重大事件；它也悄悄地和我們的日常生活交織在一起。運動、飲食，甚至性愛——全都受到我們混亂又易受暗示的大腦中不斷變動的期望所影響。

第三部

易受暗示的
我們

3

第七章

性愛、藥物，還有……

知道自己受騙的人，不算受騙。

——拉丁法諺

讀到這裡，如果你認為期望與暗示的力量只限於醫學的世界，也是情有可原的。這個現象確實是發現於醫療界，也在醫療界造成最大的騷亂，但影響所及遠遠超過這個範疇。你的大腦把「是什麼」轉成「你期望它是什麼」的能力，影響了你日常生活的每一個方面：你買什麼、吃什麼、做什麼運動，甚至你的外表和自我感覺。人類投入不下數十億美元的規模，就為了調整你的期望再加以強化。我們現在就來看看這種做法在你生活中的幾個最重

要的部分是怎麼上演的。

雖然這樣說聽起來很像深夜電視購物臺的節目，但我可以非常誠實地告訴你：只要執行得當，暗示感受性的力量能讓你更苗條、更幸福、更敏捷、更強壯、更聰明、更滿足、床上功夫更厲害。期望甚至能讓你覺得食物更美味。這樣做不用花半毛錢，但你的確得買點東西——買人家告訴你的故事。

在大腦不斷做預測的同時，我們身邊也隨時冒出各種故事，要我們選擇信還是不信：

我就知道，她喜歡我。／不，他討厭我。

這種手工精釀啤酒真是名不虛傳。／這款廉價酒真難喝。

天哪，我真帥——做那麼多仰臥起坐還是有效的。／我是個沒用的蠢蛋，永遠不會有人愛我。

這些都是故事；而且不管你信不信，所有的故事都會受到突如其來的暗示所影響。如果你以為這樣的說法太驚人，相信我，那些每一天、每分每秒都在想辦法吸引我們注意、伺機賣東西給我們的人一點都不覺得這有什麼新奇。比方說，研究者早就發現，完全相同的食物標上品牌名稱或是放在普通容器裡，吃起來味道是不一樣的。不同品牌也有類似的效果。在盲測中，百事可樂的表現總是痛宰可口可樂；但只要受試者看見品牌標籤，結果就會完全逆轉。同樣地，如果把葡萄酒裝在看起來很貴的瓶子裡，用華麗的文字描述它的土質調、明亮的覆盆莓酸香中帶著一絲隱約的杏仁味，喝起來會比裝在普通瓶子裡、標籤上沒有優美詞藻的時候更美味。注意到了嗎？我沒有說「似乎更好喝」或「我們覺得比較好喝」。心理學家的研究顯示，在每一個有意義的層面上，它就是比較好喝。這不是像某些好騙的人吃了貓食卻以為那是鵝

肝醬；而是他們吃了貓食，然後貓食真的變成了鵝肝醬。

好吧，或許我說得誇張了點。神經科學家也承認，如果一瓶酒真的非常糟糕──喝起來像 Welch 牌的葡萄汁或幾乎像醋──喝的人不至於會以為它是陳年佳釀。期望是一種強大的力量，但還是有限度的。沒有安慰劑能讓你把手放進滾水裡還不覺得痛。再多的暗示也無法讓你以為你當過美國總統。再強的催眠也無法讓你做出違背自己價值觀的事。也沒有任何花俏的標籤，能讓你把葡萄汁當成 1945 年份的木桐酒莊名酒。

不過當兩件產品差不多的時候，我們的期望對體驗的影響往往比我們的感覺大得多。2004 年的一次盲測品酒中，裝在無標籤瓶子裡，定價兩美元，在 Trader Joe's 超市暱稱為「兩元查克」（Two-Buck Chuck）的 Charles Shaw 希哈紅酒，在年度國際東方葡萄酒大賽中擊敗其他幾千支聲譽卓著的名酒，奪得雙金牌獎。2007 年，這個品牌的夏多內白酒在同樣競爭激烈的加州博覽會上被評選為「加州最佳」。可是看得見標籤的時候，沒有人會想投票給兩元查克。

心理學家稱這種現象為「行銷安慰劑」（marketing placebo），在過去幾年來蔚為風潮。與針對疼痛的安慰劑一樣，行銷安慰劑也需要大量來自負責理性思考的大腦前額葉區的活動[1]。為了達到這個目的，多數企業採取的不外乎這兩種方法，要不就花大錢創造、培養、強化某個品牌，要不就運用老套但有效的定價策略。

---

1 2004 年，德州一個研究團隊用經典的百事可樂對抗可口可樂的例子來測試這個理論；只不過這一次是在大腦掃描儀器中進行。受試者先以盲測方式比較百事可樂與可口可樂，然後在看得見標籤的情況下再比較一次。盲測時，受試者偏好百事可樂，且大腦掌管愉悅感的區域活躍起來；但在得知自己喝的是哪種飲料後，他們腦內前額葉區的活動激增──不出所料，這回是可口可樂獲勝了。

例如，有一家公司告訴你他們要推出一款全新的腦機能強化飲料（應該不用我說吧？那只是加味水而已），請你喝了之後，再對你進行一系列認知能力測試，你會發現你的認知表現真的變好了。如果他們強調這是一個特別昂貴的品牌，你的測驗分數還會更高。這個原則也適用於品牌建立；研究顯示，運動員喝了裝在開特力運動飲料瓶裡的加味水，表現會更好。更神奇的是，學生用了上面印有麻省理工學院字樣的筆，考試成績也會提升。

我們已經知道，昂貴的安慰劑，還有裝在知名品牌瓶子裡的安慰劑，效果會比便宜的安慰劑好。很多關於行銷安慰劑的研究結果，都顯示出和其他類型的暗示效應有相同的趨勢。行銷專家甚至嘗試過把最容易對暗示有反應的人格特性區隔出來（就和科學家透過實驗想要找出對虛假記憶、催眠和安慰劑最有反應的人一樣），結果發現，高度追求酬賞、感覺不特別敏銳、很喜歡思考（心理學家稱之為有「認知需求」）的人，似乎最容易受到行銷暗示影響。在實驗中使用開特力飲料瓶和麻省理工學院筆的研究者發現，受試者的暗示感受性高低，與他們對智能與學習的看法有相關性。有趣的是，認為一個人的智力基本上「固定不變」的人——或許正因此會比較積極地想要證明自己——比認為智力會變動的人容易受到品牌暗示的影響。也就是說，如果你認為智力是一種具有可塑性的東西，相信每個人都有潛力以各自的方式發揮聰明才智，那麼行銷暗示的力量，可能就比較不容易影響你。

當然了，和其他類型的暗示一樣，行銷安慰劑通常也牽涉到某種形式的欺騙，不是來自照護者，就是源於自身。從比較厭世的角度來看，甚至可以說整個商業貿易史就是一群人千方百計想要操縱顧客的暗示感受性。如同前面說過的，到頭來期望的影響

力並非無遠弗屆；你或許能夠騙你自己說那塊差勁的鵝肝醬很可口，卻不可能騙自己貓食就是鵝肝醬。可是，如果有辦法強化行銷安慰劑的效果的話呢？

思考一下，一瓶知名小型家族酒莊生產、要價 70 美元的酒，會比鎮上另外一間酒莊要價 35 美元的酒好喝兩倍嗎？還是它的生產成本是別人的兩倍？一般而言答案都是否定的（不過好的行銷確實不便宜）。事實上任何經濟學家都會告訴你，那瓶酒定價 70 美元，是因為這就是顧客願意為它付出的金額。而既然顧客願意花這麼多錢，代表它一定品質頗優。

這個邏輯是不是有點眼熟？這和麗奧妮・科本的安慰劑與同儕壓力研究很像，她用 MRI 螢幕上的標記來呈現其他人回報的疼痛程度。把情況換成好的葡萄酒、昂貴的鵝肝醬和一杯 50 美元的咖啡，價格在潛意識裡反映的是其他人認定的價值。如果將來有一天發現，我們喝一杯昂貴的葡萄酒時，體內會分泌血管升壓素（羅娜・克洛卡用來增強安慰劑效應的物質）之類的東西，我也不會意外。所以，下一次你喝高價酒時先問問自己：它是因為好喝所以貴，還是因為貴所以好喝？

或許很多人都知道我們對食物的體驗是受到操縱的。畢竟味覺是很主觀的事，再加上多巴胺會影響我們的食慾，類鴉片物質也可能會影響味覺。進食基本上是一種受到酬賞驅使的行為，而人類簡直是愛死酬賞了，糖、脂肪、油、糖果，這些全都是酬賞。如果有人用培根把甜甜圈裹起來，再浸滿蛋糕糖霜，我可能真的

會把它吃個精光。

　　這讓我想到日常生活中還有一個部分,現在科學家認為全都是暗示的關係,那就是我們愈來愈大的腰圍。人類本能的恐懼雖然保護了我們的祖先好幾百萬年,但它也可能失控而造成反安慰劑效應,影響我們的身體;同樣地,我們在古時候對甜食與易發胖食物的渴望,也可能在現代社會給我們添麻煩。

　　2015 年芬蘭的一項研究顯示,肥胖與腦內的類鴉片受體數量有關(我們後面會提到毒品成癮者也是類似的情況,只是問題出在多巴胺受體)[2]。也就是說,和愉悅感相關的腦內啡較少時,某些人會尋求其他帶來愉悅感的體驗,例如進食。這並不是說成癮與飲食過度是同一回事,但兩者的表現很類似。

　　熱量就是這樣溜進我們體內的。但是,我們的身體又會對它產生什麼反應呢?期望會造成體重的增加或減少嗎?如果期望能讓你健康、讓你生病、減輕你的疼痛,甚至讓你致命,那麼應該也很有機會幫你瘦下一圈。科學家已經發現一套連結了你的大腦和肚皮的化學物質會彼此發生交互作用,構成一個奇妙的網路,其中很多化學物質會在你嘗試新流行的飲食減肥法或全水果排毒法時,用上類似安慰劑的效應。

　　事實上,流行飲食減肥法與另類療法有很多共通點,往往有不少重疊之處,因為所謂水果餐和維他命注入這類的方式都說能讓你瘦得健康。還有抗氧化劑的熱潮,聲稱可以消滅你體內邪惡的「自由基」讓你更健康。自由基是漂浮在你血液中的多餘離子,從

---

2 有趣的是,這兩種人腦中的多巴胺受體數量相等。但不知道為什麼,肥胖與類鴉片受體的相關性似乎較高,而成癮者和多巴胺的關係較大。

某些方面來說和石榴汁一樣天然，而且在人體運作上有重要功能。自由基太多確實有可能致癌，但要是太少也一樣會致癌。而且目前也根本還不清楚究竟喝果昔是不是真的能消滅自由基幫你抗癌。

你讀到的大部分關於「毒素」（toxins）的資訊，都是在玩這種期望的遊戲。任何宣稱可以透過清體排毒增進健康的飲食或運動型態，都只是在操縱你的暗示感受性。邪惡的自由基和毒素都是故事，你信就信，不信就不信。

同樣的道理，阿金減肥法、全高麗菜減肥法、晨間香蕉減肥法、狼人減肥法、好萊塢代餐餅乾減肥法、以色列軍隊減肥法、楓糖檸檬禁食排毒法、區域減肥法、長壽飲食法、鹼性食物減肥法、嬰兒食品減肥法（沒開玩笑，以上這些都是真的）等等也都是如此。當然，這些飲食法都帶有少許科學論據，其中有的可能是完全可信的。然而，它們同時也涉及精心設計的故事闡述，聽起來很像我們前面看過的安慰劑典範。

談到有創意的健康敘事，我最喜歡的例子是咖啡生豆萃取物，基本上就是用未烘焙的咖啡豆做成的營養保健品。多年來，無數推銷員和所謂的健康專家拼命在深夜與日間電視節目中宣稱這是神奇的減肥藥，甚至能治療癌症──儘管它本質上和數百萬美國人每天本來就在喝的東西是一樣的。它宣稱它的奇效來自其中所含的綠原酸（chlorogenic acid），這種成分在咖啡豆烘焙過後會大量流失。斯克蘭頓大學（University of Scranton）的一項研究宣稱，這種神奇的化學物質使 16 名過重的受試者在六週內平均減輕了 8 公斤，體脂肪也下降了 16%──完全只靠咖啡生豆萃取物和運動。這太不可思議了，不可思議到根本就不是事實。

首先，這項研究並不是斯克蘭頓大學做的，而是在印度，由販

售這種保健食品的公司「應用食品科學」（Applied Food Sciences）提供經費贊助。聯邦貿易委員會指出（最後也對這家公司罰款 350 萬美元）這項研究簡直漏洞百出，實驗做到一半為了配合參數而竄改數據，因此無法發表。於是這家公司委由他人名義發表，找上小學校的研究團隊，根據聯邦貿易委員會的說法，那些研究人員注意到幾個不合常規之處，但沒有提出任何質疑。定稿的論文（已被撤銷）表示該公司只捐贈保健食品供實驗使用，並未實際執行實驗[3]。

所以到頭來，讓人瘦下來的大概不是咖啡生豆萃取物中的綠原酸，而是大家都知道的咖啡因。咖啡因畢竟是一種溫和的體能增強藥物，對瘦身可能稍微有幫助。但就連咖啡因，也不敵一種功效最強的成分——那就是足量的暗示。為了更進一步了解暗示對腰圍的影響力，我打電話給艾莉雅・克拉姆（Alia Crum），她是史丹佛大學一位年輕、前途看好的心理學研究者。

過去十年來，克拉姆一直在研究期望對人類生活各方面的影響。但她沒有把焦點全放在安慰劑或期望上，而是放在更廣的「心態」（mindset）上，她用這個詞來統稱因人而異、變幻無常的心智。2010 年，她用奶昔做了一項實驗，比較 140 大卡的瘦身奶昔（標籤上有明顯的瘦身奶昔字樣）和 620 大卡的奶昔（標籤上充滿美味、誘惑的元素）的效果。兩者的熱量差別就像一小盤沙拉和餡料滿滿的雙層肉起司漢堡。只不過，她當然是騙人的。兩種奶昔的熱

---

3 然而，這並沒有阻止眾多健康達人對它大做文章。其中最著名的是奧茲醫生（Dr. Oz），稱之為「奇蹟藥錠」。這已經不是他第一次將誇大不實的產品吹噓為「藥物」，一項加拿大研究指出，他推薦的產品中經得起驗證的不到一半，且其中 14% 已確實被科學證明為不實，使他不得不向國會承認，他在節目上的身分是藝人，不是醫生。

量都是大約 380 大卡。

克拉姆追蹤受試者體內產生的飢餓素（ghrelin）多寡。飢餓素是一種很有趣的荷爾蒙，由胃部分泌，傳達飢餓的訊息。此外它似乎也涉及監控人體吸收能量的情形。請注意這一切都是身體發動的，而非大腦。飢餓時是由胃部來通知大腦，而不是反過來。進食後，飢餓素的分泌量就會逐漸減少，等到胃裝滿了食物，我們就不再感到飢餓。但克拉姆發現，有時候這段過程可以反向運作。她告訴受試者他們喝的是熱量高的奶昔時，他們的飢餓素濃度遠低於以為自己喝了低熱量奶昔的人。別忘了所有人喝的都是一模一樣的奶昔——唯一的差異只在於期望的不同[4]。

也就是說，是他們的腦在告訴他們的胃該做什麼事。這有點像是絕地武士對體內所做的念力控制。胃告訴腦說：「我空了，你該餓了。」大腦則回覆胃說：「我很飽，所以你很飽」。然後胃就以毫無起伏的語調重複回答：「是的，你很飽，所以我很飽。」

這個發現對我們有什麼用？我們可以猜想，體重減輕和身體的很多其他狀況一樣，都會受到一時的期望影響。當然，我們無法知道確實的影響程度，因為這些實驗大多缺乏完善的控制，而且幾乎沒有一種飲食方法受過嚴格檢驗（要這麼做可能要先發明安慰劑沙拉之類的東西）。此外，有很多案例，包括漏洞百出的咖啡生豆萃取物研究，都要求受試者做運動，所以或許是運動本身造成體重下降。儘管如此，很清楚的一點是，飲食內容和你對飲食的期望不可能分開看待。

---

4 1999 年才被發現的飢餓素是較新的荷爾蒙，科學家仍在研究它的功能。但它和姊妹荷爾蒙瘦素（leptin，會向大腦傳遞「飽足」的訊息）都與肥胖症或厭食症一類的疾患有關連，也和反安慰劑化學物質 CCK 相關。我們發現，CCK 是負責在胃部裝滿食物時阻斷飢餓素的分泌。

也有可能你根本不需要節食。或許稍微換個觀點，你就能得到更健康的生活形態。「重點不只是你要做什麼，更是你對你要做的事情是怎麼想的，」克拉姆說，「以及你是用什麼心態或期望看待這一切。」

很湊巧，克拉姆和基督科學教會也有關連。她的母親從小就是教徒，外祖母則是專業的治療師。儘管她和母親都已不再信奉基督科學教派，但它對兩人的人生觀以及克拉姆的研究角度都造成深遠的影響。每當克拉姆生了病，母親都會一直鼓勵女兒「轉換心態」。「她在進入更年期的時候跟我說，她要把熱潮紅的症狀當成消耗卡路里的機會。」她說。

在哈佛讀大學時，克拉姆追隨深具煽動力的傳奇心理學家艾倫‧蘭格（Ellen Langer），成為她的助手。數十年前，蘭格曾進行一項知名實驗，發現年長者回到他們年輕時代的陳設環境中，會覺得自己也變年輕。2006 年，克拉姆招募 84 位女性飯店清潔工參與一項簡單的實驗，想看看能否用類似的方式改善他人的健康狀態——但不是用騙的，而是告訴他們事實。這些清潔工整天站著工作，推著吸塵器進出一間又一間客房，包辦上百種純粹的體力勞動。她先與她們進行訪談，幫她們量血壓、體重，以及其他多項健康指標數值。然後問她們每週做多少運動，大多數都說很少運動。

下一步，她對其中半數的女工進行簡短的教育解說，讓她們把勞動量當成運動量來看，證明她們的每日活動量實際上比醫生的建議量高出很多。一個月後她再次拜訪這兩組受試者，發現聽過解說的人和未聽解說同事比起來，體重減輕和血壓降低的程度都達到顯著水準。而且她們下班後比同事更有活力，對自己的工作也產生了不一樣的觀點。

這項研究歷時較短，尚不足以追蹤長期的體重變化，但克拉姆一直很想知道信念能對人體健康造成多大的影響。我們當然不可能期待單憑「相信自己會變瘦」，贅肉就會神奇地消失無蹤；但話說回來，我們也不知道信念能在多大程度上決定我們覺得自己有多健康。

　　「我不認為心智的力量是無極限的。」克拉姆說，「但我相信我們還沒有發現它的極限在哪裡。」

　　為了更了解期望對體能的影響，我們可以到另一個極端去看看競技運動員的表現。大家都知道運動員很迷信（在制服裡面穿金色丁字褲、不肯換襪子等等），因此很容易受到特定的「運動表現反安慰劑」（performance nocebos）所影響。那麼真正的運動表現能力又是如何？可以只靠暗示就讓肌力爆滿嗎？用你的金色丁字褲打賭，絕對可以。

　　1970 年代時，麻薩諸塞大學阿默斯特分校的科學家從 15 名校隊運動員中選出 6 人，佯稱要測試他們使用同化類固醇之後，運動表現會比隊友優異多少。科學家把他們帶進一個房間，不斷吹捧用藥的好處。等這些運動員被灌了滿腦子迷湯，一個個躍躍欲試之後，科學家先讓他們進行七週的無藥物重量訓練（包括臥推、肩推、負重深蹲等），接下來的四週讓他們服用類固醇（實際上是安慰劑藥丸）。你可能已經猜到了結果：這六名假用藥者的肌力增加了，表現不但勝過沒有接受過用藥宣導和安慰劑的隊友，也比自己在最初重量訓練階段的表現優異。

　　當時，這個發現帶來的問題比解答還要多。這是什麼機制造成的？身體是在模擬類固醇釋放的狀態嗎？（對了，最後有沒有人告訴那些年輕人這一切都是假的、藥物是沒用的？）從此以後，

有許多研究都開始讓運動員服用偽裝成體能增強藥物的安慰劑。2015 年一項針對跑者所做的實驗，讓受試者以為自己接受了「血液回輸」（blood doping）這種把紅血球加回你的身體裡的違規增血技術；自行車名將藍斯‧阿姆斯壯（Lance Armstrong）就是因此跌下神壇，使這種技術廣為人知。當然，跑者並沒有真的接受到血液，而只是普通的生理食鹽水，但他們的完賽時間依然快了 1.2% 之多（這對跑者來說是非常大幅的提升，通常快個幾秒鐘就很了不起了）。2008 年的一項研究則顯示，以為自己服用了咖啡因（一種人盡皆知的體能增強藥物，雖然是合法的）、但事實上只是安慰劑的舉重選手，表現進步了 12% 至 16%；接著實驗者再對第二組舉重選手做了更進一步的試驗，在未告知他們的情況下把重量減輕，讓他們相信自己用藥之後確實變強了。這種比較輕鬆的感覺使受試者加強了對藥丸的信心，最後舉起的重量幾乎是原先的兩倍。還有其他類似的研究試用過假類固醇、營養補充品、高含氧水、氨基酸、甚至碳酸氫鈉——俗名叫做小蘇打[5]。

你應該還記得法布里奇奧‧班奈迪帝這位在 1990 年代做過幾項最有力的反安慰劑實驗的先驅；他也做過數以百計的安慰劑研究，其中特別有趣的一項用的是嗎啡。他讓受試者做一種模擬健身的特殊手臂運動，目的是測量他們對疼痛的耐受度，這種動作會使手臂缺氧，產生類似健身後的灼熱感。理論上所有的止痛藥都屬於體能增強藥物的一種（畢竟俗話說沒有痛苦就沒有收穫，不是嗎？）果不其然，未服用體能增強藥物的受試者，只靠著練

---

5 你可能不相信，但小蘇打真的是一種溫和的體能增強藥物。酸中毒（acidosis），或說人體內氫離子過多，是造成疲勞的關鍵原因之一。顯然，攝取小蘇打能幫助細胞間空隙抵抗酸中毒的影響。而且它目前還沒有被奧會列為禁藥。

習，對疼痛的耐受度可提升 7.5%。如果告訴受試者他們服用的是能夠增強運動表現的嗎啡，但實際上給的是安慰劑，他們的疼痛耐受度就能提升 18%。而要真的先讓他們服用嗎啡，過了一陣子再把嗎啡換成安慰劑，他們對訓練的疼痛耐受度則能夠提升整整 50%。可是，如果服用的是「安慰劑殺手」那若松，所有的提升都會化為烏有。

所以他們的進步究竟從何而來？這些人雖然不是專業運動員，但都是非常認真的運動愛好者，即使只提升 12%，都是很難解釋的進步幅度，更遑論 50% 之多。可能是有某種我們尚未明瞭的機制，真的製造出能增強力量的紅血球；也可能是我們自己分泌的類鴉片物質的功勞。或許少了緊繃肌肉帶來的疼痛，我們的運動表現就有可能超越自己的期望。如果是這樣的話，那句俗話應該改成「沒有痛苦，就有更多收穫」。

但這也引出了一個有趣的問題。在奧運會中使用嗎啡等藥物是違規的行為——不僅因為這麼做可能讓潛在的嚴重傷勢無法被發現，更因為失去疼痛感能使運動表現不當提升，有違公平競技的精神。可是如果有一個選手只在訓練期間使用嗎啡，比賽時改用安慰劑呢？這樣做在技術上沒有作弊，而且到了正式比賽那一天也驗不出嗎啡了。但那時候他的大腦已經會自動產生所謂的禁藥。我們自己釋放的類鴉片物質算是禁藥嗎？再進一步來看，不要管作弊了：假設有兩個未使用禁藥的運動員跑 1500 公尺，一個跑了 4 分鐘，一個跑了 3 分 59 秒，我們要怎麼確定這個差距不是因為後者的腦內藥房稍微好一點？這樣一來，所謂「公平競爭」的意思就不太一樣了。

棒球專家尤吉・貝拉（Yogi Berra）說過：「棒球有 90% 是

在鬥心理素質，另外一半才是鬥體能。」當時大家只是嘲笑他數學太差。但隨著我們對大腦強化一切運動表現（從自行車、網球到舉重）的力量了解得愈來愈多，尤吉的話也顯得愈來愈有道理：體育是 100% 的心理與體能活動——或許還有 50% 是暗示的效果。

變得更瘦、跑得更快，又能好好享受食物的美味，這都是期望帶來的特殊紅利。但期望這門科學深入我們生活的程度遠不止於此。那些能帶動我們的期望、讓我們追求酬賞的事情，也可能讓某些人落入陰暗的地獄，有時又能把他們帶回到正常生活。

最明顯的例子就是成癮。每十個美國人中大約就有一人對某種藥物成癮（以酒精為大宗）。成癮曾被視作道德淪喪或缺乏意志力的結果，但如今我們已經了解成癮問題主要是生理性的，尤其是和前文一再提到的多巴胺有關（這並不令人意外，畢竟這種神經傳導物質負責的是酬賞的預期和享受）。所以成癮的東西可以是糖、性愛、金錢、在俠盜獵車手遊戲中得高分——也可以是用藥。

但用藥不只是讓你體驗到幾個鐘頭的感受變化，還會使大腦本身發生變化。神經系統面對透過藥物而來的大量愉悅性的化學刺激物，會因為難以負荷而關閉本身的多巴胺生成機制，以使系統恢復平衡狀態。這會形成惡性的回饋迴路，導致不用藥的時候身體就缺乏多巴胺，因此食物不再可口，連性愛都變得索然無味。唯一恢復正常的辦法，就是繼續服用當初造成這種結果的藥物。

但不只是這樣而已。有科學家指出，成癮會實質改變大腦的運作。成癮者不只會因為藥物濫用而減少多巴胺分泌，就連多巴

胺受體都會受到影響（不是數量改變就是傳導訊息的能力改變）。此外，經常用藥會扭曲記憶，使人除了渴求藥物，還會渴求整個和用藥相關的情境（所以香菸成癮者不只是渴求那根香菸，還包括把菸從菸盒裡抽出來、點上火的整套動作）。同時，成癮會使腦部的衝動控制中心關閉，造成癮頭不斷復發。還記得凱琳・詹森的實驗嗎？她讓受試者觀看快速閃過的臉部影像，出現時間短到無法在他們的意識中停留，把他們的大腦訓練出安慰劑反應。古柯鹼成癮者也有同樣的現象，把一個人在吸食古柯鹼的圖片放給他們看，圖片出現的時間只有 33 毫秒（大腦無法意識到內容是什麼），他們就會立即出現渴望毒品的反應。

　　世界上最受歡迎的娛樂性藥物（recreational drug），幾乎全都是模仿或運用我們動用到期望時所牽涉到的那些化學物質的效果。事實上，隨著我對成癮的了解愈深，我愈發現它是本書探討的所有大腦迴路與歷程的倒錯。正因如此，成癮的解決之道或許也就在暗示和期望之中。那若松──這種藥物首先揭露了安慰劑的化學性質，並把安慰劑反應完全阻斷──的發明並不是為了安慰劑研究，但今天已成為非常重要的用藥過量急救藥物，它能阻斷我們的腦內藥房發揮作用，也因此能阻斷比方說海洛因或羥二氫可待因酮（oxycodone）的效果。還有一種非常相近的藥物那屈酮（naltrexone），則是治療酒精濫用最有效的方式之一。

　　很難相信嗎？下次你最要好的酒友來你家的時候，把無酒精啤酒裝在正常的啤酒瓶裡給他喝，喝個三瓶。猜猜看結果會怎麼樣？已經有多項研究顯示，以為自己喝了酒、實際上只是喝無酒精啤酒的人，酒醉程度和喝了真酒的人沒有差別（至少在喝了幾杯以後是這樣）。請注意，他們血液中的酒精濃度始終是 0，卻有飄飄

然的感覺。這個實驗也可以反向操作：讓某個人喝酒，但告訴他那是沙士。北達科塔州的米諾特州立大學（Minot State University）做過一項研究，把沙士調成和啤酒同樣的酒精度，然後把加工過的沙士拿給一組不知情的受試者飲用，另一組則喝普通啤酒。理論上兩組受試者喝了幾杯以後都會有點醉意，但這不是重點。重點是喝啤酒的那一組受試者吸收了更多酒精到血液裡，而以為自己喝的是汽水、實際上喝了一樣多酒精的受試者吸收的酒精比較少——彷彿啤酒組的身體之所以吸收酒精，有部分原因是他們期望自己會吸收到酒精。（當然平心而論，這樣的反應結果也有可能是因為啤酒中的麥和汽水中的糖影響了人體對酒精的吸收。）

但「改變期望」對成癮的影響還能比這樣更深入，特別是處方藥成癮。有一種原本是用來減輕患者痛苦的藥，結果卻給患者造成另一種痛苦。有大約 200 萬美國人都對鴉片類處方藥成癮，單單是 2014 年就有 1 萬 9000 人因過量服用處方藥而喪生。這個數字大約是因海洛因過量致死人數的兩倍、古柯鹼過量致死人數的三倍。

這或許有很充分的理由可以解釋。有一項疼痛理論認為，受傷後疼痛會一直存在，只是漸漸被我們的體內藥房所掩蓋（就像太陽升起之後，檯燈顯得愈來愈不亮一樣）。2013 年，肯塔基大學的一個研究團隊測試了這項理論，領導這次實驗的是布萊德里・泰勒（Bradley Taylor），他是霍華・菲爾德斯的學生，即 1970 年代首先發現安慰劑化學性質的科學家。團隊讓傷後復原的受試者使用那若松，結果不出所料，其中很多人的疼痛馬上又回來了。可以想見疼痛一直沒有消失，只是隱藏在表面下。

更令人驚訝的是，這些患者還出現了幾個非常典型的鴉片戒斷症狀。你沒看錯——我們在疼痛中逐漸復原時，會對自己體內

製造出來的類鴉片物質產生依賴性。泰勒認為，這或許正是我們得以了解成癮現象，以及短期疼痛如何轉變成慢性疼痛的關鍵。

　　儘管如此，對自己的體內藥物產生依賴性，還是比對處方藥產生依賴性好太多了。所以，我們是不是可以不再用藥物來取代你體內的天然止痛劑，而是直接運用這些天然的東西？美國國家維生研究院的研究員羅娜・克洛卡想做的就是這件事。2016 年她展開一項專案，結合最頂尖的安慰劑研究和止痛領域，想要在事前就解決成癮問題。為此，她在一群疼痛患者的藥裡混入了幾顆安慰劑，每週他們會服下五到六顆止痛藥和一到兩顆安慰劑。在一個月之內，她逐漸增加安慰劑的比例，減少類鴉片藥物，到最後他們只有半數時間需要服用人工合成藥物。

　　看出其中的意義了嗎？首先，她訓練患者建立起「服藥就能止痛」的期望。然後她拿走藥丸，讓患者自身的期望來達到止痛效果，正如她在那張電椅上對我做的事一樣。結果患者非但沒有對藥物產生依賴，削弱體內藥房的效果，反倒利用期望的力量，從服用外部藥物換成了使用自己體內的藥物。如果說成癮是濫用了期望的好處而誤入歧途的結果，那麼是不是也可以利用期望，扼殺一切可能成癮的機會？

　　腦部化學機制要亂搞你的生活有很多方式，成癮只是其中之一。另外還有一種症狀同樣潛伏在暗處、同樣備受誤解，也同樣容易受到暗示影響，那就是憂鬱症。

　　18 歲的時候我很憂鬱，因為沒申請上第一志願的大學。後來

我決定離開生物學的職業生涯時，還有去年我腳踝肌腱撕裂必須動手術時，也都覺得很憂鬱。那時候我沮喪至極，整天昏昏沉沉，和人相處時也意興闌珊。我以為我在這些經驗裡面感受到的應該就是憂鬱症了，但其實不是。

臨床上的憂鬱症，和你因為被喜歡的學校拒絕而不開心，是兩碼子事。憂鬱症是一種生理疾病，會對大腦的運作造成可測量的改變，可能毀掉你的人生，甚至讓你活不下去。憂鬱症不是比較悲傷的你，而是一個完全不同的你，最接近的形容是彷彿有人幫你打了化學鎮靜劑，把你變成一個連你自己都不認識的人；從某方面來說事實就是如此。我從來沒有得過憂鬱症，但基於我對腦部化學的了解，如果可以選擇的話，我寧願選擇難以忍受的慢性疼痛也不想得憂鬱症。可是患者可沒有選擇的機會，而且很多人是憂鬱症和慢性疼痛一起上身的。憂鬱症患者的人數也和慢性疼痛一樣非常驚人，光是 2016 年，估計就有大約 7% 的美國人被診斷出憂鬱症，相關支出超過 2000 億美元。

早在本世紀初科學家就已經發現，期望就像憂鬱症一樣，會對大腦造成實質的影響，只是方向相反。事實上，安慰劑和期望對憂鬱症的治療效果出奇地好，很難找到更有效的藥物。從 1987 到 1999 年，製藥界推出了大量的憂鬱症藥物，包括百憂解、百可舒（Paxil）、樂復得（Zoloft）、無鬱寧（Luvox）、解憂喜（Celexa）等，每一種都非常熱賣，想必幫助了數以百萬計處在水深火熱中的患者。但你要是有機會查閱這段時期的藥物研發報告，就會知道約 75% 至 80% 的效度可以歸功於安慰劑效應。若再仔細研讀，就會發現劑量的高低在效果上沒有顯著差異，這非常奇怪，代表這些藥可能不像我們以為的那麼有效。（一般來說真正有效的藥

物，劑量不同效果也應該要不一樣，想想看高劑量嗎啡和低劑量嗎啡的差別。）

除此之外，這些效應似乎還是長期性的，可持續數週甚至數月之久。即使在試驗開始的頭幾週排除安慰劑反應者也無濟於事，因為後面還會有其他人出現安慰劑反應。這種高安慰劑反應是憂鬱治療十分困難且昂貴的主因。和止痛藥一樣，憂鬱症藥物從研發到通過 FDA 核可上市，也要經過難以克服的龐大阻礙。藥廠並不是沒有努力過。百憂解就是以分毫之差擊敗安慰劑，才得以在 1988 年上市。更近期的腦部深層刺激療法（把電子裝置植入腦內，直接刺激特定區域）曾經有望成為突破性的技術，一勞永逸地解決嚴重的憂鬱症狀。然而，過去幾年來這種療法也受到嚴厲抨擊，而且效果似乎無法勝過安慰劑[6]。

有可能是深層腦部刺激技術還沒有達到可用於臨床治療的成熟度，也可能它的潛力根本不符研究者的期望。但還有另一種可能性令人大傷腦筋。科學家注意到過去數十年來，在疼痛和憂鬱症藥物的試驗中，安慰劑效應的力量有明顯的升高趨勢。如前所述，有專家甚至表示如果現在重新讓百憂解和安慰劑一決高下，百憂解一定通不過 FDA 的核可。（還記得吧，一旦藥物通過第三階段的安慰劑控制試驗，就得到了認證，不管在後來的實驗中表現如何。）

這是怎麼回事？它的藥效並沒有變弱，我們也不太可能對百憂解這一類的藥物發展出免疫力。這些都不是原因，而是安慰劑效應似乎在這段時間內變強了。這怎麼可能？如今在美國，未服

---

6 嚴重憂鬱症與輕微憂鬱症的安慰劑反應，可能存在差異性。部分科學家認為，輕微憂鬱患者較容易受安慰劑影響，因此使試驗結果出現偏差。

用任何抗憂鬱藥物的憂鬱症患者愈來愈難找。因此，很多製藥公司開始向海外拓展版圖，在那些文化規範不同的地方，西方醫師的形象可能比較令人敬佩，而能強化期望。但有一個比較簡單的解釋，就是我們本身對憂鬱症藥物的期望已經不一樣了。在 1980年代中葉，沒有人知道百憂解是什麼，也不知道可以期望什麼。但今天大家都知道這個品牌；用藥的人事前也都已經知道該對它抱持何種期待。或許百憂解在試驗中勝過了醫學上的安慰劑，最後卻被行銷安慰劑打得一敗塗地。

要是安慰劑的力量真的在各方面都增強了，我們目前並不清楚對策在哪裡。除了抗憂鬱藥物之外，安眠藥也面臨類似的安慰劑危機。NIH 一項 2005 年的研究顯示，儘管安眠藥確實有效，但和糖片比起來，服用安眠藥每晚平均只能讓你多睡十分鐘而已。有些專家選擇不把期望當作敵人，而是欣然接受它。2015 年一項賓州大學的研究發現，要獲得良好睡眠，最好的辦法是把安慰劑和安眠藥混在同一個藥瓶裡，讓你每天晚上都不知道自己服用的是哪一種。

並不是所有藥物都會遇到像百憂解或史蒂諾斯（Ambien）這樣的問題。偶爾也會出現一種藥，效果明顯到可以不用做任何安慰劑評估。針對這樣的情況，我們要探討酬賞處理上的終極形式，比食物、運動，甚至藥物都更令人滿足。那就是性愛。

性安慰劑或許是世界上最古老的暗示型態。數千年來，人類嘗試過各種五花八門、難以計數的成分，用以治療男人的性功能障

礙，或增強女人的性愉悅感。依照文化背景的不同，想增進床上功夫可以嘗試的有人參、虎鞭粉、一種名為「育亨賓」（yohimbe）的非洲針葉樹製品、活生生煮熟的鴨仔蛋、地中海海岸松的樹皮[7]、活猴腦、淫羊藿（horny goat weed）、海參、狗肉，當然還有生蠔。

無須贅言的是，多巴胺和性愛之間有高度相關性。畢竟，無論從哪方面來看——演化上、生物上還是個人上——還有什麼比性愛能帶來更大的酬賞？顯然，期望在性生理的醞釀與享受上扮演了非常重大的角色。研究者發現，長期在一起卻沒有好好維繫關係[8]的情侶，多巴胺的量可能會大幅降低。過去有數百年之久，想要增進性能力唯一的途徑就是利用各種類型的暗示。可是對男性而言，在 UK92480 出現之後一切都改變了。

1990 年代初，輝瑞藥廠（Pfizer）正在研究一種治療心臟衰竭的藥物，他們稱之為 UK92480。在研發過程中他們注意到一個奇特的副作用，男性在服藥後一連幾天會出現強烈的勃起反應。藥廠並沒有把它視為小插曲一笑置之，反而為了它改變了整個研發策略。檸檬酸西地那非（sildenafil citrate）因此問世，更常見的名字叫做「威而鋼」（Viagra）。威而鋼在 1997 年上市，幾乎可說在一夕之間，除了最嚴重的案例以外，所有的勃起功能障礙患者都痊癒了。所有過去用來治療勃起障礙的古老草藥、另類療法等，以

---

7 cluster pine，學名是 Pinus pinaster ——單看字面就令人充滿信心。

8 一般而言，所謂「維繫關係」的意思是進行大量充滿愛意的肢體觸碰。少了這些動作，多巴胺的分泌往往會逐漸減少，這就是所謂柯立茲效應（Coolidge effect）的一部分。要使它恢復原本的量，最好的辦法就是出現新的對象（這種效應兩性皆有，但在男性身上更強）。這個效應以美國總統卡爾文·柯立茲（Calvin Coolidge）為名。據說他的妻子有一次提醒他，公雞的交配頻率有多高；他則回應妻子公雞有不只一隻母雞可以交配。

史無前例的速度被淘汰。有了花 2 美元就保證勃起的小藥丸，誰還會花 1300 美元買虎鞭，或是 100 美元買 1 克的冬蟲夏草？

威而鋼還為勃起功能障礙方面的安慰劑研究創造出很多有趣的方向。早期研究顯示，威而鋼類藥物有過半的機率使原本有性功能障礙的男性立刻就能性交。只要稍微多點耐心、再堅持一下，有超過 80% 的人都能成功。至於安慰劑組，不出所料表現較差，不過也不像你以為的那麼糟。安慰劑組的患者服藥後馬上成功的機率約 20%，等久一點的話可達 50%。即使是因脊髓損傷造成的勃起障礙，在服用安慰劑後也有成功性交的案例。

相反地，有一項研究發現，若告訴一個人他服用的藥會導致勃起障礙、性慾減退、射精問題等，那麼他真的出現這些症狀的機率，比服用相同藥物、但沒有聽到上述說法的人高出三倍。這可以叫做性愛反安慰劑。

研究顯示，期望對女性的性功能障礙也有影響，只不過可想而知這方面的研究少得多。有一個規模很小的實驗指出，有性興奮或高潮障礙的女性服用安慰劑八週後可獲得改善，特別是年齡較長、與伴侶交往較久的人。多年來科學家一直在尋找女用的威而鋼，尤其是適合推銷給停經後女性的藥物。有幾種這一類的藥已經證實非常有效，可是研發進度受阻——不是因為高安慰劑反應，而是負面的副作用，諸如無精打采、暈眩、反胃等。最後，FDA 在 2015 年核准了氟班色林（Addyi）上市，它的藥效只比安慰劑高出 10% 左右，且使用者在服藥期間需戒酒。到目前為止一直沒有大受歡迎。

另一方面，這些年來有很多安慰劑都曾協助女性對抗不孕症。想當母親的女性嘗試過各種偏方，如陰道蒸氣浴、月光石、撫摸孕

婦肚子、撫摸雕像的肚子、新婚之夜把一隻母雞拴在床柱上、穿橘色的內褲、吃蓮花、拿兔子獻祭，還有（這或許是最讓人發毛的療法）搖晃空的搖籃。有一陣子愛爾蘭流行鼓勵年輕夫妻喝大量蜂蜜酒來助孕（但仔細想想，現在很多情侶會做的也是一樣的事）。

　　或許有些古老的助孕療方——迷迭香、香芹、榛果等——確實存在某些不為人知的運作機制，具備某種程度的藥用價值。但或許這些都只是數字遊戲而已，畢竟一對夫妻嘗試各種療方的時間愈久，懷孕的機會就愈高。也或許還有其他理由。已經有很多專家指出，壓力和不孕有相關性；醫師也往往會告訴懷孕困難的病人要避免壓力。現有的證據不多，但 2014 年俄亥俄州立大學一個研究團隊發現，在 500 對伴侶中，壓力最大的女性出現不孕問題的機率比其他人高出 30%。另外也有研究顯示，一對伴侶遲遲無法懷孕時，男性較可能出現勃起障礙，問題就這樣陷入惡性循環。

　　所以到頭來，談到期望對人類生殖的影響，勃起障礙與威而鋼依然是了解大腦如何操縱身體的最佳切入點。威而鋼也提供了一個獨特的機會，讓我們得以觀察數千年積累下來的暗示感受性碰到一種效果卓越的藥，會發生什麼結果。自古以來勃起障礙就是另類療法最熱門的治療標的之一。現在既然有了威而鋼，猴腦和淫羊藿是不是就該從市場上絕跡了？不幸的是——尤其是想到那些用瀕危動物製成的春藥——事實並非如此。反而是威而鋼的成分開始出現在各種另類療法產品中。FDA 在 2009 年的一份評估報告指出，超過三分之一的壯陽保健品含有威而鋼中的有效成分，有的劑量還是一般的兩倍。其中有的產品號稱純天然萃取，名稱五花八門，如：活力 25（Vigor-25）、上海女士（Lady Shanghai）、真男人（True Man）、強壯蛋蛋（Strong Testis）、還有（顯然不具

諷刺意味的）藍色小鋼刀（Blue Steel）。

草本營養保健品納入了威而鋼成分這件事，說明了不同的信念在現代社會中會達成微妙的平衡。現代醫學在過去幾個世紀對勃起障礙患者一直幫不上什麼忙，而運用期望的效果反而相當好。後來威而鋼橫空出世，一夜之間患者有了一個新的選項，而且顯然遠優於任何形式的暗示或神奇祕方。這樣看來，暗示感受性的作用還是有限的。

身為一個小時候只用信念來治療身體的人，我對期望的力量抱持根深柢固的敬意。我也從小就被告誡要對阿斯匹靈敬而遠之，因此我清楚記得第一次服用阿斯匹靈時頭痛消失的感覺。信念是一種厲害又神祕的東西，但沒有什麼東西比真正有效的藥物更能讓人佩服得五體投地。在面對威而鋼這種一柱擎天的巨大成功時，以信念為本的療方別無選擇，不是擊敗它就是被淘汰。威而鋼之所以有效，不是單靠品牌或信念，而是醫學在這顆藥丸裡發揮了功效。

我們已經了解安慰劑的原理如何在感受風味、減重、成癮、憂鬱和性愛等太多事情上擔任要角。但我還是忍不住好奇，記憶在期望的強化裡面扮演什麼角色。當你嘗試了流行減肥法，也開始看出成果（無論是什麼原因造成的），這些成果會更進一步增強你的期望（「哦，真的有效！」）。可是一年後，當你回想這段時間發生的事，你的記憶會有多準確？從虛假記憶的研究來看，你對當時的記憶恐怕會誇大實際的情形（「短短幾天我就瘦了那麼多！」）。或者你十年前和諾伯特叔叔一起喝掉的那瓶價值 500 美元的 1972

年葡萄酒呢？酒當然是愈陳愈香，但你的記憶不也是這樣嗎？

這種力量也會出現在其他安慰劑上。我吃了藥，馬上就不痛了！巫醫一碰到我，我就痊癒了！童年時我目睹、聽聞過許多治癒的故事，而隨著時間一久，我發現這些故事在我的記憶裡會愈來愈戲劇化。逐漸康復演變成立刻痊癒；一個醫師下了客觀的診斷，變成一個醫師放棄了所有希望；一個病情特別嚴重的時刻，變成臨終前的時刻；治癒演變成奇蹟。我不敢說這種情況有多常發生，但只要是情緒重大、事後不斷重溫的記憶，都可能受到扭曲，而這種扭曲很可能是為了配合某個敘事內容，讓你強化下一次的期望。於是突然之間，你把服用草藥記成病情恢復的關鍵時刻，或是針灸療程讓疼痛立即消失。

我們從其他的安慰劑研究得知，期望一旦受到增強，只會變得愈來愈強大；因此下一次你對某種減肥法、某一瓶酒，或是某個巫醫的期望只會更大——你可以把它視為記憶的古典制約。從疾病中奇蹟般康復的人，有多少人的記憶真正符合事實？而我們真的在乎它是不是合乎事實嗎，還是——有效就好？

在我們的日常生活中，期望是無孔不入的。這很可能是我們演化基礎的一部分。而今觸發期望的東西無所不在，每一面廣告看板、每一支牙膏廣告，所有你想得到的產品都和它脫不了關係。你還會訝異大腦為什麼總是搶在身體之前做出反應嗎？你什麼時候該欣然接受自己的暗示感受性，什麼時候又該提防它？

在本書開頭，我列舉了幾種過去人類曾以為能治療疾病的中世紀藥方，目的是讓你了解人的暗示感受性會如何因時制宜，順便讓你看看以前那些荒謬的療劑有多好笑。不過就在前幾天，我在網路上讀到美容界最新潮流的資訊，有些護膚產品的成分來源

包括蝸牛黏液、鳥糞、蜂的毒液，還有胎盤和人血（我實在很難相信）。在心臟手術、抗生素、勃起治療上，現代醫學已經帶來翻天覆地的變化；但說到愛美之心，這方面似乎沒有多大改變。

你有非常多的方式可以在自己的生活中駕馭期望與暗示的力量。如果世界上最窮的人真心認為自己是國王，那他和國王有什麼差別？如果世界上最有錢的人相信自己是悲慘的可憐蟲，那他不就是悲慘的可憐蟲嗎？要是這兩人想改變自己，他首先要改變得一定是自己的認知。我們的意識是由變幻莫測的情感、信念和記憶構成，這正是自然界最偉大的創作之一。過去有多少和我們一樣的心智曾經移山填海、建造奇景，譜出充滿才智的作品。支配這些人的不是現實，而是他們的期望，無一例外。而且有的時候，這些期望還真的是可行的。你的心智是全世界最強大的預測機器，你要把期望放在什麼地方，完全由你決定。

第八章

駕馭期望的力量

讓我們來假裝，好讓假想的事情成真。

——C.S. 路易斯（C. S. Lewis）

　　人人都會受到暗示的影響，沒有人躲得過大腦容易上當的事實。不是所有的期望都會成真，當期望與現實相違背，我們的身體就會反映出這個誤差。在寫這本書的過程中，已經數不清多少次聽到有人對我說：「我不是會信這種東西的人，但〔請自行填空〕真的有效！」不論是聖約翰草、人參，還是新月的光灑在裸露的肌膚上，只要對你有效，不要懷疑，你就是信這種東西的人，我們全都是這樣。這些信念有些屬於潛意識，有些純粹只是對說

得好極了的故事產生反應。但誰都不能保證世界上沒有那樣的東西——某些建構得十全十美的暗示——這些東西不會令我們生病，或令我們好起來。

想想你的心臟，這肯定是人體最機械化的器官——應該不會受安慰劑及心理作用的影響，對吧？它不過就是個肌肉組成的幫浦，每一天、每一秒盡責地工作，如果想更換，真的只要把機器放進去代替它工作就可以了。然而，長期的恐懼、焦慮、壓力，都可能使心臟停止跳動。此外，無數研究都顯示，心臟對安慰劑的反應與人體其他器官並沒有差異。由於心臟的高安慰劑反應，乙型阻斷劑的研究以失敗收場，心律調節器的研究結果也一樣。

所有使用安慰劑來治療心臟病的研究，都是針對非致命性的心臟疾患，比如心律不整、突發性頭暈等。有趣的是，和在帕金森氏症患者身上，假手術比假藥物有效一樣，對心臟病患者來說，假心律調節器的效果也勝過假心臟病藥物。上述情形可能也發生在危險性較高的心臟病病例中，可是要做這類實驗，勢必要讓某些罹患有生命危險疾病的患者服用安慰劑，儘管這種情況一定存在，但科學的殿堂是絕不允許的。

但你胸口的幫浦可能會對你的想法和期望產生反應這件事，其實一點也不令人意外。畢竟，世上任何一位心臟科醫生都會告訴你，想治好你的心臟，要針對的不僅是它的機械運作，更需改善飲食、生活形態以及情緒。所以，它與疼痛、流感或斷了一條腿，又有什麼差別？

人體能透過期望和自欺來自我治癒，這已經是存在了幾萬年、幾十萬年、甚至幾百萬年的現象，這是我們與生俱來的本能。3000年前，人類就會聚集在神聖場所，透過集體反覆吟唱一起進入催眠

狀態，他們把動物糞便塗抹在傷口上，把有效的草藥與無用的混合在一起，期盼其中某種成分能治好疾病，他們述說的故事愈來愈離奇，現在我們還想假裝對暗示的力量免疫，這是毫無意義的。

我在前面問過：如果連疾病是不是真的都無法知道，要怎麼治療？或許我這個問題問錯了，或許我們不該再假設身心之間有一條明確的界線。正如安慰劑的效果有可能不遜於藥物，幾句催眠的話就可以消除疼痛，同理，任何疾病只要使患者感到痛苦、衰弱，不論源自身體還是心理，都是絕對真實的。

懂得這個道理之後，我們又該如何運用到日常生活中？想運用期望的力量，首先得了解，任何安慰劑或催眠誘導都只不過是講故事的工具而已，就像承載期望的容器，唯有在喚起你的想像力時，才能發揮作用。什麼樣的故事能吸引你？哪一種權威角色讓你最有信心？是科學家、工程師，還是古人的智慧？你是喜歡安靜獨處的人，還是偏愛熱鬧人群中體內血管升壓素分泌的感覺？

華盛頓大學的研究學者大衛・帕特森嘗試催眠我的時候，做的第一件事是了解我的身世背景，詢問關於我的父親以及他因為打職業棒球賽導致手臂受傷的困擾。這並不是說他認為我爸的臂傷與我的手臂疼痛有任何關連，他只是需要一個能讓我產生共鳴的故事，藉此操縱我的信念與期望。

你可能會說：等等，如果從現在開始，我把醫療都看成是在講故事，難道不會讓故事失去效力嗎，就像魔術師藏的牌從袖口掉出來一樣？對有些人來說，或許是這樣沒錯，但別忘了，暗示的力量主要發生在我們的意識之外。運用人臉來觸發安慰劑反應的哈佛學者凱琳・詹森就成功證明了，許多安慰劑反應是發生在潛意識層面的。她的同事泰德・卡普查則證實，即使是對於知情者，

安慰劑依然可能有效。這樣看來，安慰劑效應可能比我們以為的更接近催眠，只要你願意接受就會成真。在欣賞魔術表演的時候，你真的相信台上的女人被鋸成兩半了嗎？當然不是，你是去看一場幻覺的盛大表演，讓它在大腦容許的範圍內欺騙你。但如果魔術師技術高超，幻覺與真實也就沒有區別了。

這個領域很快就涉及道德倫理的難題，服用草本保健食品來減輕關節炎或慢性頭痛，這沒什麼問題，但在藥品成分上欺騙民眾並藉此致富，就不大對勁了。幾年前，就有保健食品廠商惹上大麻煩：試驗發現他們生產的大蒜精根本不含大蒜，而是以稻米粉充數。其實大蒜錠的安慰劑效果還是和之前一樣，但消費者就是覺得受騙。我無法解釋這種矛盾，也想不出解決的辦法。從希波克拉底的時代至今，人類社會自古就有騙子，我們對騙子的憎恨，有一部分來自他們總有辦法矇騙我們——即使是善意的謊言，也不會改變這一點。

總而言之，我們得尋求一個平衡點。嘗試運用大腦的內部藥房並沒有什麼不對，但如果掉以輕心，自我治療有可能會很危險，甚至致命。以下是四個實用的原則，在開始探索期望的藥理之前，請務必牢牢記住。

原則 #1：不要讓自己陷入危險。有些另類療法是可能對身體有害的，水銀有毒、整脊推拿可能嚴重傷害到脊椎，不夠謹慎的催眠師會在你腦中植入不屬於你的恐怖記憶。

此外，別忘了保健食品產業與製藥業不同，並沒有受到 FDA 或其他政府機關的嚴格監管。2015 年初，紐約州檢察長針對

GNC、Target、Walgreens、沃爾瑪等通路販售的幾種植物性保健食品展開調查，結果發現其中 45% 完全不含植物成分，33% 所含成分與標籤不符，只有 22% 驗出本來應該有的植物成分。另一份加拿大的研究也揭露出類似的結果：60% 的保健食品含有標籤未標示的成分，12 間接受調查的公司裡僅有 2 間的產品成分完全符合標籤內容。舉例來說，紫錐花補給品有少部分驗出包含米、松樹或毛茛科植物的 DNA，但多數完全不含任何植物 DNA；銀杏葉補給品不含銀杏 DNA；聖約翰草、人參也都一樣。你大概不會吃下什麼有毒物質，但完全有可能在不知情的情況下，攝取到會讓你過敏的成分；或者，和某些勃起功能障礙的補給品一樣，裡面可能含有某種未標示的活性化學物質，而且劑量往往很高。

說到危及自身安全，還有一種更常見的情況：如果你得了有生命危險的疾病，不要完全只倚賴你認為可以當作安慰劑的另類療法。如果你覺得自己是容易受到暗示的類型，儘管試試結合主流醫療與另類療法，來對付伴隨疾病或治療而來的疼痛、噁心或憂鬱症狀。可是，一旦你找的巫醫、順勢療法或針灸治療師建議你停止採用經科學驗證的醫療技術，這就是陷你於危險之中。

在價值觀與通往健康的最佳途徑之間做選擇，或許是件艱難的事。史蒂夫・賈伯斯就面臨過這種困境，他花了九個月的時間以一種果汁萃取療法來治療胰腺癌，最終還是轉而求助於傳統醫學，但到那時已經太遲了。當然，這是他第二次診斷出癌症，預後本來就不樂觀。還有，每個人都有權力選擇有尊嚴地死去，但只要傳統醫療有機會治好你的病，哪怕機率只是中等而已，都不要輕易與暗示感受性打交道。

原則 #2：不要弄得傾家蕩產。 誠然，昂貴的安慰劑效果優於廉價安慰劑，但這也是有限度的。澳洲墨爾本作家兼腫瘤科醫生蘭潔娜‧斯里瓦塔（Ranjana Srivastava）就寫過治療癌症與醫病關係的困境，她的病人在維他命注射法、煙霧療法、薰衣草萃取物等療法上花費不貲，病人來找她求助時，往往已為了追逐無效的安慰劑而傾家蕩產，且處於病危狀態。

「他們（走進來時）骨瘦如柴，身體與金錢都被掏空。」她說，「而你在這些東西上花了愈多錢，就愈不願意承認它沒用。」

斯里瓦塔有一位病人是退休人士，靠固定收入和儲蓄維生，他在接受每次 350 美元的維他命注射療程好幾個月後，來找斯里瓦塔求診。這是他二度對抗前列腺癌，實在不願再面對磨人的化療帶來的疼痛與起伏，因此他花了約四萬美元買一個奇蹟治癒的希望，直到身體實在太不舒服，他才放下自尊心向醫生求助，及時接受了有效的治療，有些人就沒那麼幸運了。

如果某種療法在一定程度上以你本身的暗示感受性為基礎，那麼每週花一點點錢換得一些緩解效果，還算值得投資。如果你不得不節衣縮食，才能負擔得起一次特殊的療程，或某巫醫一個週末的冥想課程，或某種最頂尖的另類療方──這代表你被耍了。

原則 #3：不要造成任何生物滅絕。 我在北京採訪傳統中醫師張琳的時候，她多次表示，藥品成分的「精神」遠比它的化學特性重要，她相信物質中蘊含了我們肉眼無法看見的精髓。這聽起來像神祕的智慧小語，確實有它的吸引力（是我大學時會貼在宿舍牆上的那種東西，上方還要掛一幅山中日落圖），但張琳指的並非人類

不屈不撓的精神或勇氣的內在價值，她說的是犀牛角。儘管犀牛角在生化學家眼中不過是一塊超巨大的指甲（兩者主要都由角蛋白構成），但張琳告訴我犀牛角有退燒的功效[1]。

雖然犀牛角毫無醫療價值幾乎是可以肯定的事，但某些犀牛物種仍已經瀕臨滅絕。任何人類疾病，無論安慰劑反應有多好，都沒有資格以維繫某種醫療幻覺之名，讓另一種生物從地球上消失。

原則 #4：了解自己。 我們前面提過，對許多人來說，即使懷疑療法只是一種安慰劑，也不會減損它的效果。心底懷疑面前那杯增強免疫的精力湯會不會只是用小麥草汁包裝成的安慰劑而已，這種心態不是問題，但若想要徹底發揮暗示的力量，你就得有策略地去做這件事。

首先，要了解自己是什麼樣的人。你會特別容易受某種安慰劑的效力影響嗎？若是的話，是哪一種安慰劑？我知道自己對任何發泡的東西都有反應，對我最有效的安慰劑之一就是發泡錠，這種溶於水中時會產生大量氣泡的感冒藥錠，主要成分就只有維他命 C，隨便喝杯柳橙汁也能攝取。但柳橙汁沒有我最愛的氣泡魔力，或許是它讓我想起小時候只要生病就能喝到的柳橙汁加七喜，或許我就是喜歡氣泡。總之，每當需要擊退傷風感冒的時候，我就會找發泡錠來喝，即使心裡非常清楚，發泡錠在雙盲試驗中並沒有比安慰劑有效，但它總是讓我覺得舒服許多。

其次，要了解自己的健康狀況（或病症）。你的問題與多巴

---

1 西方社會普遍以為，傳統中醫用犀牛角來壯陽或治療勃起功能障礙，因為犀牛角的形狀近似陰莖。實情並非如此，張琳糾正我，犀牛角正統的用途是治療發熱。

胺和期望的機制有關嗎？是現代醫學束手無策的問題嗎？讀到這裡，你應該已經很清楚常見的疑難雜症有哪些：慢性疼痛、腸躁症、焦慮、反胃、輕度憂鬱、頭痛、關節炎、纖維肌痛、神經痛、帕金森氏症、成癮。如果你覺得自己特別容易受到暗示，那麼傷風感冒、失眠、減重、體能表現等可能也適用。或許還有數十、甚至數百種症狀也有機會加入這張清單，但我們需要更深入了解信念與身體間的關係，才有辦法確定。

在你嘗試了解自己的同時，設法確認你的暗示感受性有多高。如果你想治療生理疾患、戒菸或對抗憂鬱症，可以體驗一下催眠來看看自己是否具備催眠感受性。如果答案是肯定的，把這個資訊記下來，像你會記下血型或疫苗施打記錄一樣，它會成為你可以利用的工具，幫助你緩解痛苦、改善生活。

然而，要找到優秀的催眠師並不容易，目前還沒有受到普遍認可的催眠認證機制，只花了一個週末學催眠的人也能自稱是催眠師。在撰寫本書期間，我也學了催眠，但打死你也不會想付錢請我來為你催眠。華盛頓大學的催眠研究學者馬克・詹森表示，最好的做法是找在專業領域領有證照、只把催眠當作一種工具的人，比如想治療疼痛，就找治療手法中包含了催眠的疼痛專家，而不要找純粹的催眠師。許多人都會利用催眠讓看牙的過程好受一點，即便你想這麼做，你找的人主要身分也必須是牙醫才行（或許可以透過牙醫師公會網站來搜索）。並不是說優秀的純催眠師不存在，只是招搖撞騙的江湖郎中太多。

但只要有人提議可以幫你找回失去的記憶，或讓你某段模糊的記憶更清晰，無論他是有執照的治療師還是隔壁鄰居學了點催眠皮毛，請敬而遠之。對於前世回溯、子宮期回溯，或任何提取

你不曾擁有過的記憶的手段，一定要格外小心。對大腦耍點把戲以減輕疼痛，是理智的選擇；矇騙大腦來戒除菸癮，是延長壽命的好辦法；但是耍手段讓大腦看見你無法確定是否真的發生過的景象，就是玩火一般危險了。

前文已經討論過，暗示感受性對很多疾病都有很好的作用，但也不是所有疾病都有反應，這就是最迷人的地方。帕金森氏症對安慰劑很有反應，但阿茲海默症則否（有人甚至認為阿茲海默症的特性與它對大腦的傷害，破壞了觸發安慰劑反應的區域）；焦慮對安慰劑有反應，但強迫症一般不受影響。而且，雖然安慰劑可以消除癌症帶來的疼痛、噁心症狀，但腫瘤本身並不會因此消失[2]。當然，自然消退（spontaneous regression，即腫瘤突然無故縮小、消失）的案例在醫院內外一直存在，甚至比你想像的更常發生，但自然消退並非暗示的傑作（至少就我們所知是這樣）。

要探討期望對人體那種複雜的影響力，以及它數千年來的歷史，可能會令人難以招架。期望的影響源遠流長：傳統中醫有2000年的積累、相信順勢療法與針灸的人數以億計、製藥公司為了對抗安慰劑效應投入的金錢更數也數不清。當你踏入電視佈道家主持的超級豪華大教堂，發現他完全是在運用催眠技巧；當你聽到某種淨化心靈的經歷，而覺得怎麼這麼像虛假記憶時，你很

---

2 但有一點要釐清，通過 FDA 認證的癌症療法大多數都沒有受到應有的檢視，固定接受雙盲試驗、與安慰劑做比對的療法少之又少。當然，只給癌症患者服用安慰劑會有道德爭議，是無法解決的兩難困境。

容易迷失在我們是誰與我們覺得自己是誰之間，不知該如何自處。

　　然而，暗示同時也是非常細微而私密的。細微到比如一個小男孩閉上眼睛，專注聆聽上帝的聲音；簡單到像慈愛的治療師看著你的眼睛、同時碰了一下自己的手。暗示是躺在針灸診間、手臂插滿細針、在睡夢與疼痛之間的片刻寧靜；是兩個年輕人在那絕望、孤獨又難熬的片刻，拼命對抗自己的寶寶快要死了的恐慌。

　　撰寫本書期間，有一部分的我真心希望會發掘出令人目瞪口呆、離奇得完全無法解釋的東西，那種真得不能再真的奇蹟療方。但我沒有找到，我遇到的復原案例探究到最後，要不完全能以科學解釋，要不根本無從驗證。你失望了嗎？千萬別這麼想，畢竟，奇蹟不就是完全無法解釋的事件而已？我問你：無法解釋的事還有什麼樂趣？還能讓人學到什麼？

　　別誤會，雖然 20 年前我在花崗岩山壁上沒有體會到上帝的存在，但我不是無神論者，我無意證明魔法、神奇療癒力和上帝並不存在。奇蹟是真的嗎？我不知道。科學無法證明否定命題，因此邏輯上不可能說奇蹟不存在。然而，最激動人心的問題往往不在於證明否定命題，而是深入探索各種奇特的、細微的肯定事實。天主教會在調查奇蹟治癒事件的時候，第一步就是先排除所有可用科學解釋的部分，亦即人體正常運作可以解釋的部分。但我個人認為，這些才是最有意思的，那些近似奇蹟卻還稱不上奇蹟、可以被解釋、被理解、甚至被每一個人運用的療法，比無法解釋或超自然的現象要有趣多了。

　　這正是期望與暗示發揮作用的地方，是安慰劑、催眠術，還有人腦這台預測機器的把戲創造的奇蹟，而不是聖人或宗教領袖創造的奇蹟，這些奇蹟是我們每一個人都有機會運用的。

雖然我從未遇過完全無法解釋的奇蹟，但對於這另一種奇蹟背後的原因，我找到了一點蛛絲馬跡，這是信仰療法的世界裡一再出現的主題。所謂「信仰」、「信念」、甚至「期望」，這些字眼都代表對某件未發生但將發生的事件的展望，但我所調查過最成功的治癒案例，都是抱持著病痛已經痊癒的心態。麥克·波萊提克回憶自己的帕金森氏症康復過程時，就說過類似的話，許多基督教治療牧師、甚至基督科學教派，也有相同的說法。期待治療會生效是一回事，但期待治療已經生效，似乎有更加強大的效果。安慰劑或許是未來的希望，但唯有你服下了它、相信它已經發生作用才會有效。

　　這也會賦予安慰劑更大的力量。經過多年的研究，我逐漸能認同馬克·詹森所說的，催眠感受性高的人是「有天賦」的觀點。如果效果和安慰劑差不多的療法就能確實減輕你的症狀，如果單憑話語就能讓你擺脫恐懼和憂鬱，那你真的很幸運。如果你很容易被催眠，透過進入恍惚狀態就能把病治好，你應該為自己感到欣慰，長久以來，社會大眾認為你們耳根子太軟，製藥公司視你們為眼中釘，這一切都要改變了。從今以後，你們可以當之無愧地說，自己是有天賦的人。

　　倘若你不是這種類型的人，倘若你堅決抗拒自我治療的方式，你不可能對有這種經歷的人感同身受。我體會過信仰療法的力量，也體會過安慰劑的操縱，但我也曾在看到被催眠的人陷入深層恍惚狀態時，心裡暗想：「我就沒這種反應，他們是裝的吧。」同樣地，如果你特別容易受暗示，也會很難想像怎麼有人無法感受到水晶、或古老的補品、或滑過身體的手所帶來的溫暖療癒力量——真正容易受暗示的人活在完全屬於自己的世界裡。

對多數人來說，暗示感受性是遺傳基因、個人信念、經歷與性格多種因素結合的結果。任何一種暗示或期望，它有沒有效取決於：它包裝得好不好、它和你的文化、你的經歷有沒有關聯，還有你當下的心情等等。科學家至今仍未找到對所有安慰劑都有反應的人，不是沒有原因的。

在這趟旅程的尾聲，我回到起點——我童年的教會，回到由那位據說能創造驚人奇蹟、師承法蘭茲・梅斯梅爾徒孫的女子一手創立的信仰面前。瑪麗・貝格・艾迪在波士頓創立了基督科學教會，我一直覺得，這個信仰十分適合這座氣宇不凡的老城市。基督科學教會的總部位於市區中心，我穿越母堂旁邊那廣大無邊、簡樸無華的水泥廣場，望向巨大、如鏡面般的水池，當地的孩童穿著泳衣，在噴泉中來回奔跑。那一刻，我突然想到這個信仰是多麼美國，它很激進，同時又很保守；它思慮縝密、追根究柢，同時又情感豐沛；它清醒、嚴謹，但在外人眼中又是徹頭徹尾的瘋子。

資深基督科學教派治療師瑪姬・漢默斯壯（Margit Hammerstrom）在廣場的另一邊朝我微笑揮手，我們一起走到瑪麗・貝格・艾迪圖書館，找個安靜的蔭涼角落。圖書館是一棟大而深的宏偉建築，裡裡外外都是拱門和石柱。

當我請母堂推薦一位能和我聊聊信仰治療力量的治療師時，他們就只給了我漢默斯壯的名字，很快地，我就明白了原因。漢默斯壯有滿滿的自信、一頭灰色短髮和銳利的眼睛，她的目光始

終與我保持對視，態度令人生畏、同時又帶著深深的撫慰力量。她體貼周到、自在放鬆，說話總是直指重點。還沒坐下來深談，我就已經開始喜歡她了。

漢默斯壯從小就是基督科學教徒，並從 1984 年成為治療師至今。她對信仰的虔誠始於 1950 年代當她還是個孩子的時候，就讀小學的她差點失明，視線在一夜之間變得模糊，一隻眼睛甚至變成鬥雞眼。驗光師為她配了眼鏡，讓她能看見東西，雖然她當時只有七、八歲，但已經知道這是治標不治本的辦法，並開始用禱告的方式自我治療。視力的問題困擾了她四年，直到有一天，在電影院裡，她覺得奇怪：為什麼螢幕是模糊失焦的？她摘下眼鏡，才發現自己已經不需要眼鏡了。從那之後，她再也沒有戴過眼鏡。

漢默斯壯解釋，基督科學教派與幾乎所有其他形式的另類療法都不一樣，它是全方位地滲透進信徒的生活之中。「這遠不只是一種另類醫療手段而已，」她說，「在基督科學教徒心中，這是一種生活方式，不只影響身體，也影響感情和工作。」

基督科學教徒會時刻警覺，我們所看到的物質世界並不是真實的，因此要竭盡所能追求更高層次的靈性生活。這不只是拒絕服用阿斯匹靈或喝啤酒而已，而是一種整體的心態。小時候，我總是千方百計避免負面暗示鑽進我的腦海，導致我生病：比如感冒藥廣告，或電視節目中生病的角色等。教會的普遍建議是馬上轉台，或轉過頭不看來保護自己。每次我好不容易放鬆下來，就會有同學問我：「你就是那種不看醫生的小孩，對吧？那要是手臂摔斷了怎麼辦？」（即使是最狂熱的基督科學教徒，在這種情況下也會求醫。顯然，凡是規則都有例外的時候。）

漢默斯壯又解釋，與多數另類療法不同，基督科學教派無法

與其他療法結合使用，它需要百分之百的信奉與投入。於是，我問了她那個我在世界各地問過傳統中醫師、巫醫、新時代治療師的問題：既然每一種療法或多或少都有暗示感受性與安慰劑效應的成分，那麼基督科學教派的治療中，有多少比例純粹是身體對期望產生的反應？

「你是說，我認不認同期望在基督科學教派的治療中起了一定作用？完全認同啊。」漢默斯壯回答，「這其中是不是有希望——是不是有『啊，我好希望這個真的有效』」這種念頭在起作用？絕對有。」

我猜我表達得不夠清楚，於是簡單地畫出期望心理的神經運作藍圖：安慰劑效應有什麼樣的生物化學特性，以及信念對大腦的影響等。漢默斯壯抿了抿嘴唇，不得不承認生理上的大腦，包括它的電脈衝和化學物質等等，並不屬於基督科學信仰要探討的範疇，不過她強調，任何人只要能夠從疼痛、折磨中獲得解脫，她都會為他們感到高興。

「我知道要用科學的概念去套對多數人來說是基於信仰的東西，會很不容易。」她說，「你說科學試驗是先有假設，然後進行測試，最後得出結論，看你的假設到底正不正確。對我來說，上帝的律法不是假設，而是真理，我運用科學不是為了測試上帝律法是不是真的，我運用科學是為了證明它就是真的。」

這正是歷史上所有另類療法、巫醫、信仰治療師的邏輯，說法與張琳對傳統中醫的描述幾乎如出一轍。科學和信仰的區別在於：科學有時是會錯的。無論是透過某種不明的大腦路徑，或透過上帝律法的力量，漢默斯壯小時候完全有可能治好了自己的視力障礙。但也有可能，她的復原只是眼睛正常生長的結果。有些

兒童的水晶體會把進入眼球的光線聚焦在錯誤的位置上，就像電影放映機的焦點落在螢幕後方的牆上，造成影像模糊一樣，也就是眼科醫生稱為遠視的現象。有可能漢默斯壯的眼部肌肉原本會校正這種錯誤，但某一天突然筋疲力竭，決定放棄，使她的視線突然之間變得模糊不清。如果真是這樣，眼鏡只是讓她不需要費力就可以聚焦而已，而在戴眼鏡的同時，她的眼睛繼續生長，直到有一天長大到光線已能聚焦在正確的位置上——瞧，她的視力不就全好了！

相同的邏輯也適用於我自己的童年奇蹟經歷。沒錯，1978 年爆發了退伍軍人症，共有 49 人感染、15 人死亡，但所有病例都可以追溯到洛杉磯的一間醫院。這件事其實有點弔詭：不去看醫生代表我不會被診斷出退伍軍人症，但正是這種對醫生的不信任，使我父母無從得知我到底有沒有被感染。

在科學界，我們常說：最簡單的答案往往就是正確答案。但在信仰的世界，無論是傳統中醫還是基督科學教派，正確答案永遠只能有一個：那個你從一開始就抱持的信念。與漢默斯壯聊過以後，我不禁有些感傷，我的童年宗教信仰終究容不下大衛・帕特森或羅娜・克洛卡。我從這位信仰治療師身上，看到那麼多現代醫學可以學習的地方，她對待病人的態度，她的自信、同理心、溝通技巧，全都大大勝過我所見過的每一位主流醫生。但最終，只憑一個下午的時間，是不可能使信仰與科學攜手同行的。我問漢默斯壯，基督科學教徒最終有沒有可能像其他科學家那樣，進一步琢磨自己的信仰，把神經科學或現代心理學也納進來。

「我想要全心全意地愛上帝，這也代表不能有其他的神，而在我眼中，醫學就是一種神，物質也是一種神。我知道這聽起來

很激進，真的有可能會冒犯到你。」她說這話的時候態度是那麼溫暖、柔和，我當下甚至沒有意識到，她剛才等於是在說，我相信的一切都是虛假的偶像。

最後，我和她道別，一個人在教堂周圍邊漫步邊思考關於信念、信仰、治療的種種。我走進教堂，在一排長椅上坐下來，聆聽一名導遊述說瑪麗・貝格・艾迪在冰上滑倒，只靠意念和一本聖經讓自己痊癒的故事。導遊的頭頂上方，高聳的拱形石壁構成了寬敞、宏偉的教堂正殿，石壁上刻著一段話：「如果生病的感受帶來痛苦，而舒緩的感受與之抵銷，那麼疾病不過就是一種心理，因此對於基督科學教派，真相就是：受苦的只是人心而已。」

這裡沒有提到菲尼斯・昆比、法蘭茲・梅斯梅爾或班傑明・富蘭克林，但在導遊侃侃敘說的同時，我不禁想起了他們，還有亨利・畢闕、法布里奇奧・班奈迪帝、拜倫・艾伯特・凡・史瑞－諾辛、阿威森那和莫頓・耶林克內，也想起這些人以及許多其他人窮盡一生在尋找答案的那些問題。

基督科學教徒與傳統中醫療法、順勢療法、煙霧療法、靈氣按摩療法、維他命 E 療法的擁護者一樣，認為自己已經找到答案，他們親身感受過自己所信奉的療法的力量，見證過這些療法的真實不虛。就這一點來看，其實每一個人都可以說是這樣，不管是對上帝的信仰也好，對保健食品或主流醫學的信念也罷。我們不是軟弱好騙的儒夫，總受一時的幻想所欺。我們是意志堅強、有懷疑精神的人。我們不會輕易上當受騙，能量場、超稀釋水、不鏽鋼針、披著白袍的醫生——這些東西的力量都是真實存在的，我們看過它治好疾病，看過它改變人生，看過它把我們關心的人從絕望與死亡的邊緣拉回來。

醫學史上許多非常有效的治療方法，都已證實只是暗示產生的作用，未來這類發現只會有增無減。目前已有研究開始認為，許多常見的關節內視鏡手術，效果可能並不比假手術高明。可是，如果患者動了膝關節手術後又能滑雪了，我們又有什麼資格對它指手畫腳？

話說回來，為什麼我們非得在兩者之間選邊站不可呢？醫生可以從巫醫身上學到很多，巫醫也能從醫生身上取經。如果我告訴你的醫生，有一種藥物能讓他的治療效果提升 10%、20%、甚至 30%，而且沒有副作用，他的第一個反應肯定是準備把藥方寫下來。但若告訴他這種「藥」就是多花十分鐘問診、親切地拍拍病人肩膀、以清楚切實的方式說明他打算怎麼治療，現在的醫生有太多根本不會理睬你。

要是醫學院裡每一個未來的醫生，都得通過安慰劑的測驗，會怎麼樣？要是他們都得有開糖片治好病人症狀的經驗，才能拿到學位，又會怎麼樣？想像一下，要是每位醫生都必須學會用瑪姬・漢默斯壯那樣的眼神看著病患；再想像一下，如果要求醫生不再把治療方法視作一張化學藥品清單，而是一個需要述說的故事，會怎麼樣？

人類心智是一座極其複雜、變幻莫測的宮殿，有宏偉的記憶圖書館、奢華的情緒舞會廳，還有隱祕又錯縱複雜的佣人房，裡面有數不清尚未揭開的大腦功能正在運作。還有，只要是厲害的宮殿，就少不了暗門和祕密通道。有些人可能會在舞會廳與圖書館流連忘返，但如果連一扇偽裝成書櫃的暗門都沒有打開過，我們還能宣稱有多了解自己的大腦嗎？而如果你能鼓起勇氣，也找到對的鑰匙，或許就會發現一條全新的路，可以一探自己的心智

宮殿。宮殿內那許多扇門的後面，是一間間隱祕的藥房，一波波起伏的電流，還有不斷變換的影像，向你展示你心中自己的形像。

在祕密通道中遨遊是一種技巧。從許多方面而言，我們的期望決定了我們是什麼樣的人。沒有人規定你必須全盤接受這一路遇到的每一種荒謬概念，但別去評斷那些喜歡發揮創意、小小扭曲一下期望的人。如果說暗示感受性是一種技巧，或許我們都能夠精進這項技巧，訓練大腦去期望更少的疼痛、更靈活的動作，把控制權交還給自覺失去掌控的人，讓深陷在痛苦中的人得到緩解，幫助我們擺脫疼痛、跑得更快、站上高高的山頂，或許還能為人生增添一點歡樂與理解。

只是一點小小建議，是否接受暗示，就由你自己決定。

附錄

催眠誘導步驟

本文獲授權轉載自《美國臨床催眠期刊》
（American Journal of Clinical Hypnosis）的一篇文章，
原文標題為〈快速誘導止痛步驟〉
（Rapid Induction Analgesia Procedure），
作者約瑟・巴柏（Joseph Barber）曾為洛杉磯南加州大學學者。

　　催眠師會透過各種不同的故事——也就是誘導，讓病人進入比較容易接受暗示的恍惚狀態。以下的誘導步驟，目的是要讓人在坐上牙醫的診療椅之前，能夠先放鬆下來，催眠師會灌輸這樣的暗示：當牙醫的手碰到病人時，病人就會完全放鬆。假如你對

催眠很好奇，可以自己照著試試看，只要把牙醫診療椅的提示改成任何你想要暗示的概念就可以了。

你在說話的時候，可以多嘗試用平穩、從容的語調；講故事的時候，不要栽進細節裡。接受催眠的人應該要聽得見你的聲音，同時也能安心任由思緒飄走。最後，不必太擔心，最壞的結果就是催眠誘導無效而已。

誘發合作

我想和你談一談，看看你想不想讓自己變得超乎想像的舒服和放鬆。你會不會想讓自己更舒服一點呢？

開始深層的放鬆

我敢肯定在你看來，一定會覺得我根本什麼也沒做，根本什麼也沒發生。再過一會兒，你可能會覺得自己稍微放鬆了一些，但我猜你大概不會察覺到還有什麼改變。不過，我希望你留意一下，看看你會不會因為察覺到其他一些什麼而感到意外。

好的……要讓自己感覺更舒服，真正最好的辦法，是一開始就要盡量讓自己坐得舒服一點。來，現在就把姿勢調整到你覺得最舒服的位置……很好。再來，我要你察覺一下，透過一個大大的、滿足的深呼吸，你是不是感覺又舒服了很多。來……大大的、滿足的深呼吸……很好。你也許已經察覺到那感覺有多棒了，你的脖子和肩膀都覺得暖暖的。

那好，我要你做四次很深層、很舒服的深呼吸，而且當你呼氣的時候，察覺你的肩膀變得多麼舒服。同時，察覺你把眼睛閉起來的時候，眼睛變得多麼舒服。而眼睛閉起來之後，就讓它一

直閉著，很好，只要察覺那個感覺就好。還有，察覺當你呼氣的時候，你可以感受到放鬆的感覺慢慢進來。好，很好。

現在，我要你繼續保持呼吸，舒服地、深深地、有節奏地呼吸，同時在腦海裡想像這幅畫面，想像一排階梯，隨便什麼樣式都可以，它總共有 20 級，你就站在最上面那級。不過，你不需要一眼看見全部的 20 級階梯，你可以看見其中一些，也可以看見全部，你想怎麼樣都可以。很好，你只要察覺自己站在階梯的最上面，察覺自己站著的那一級階梯，還有其他階梯能看見多少，就隨你喜歡，看起來怎麼樣也都沒有關係。好，再過一下，但不是馬上，我會開始大聲從 1 數到 20，你可能已經猜到我要你做什麼了：我每數一下，你就要走下一級階梯。跟著我的計數，看著自己一級一級走下來，感覺自己一級一級走下來。你只需要察覺，就只要察覺，走下階梯的時候，每步下一階，是不是又舒服了很多、放鬆了很多。我每數一下，你步下一階，數字愈大，下得愈低；下得愈低，你愈覺得舒服，每個數字代表一階。好，你可以開始準備了。

現在，我要開始了。一……走下第一階，二……走下第二階，很好，三……走下第三階。也許你已經可以察覺到自己放鬆了很多，不知道你的身體是不是有些部位比其他地方都還要放鬆？可能你的肩膀比脖子放鬆，可能你的腿比手臂放鬆，我不知道，其實也都不重要，最重要的是你覺得很舒服，這樣就夠了。

四……走下第四階，可能身體的某些地方已經開始放鬆下來了，不知道在你額頭那種深層放鬆、完全平靜的沉重感，是不是已經擴散到你整個臉部，來到嘴巴、下巴？再來到你的脖子，深層、平靜、沉重。五……走下第五階，往下走了四分之一，也許

已經開始非常、非常享受這種放鬆、這種舒服感。六……走下第六階，也許開始察覺到，那些雜音變得沒那麼讓你分心了，而且你聽得到的所有聲音，都變成讓你舒服、讓你放鬆的感覺；你察覺得到的所有事物，也都變成讓你舒服、讓你放鬆的感覺。

七……走下第七階……很好。也許察覺到，那種沉重、平靜、舒服放鬆的感覺，擴散到你的肩膀、你的手臂。不知道你有沒有覺得一邊的手臂比另一邊沉重？可能左臂比右臂稍微沉重一點，可能右臂比左臂沉重一點，我不知道，也可能兩邊的手臂一樣沉重、一樣舒服。都沒有關係，只要讓自己愈來愈察覺到那種舒服的沉重感就可以了，還是那種感覺是輕盈感？我真的不知道，也真的都沒有關係。

八……走下第八階……也許察覺到，就在你感到放鬆的時候，你的心跳得比你預期的還要快、還要用力，也許還察覺到你手指頭有一種刺刺的感覺，也許你心裡在想你沉重的眼皮在微微顫動。九……走下第九階，舒服地、慢慢地、深深地呼吸，感覺很平靜。開始確確實實地察覺到那種沉重感，隨著那種愉悅的、平靜的、舒服的放鬆，繼續擴散到身體的每一個部分。十……走下第十階，距離最下面還有一半的階梯，也許很好奇，到底會發生什麼事，可是心裡知道，一切都沒有關係。就只是繼續察覺那愈來愈明顯、愈來愈擴散的舒服和放鬆，感覺那麼的愉快、平靜。

十一……走下第十一階。也許察覺隨著你感覺到愈來愈沉重、愈來愈舒服，沒有什麼可以讓你操心、可以干擾你，你進入愈來愈深層的放鬆。十二……走下第十二階。不知道你有沒有發現，你完全不用費力就可以聽見我的聲音、就可以理解我講的話，完全不需要操心，也沒什麼干擾。十三……走下第十三階。愈來愈

能夠完全享受這種放鬆、這種舒服。十四……走下第十四階,也許察覺到一種沉澱的、平靜的愉快感覺,身體好像漸漸往下沉,愈來愈深地沉到椅子裡,沒有什麼好操心,也沒有什麼能干擾你,好像椅子會把你舒服地、溫暖地包起來。十五……走下第十五階,往下走了四分之三。愈來愈深層地放鬆,完全什麼都不必做,只要好好地享受這個感覺就好。十六……走下第十六階,也許在想,到了階梯的最下面會體驗到什麼,但同時很清楚你已經準備好,已經感覺愈來愈深層地放鬆。愈來愈舒服,沒有什麼好操心,也沒有什麼能干擾你。

十七……走下第十七階,愈來愈接近下面了,也許感覺到你的心跳愈來愈劇烈,也許感覺到手臂、兩條腿的沉重感變得更舒服了。心裡很清楚知道,除了享受這舒服放鬆的感覺、沒有什麼好操心、也沒有什麼能干擾你以外,其他什麼都不重要。十八……走下第十八階。快要到最下面了,沒有什麼好操心,也沒有什麼能干擾你,繼續愈來愈深層地放鬆。沉重、舒服、平靜、放鬆。完全什麼都不必做,不必取悅任何人,不必滿足任何人,只要察覺自己是多麼地舒服、多麼地沉重,同時繼續呼吸,慢慢地、舒服地、平靜地呼吸。十九……走下第十九階,快要到階梯的最下面了。沒有什麼好操心,也沒有什麼能干擾你,繼續感覺愈來愈舒服、愈來愈放鬆、愈來愈平靜、愈來愈舒服,繼續察覺。再來……

二十……你已經到了階梯的最下面。很深、很深地放鬆,隨著每一個呼吸又更放鬆。然後我會一面和你談談一些你已經得了解的事情:記住和忘記。你很了解,因為我們經常在做這些事,每天中的每一刻,你都在記住,然後忘記,這樣你才能再記住其他的事情。你沒辦法一下記住所有的事情,所以你把一部分記憶

悄悄地移到意識的底層。比方說，不知道你記不記得，自己昨天午餐吃了什麼？我猜，你不需要費多大功夫，就能想起自己昨天午餐吃了什麼。可是，不知道你記不記得，自己一個月前的今天午餐吃了什麼呢？我猜要想起這件事，就要費很大功夫了，雖然那個記憶肯定在那裡，在意識深層的某個角落裡。因為不需要記得，所以你不去記。如果你發現我們今天講的話，你眼睛閉起來的時候講的這些話，你明天還會記得，後天還會記得，下個禮拜也還會記得，不知道你會不會覺得很開心？不知道你會不會決定把這些事情的記憶，悄悄地留在意識的底層，還是你會漸漸地記住，一次記一點。又或者一次全部記下來，一樣留在意識的底層。也許你會意外地發現，剛剛的接待處就是記憶重新喚起的地方，但也許並不是。也許你會發現，還是等另一天再全部一起記住比較舒服自在，真的都沒有關係，一點關係都沒有。不管你做什麼，不管你選擇怎麼記住，都會很好，很自然，沒有一點關係。不管你明天記起來還是後天記起來，不管你一次記住還是漸漸記住，不管你記住全部還是記住一部分，不管你是不是把記憶悄悄地、舒服地留在意識的底層，這一切都沒有關係。

　　如果你發現今天，還有任何一天，每當你感覺到你的頭靠在椅子的頭靠上，感覺到你的頭這樣靠著休息，你就會想起現在這種多麼舒服的感覺，不知道你會不會因此感到很開心？不，甚至比你現在感覺到的還要舒服，舒服、放鬆，沒有什麼好操心，也沒有什麼能干擾你。不知道你會不會也因為頭上的明亮燈光，想起現在這種舒服、放鬆的感覺，也許這種舒服、放鬆的感覺會如潮水般湧現，又快又不自覺。我不知道實際的感覺會怎麼樣，我只知道，你可能也知道的，你的感受會出乎意料地更愉快、出乎

意料地更舒服、出乎意料地更平靜。沒有什麼好操心，也沒有什麼能干擾你。不管你察覺到什麼，每一樣東西都能成為你所感受到的舒服、平靜、放鬆的一部分，你察覺到的每一樣東西，都能成為那完全舒服的感受的一部分。

還有，我要提醒你，每當〔填入名字〕碰到你右邊的肩膀，像這樣，你會有一種準備好要做什麼的感覺。每當我碰到你的右肩，像這樣，或者每當〔填入名字〕碰到你的右肩，像這樣，你會有一種準備好要做什麼的感覺。可能是準備好要閉上眼睛，可能是準備好要感覺更舒服，可能是準備好更加明確地知道，沒有什麼好操心，也沒有什麼能干擾你，可能是準備好變得更沉重、更疲倦。我不知道，但是只要我碰到你的右肩，像這樣，你就會有一種感覺，一種準備好要做什麼的感覺。是什麼並不重要，除了你感覺到舒服和放鬆以外，其他什麼都不重要。完全深層的舒服和放鬆，沒有什麼好操心，也沒有什麼能干擾你。很好。

現在，在你繼續享受這種舒服的放鬆的同時，我要你察覺處在這種狀態是多麼美妙，可以完全享受自己的感受，可以完全享受身體給你的感覺。再過一下，但不是馬上，先等你準備好，但再過一下，我會從 20 數到 1，你也知道，我要你感覺自己沿著階梯走回去。一個數字走上一階，你會有完全充分的時間，畢竟，時間是相對的。感覺自己慢慢地、舒服地往回走上階梯，我每數一下就走上一階。愈往上走你會愈警覺，我每數一下就走上一階。我數到三的時候，你的眼睛幾乎準備好要張開了。我數到二的時候，你的眼睛就張開了。我數到一的時候，你會變得警覺、清醒、清新。可能就像你剛睡了個好覺，警覺、清新、舒服。而且，雖然你還是很舒服、很放鬆，你同時也很警覺，感覺非常的舒暢。

可能有一點意外，但感覺非常舒暢。可能準備好要覺得意外了，不急，你會有完全充分的時間，讓你沿著這些平靜的階梯走回去。

二十⋯⋯十九⋯⋯十五。往回走了四分之一，愈來愈警覺、愈來愈警覺。不急，多得是時間。感覺自己變得愈來愈警覺。十四⋯⋯十三⋯⋯十二⋯⋯十一⋯⋯十。階梯已經走了一半。愈來愈警覺，舒服，但也愈來愈警覺。九⋯⋯很好，感覺自己變得愈來愈警覺。八⋯⋯七⋯⋯六⋯⋯五⋯⋯四⋯⋯三，很好，二⋯⋯一，很好。完全清醒、警覺、放鬆、清新，很好。你有什麼感覺？放鬆嗎？舒服嗎？

由於催眠對象在初步催眠體驗中，曾經受到催眠後暗示（posthypnotic suggestion），現在我們可以利用其中的一個或多個催眠後暗示，得到更令人滿意的催眠狀態。未來，只要適當地給予這些暗示，催眠對象就會快速而不自覺地養成不錯的催眠狀態，在臨床治療中達到足夠的止痛效果。

謝誌

本書順利完成，我要感謝的人很多。首先當然要感謝希拉蕊・布萊克（Hilary Black）、艾莉森・迪克曼（Allyson Dickman），以及國家地理叢書團隊對我的信任，讓這本書得以問世。還有我的編輯琳達・卡波（Linda Carbone），在令人發瘋的修稿馬拉松中，始終對我充滿耐心。我的經紀人蘇珊・李・柯漢（Susan Lee Cohen），從概念發想到實際執行，自始至終都堅定支持我。這本書，比表面上看來難寫得多。

特別感謝普立茲災難報導中心（Pulitzer Center on Crisis Reporting），不僅給予這本書慷慨的協助，過去也曾對我助益良多。說真的，沒有他們，我不知道我們的媒體界會變成什麼模樣。請堅持你們的使命，永遠不要放棄。

有許多優秀的研究者願意為我撥出時間、付出信任、分享寶貴的知識，他們每每令我大開眼界、大嘆不可思議，次數多到我已經數不清，我對每一位都充滿感謝。首先是托爾・威格，是他在 2009 年的那場安慰劑效應演說，讓我踏上這段旅途。還有凱瑟琳・T・霍爾、西恩・麥基、大衛・帕特森、泰德・卡普查、厄文・柯爾希——多年來，他們的研究帶給我深遠的啟發，而對我這樣一個傻乎乎的記者，他們展現出的尊重讓我當之有愧，願他們都能找到各自鍥而不捨、堅持追尋的答案。感謝羅娜・克洛卡，

別的不說，光是電擊我這件事，就非常的振奮人心。

　　向陌生人敞開胸懷，並不是容易的事，我知道自己就不具備這種信任與開放心態。因此我要深深地、誠摯地感謝麥克・波萊提克與克絲蒂・葛蕾絲・艾瑞克森與我分享他們的故事。也感謝其他數不清的慢性疾病患者以及虛假記憶受害者，願意和我對話。還有已逝的法蘭茲・梅斯梅爾，感謝他曾追隨那奇異又美妙的夢，他幾乎在每一個層面都錯得離譜，但你不得不佩服這樣義無反顧的人。

　　我虧欠莎莉・李歐・庫里（Sally Ríos Kuri）良多，她孜孜不倦地為我查核事實、製訂計畫，在各方面都給我許多幫助；還有依蓮娜・蒙德萊根（Ileana Mondragon）也是；還有莉茲・尼利、艾倫・許（Ellen Xu）、王健（Wang Qian）在田野調查中給我的幫助。感謝桃莉・馬斯克萊尼斯（Dolly Mascareñas）教我巫醫魔法，你本身就給我許多啟發。

　　當然，還要感謝我的家人對我的支持。我想特別對我的父親山迪・文斯表達謝意，是他督促我質疑周遭的世界，又以身作則讓我明白怎樣才是一個堂堂正正的人。他對宗教與信念永無止盡的好奇心，是啟發這本書的靈感之一。還有我的母親蒂兒，謝謝她提醒我，不管做什麼，記得給人生增添樂趣。

　　感謝多明尼克・布萊科（Dominic Bracco），他是令人肅然起敬的優秀記者，也是讓我引以為傲的好友。感謝梅根・達利瓦（Meghan Dhaliwal），明知我是個糟糕透頂的催眠師，還願意讓我嘗試催眠她（而且不止一次）。感謝墨西哥市非官方的自由工作者俱樂部──萊絲麗・泰勒茲（Lesley Tellez）、賴瑞・卡普羅（Larry Kaplow）、班・赫瑞塔（Ben Herrera）──謝謝你們的支持，並在

必要時給我當頭棒喝，讓我不再因循懈怠。感謝梅森・因曼（Mason Inman）多年來不斷給我寄各種有關安慰劑的研究資料，這年頭還有誰願意做這種事？

感謝勞倫斯・多伊爾（Laurance Doyle）讓我明白，對科學與上帝的好奇心，可以是異曲同功的兩件事，宇宙不再像過去那般古老，星星與我們的距離比任何人想像的都還要近。感謝布蘭達・麥克考溫（Brenda McCowan），透過指導我有關海豚行為的種種，更進一步激發了我這方面的好奇心。

我要對約翰・韋克斯（John Wilkes）和聖塔克魯茲加州大學的科學作家團隊致上深深的謝意，感謝你們收留一個平凡的生物學家，並把他改造成一個作家；謝謝勞勃・埃瑞恩（Rob Irion）讓這個傳統得以延續。還有《加州雜誌》（California Magazine）及《高等教育紀事報》（Chronicle of Higher Education），讓我知道什麼是專業的報導文學。感謝原先在《發現》（Discover）雜誌任職的潘・韋恩崔伯（Pam Weintraub），她協助我完成的那篇雜誌文章，就是這本書的起點；也感謝《發現》雜誌在那麼久以前就給予我信任。當然，還要感謝全國科學作家協會（National Association of Science Writers）讓我能有歸屬之地，並肯定我那篇關於安慰劑的報導，授予我科學報導新聞獎的榮譽。

此外，毫無疑問，人人都需要榜樣與楷模。我要深深感謝傑米・史崔維（Jamie Shreeve）引領我進入國家地理團隊，相信我的能力。要是我的寫作功力能及得上他的一半，就該偷笑了。我還要感謝瑪莎・曼度薩（Martha Mendoza）、賽斯・努金（Seth Mnookin）、卡爾・席莫（Carl Zimmer）、道格・福克斯（Doug Fox）、安妮・芬克拜納（Annie Finkbeiner）、莎拉・索羅維奇（Sara

Solovitch）、阿札姆・阿默德（Azam Ahmed）、麥克・韋森史坦（Mike Weissenstein）、艾爾弗雷多・柯查多（Alfredo Corchado）、尼克・凱西（Nick Casey）、達德利・阿爾特斯（Dudley Althaus），他們是我所認識最能激勵人心的新聞工作者，願所有媒體人都能具備他們的正直與報導功力。

最後，我想感謝我的兒子塞巴斯安・文斯，他還不會說話，但這無關緊要，他的笑容就足以鼓舞我了。

參考文獻

前言

Bartram, Jamie. *Legionella and the Prevention of Legionellosis*. World Health Organization, 2007.

Dennett, Daniel C. *Kinds of Minds: Toward an Understanding of Consciousness*. Basic Books, 2008.

First Church of Christ, Scientist. "An Empirical Analysis of Medical Evidence in Christian Science Testimonies of Healing, 1969–1988." Christian Science Board of Directors. (1989): 110–127.

United States Department of Labor. "Legionnaires' Disease." Accessed April 16, 2016. https://www.osha.gov/dts/osta/otm/legionnaires/disease_rec.html.

第一章

Académie Nationale de Médecine. *Report of the Experiments on Animal Magnetism: Made by a Committee of the Medical Section of the French Royal Academy of Sciences—Read at the Meeting of the 21st and 28th of June, 1831.* R. Caddell, 1833.

Ader, R., and N. Cohen. "Behaviorally Conditioned Immunosuppression." *Psychosomatic Medicine* 37, no. 4 (August 1975): 333–40.

Anderson, T. "Dental Treatment in Medieval England." *British Dental Journal* 197, no. 7 (October 9, 2004): 419–25. doi:10.1038/ sj.bdj.4811723.

Bañuelos, Nidia. "All Americans Will Pull Together: The Federal Government's Evolving Role in Dealing With Disaster—Thalidomide Drug Crisis 1960s." Robert W. Woodruff Library, Emory University Libraries. Accessed April 18, 2016. http://guides.main.library.emory .edu/c.php?g=50422&p=325039.

Beecher, Henry. K. "Ethics and Clinical Research. 1966." *Bulletin of the World Health Organization* 79, no. 4 (2001): 367–72.

Beecher, Henry K. "Pain in Men Wounded in Battle." *Annals of Surgery* 123, no. 1 (January 1946): 96–105.

Beecher, Henry K. "The Powerful Placebo." *Journal of the American Medical Association* 159, no. 17 (December 24, 1955): 1602–6.

Brayboy, Coty, and Nirav Lakhani. "Healing Practices." University of North Carolina "Native American Tribal Studies" exhibit. Accessed April 17, 2016. http://lumbee.web.unc.edu/online-exhibits-2/ healing-practices/

Casey, P. A., and R. L. Wynia. *Culturally Significant Plants.* United States Department of Agriculture–Natural Resources Conservation Service, Kansas Plant Materials Center. Accessed April 16, 2016. http://www. nrcs.usda.gov/Internet/FSE_PLANTMATERIALS/publications/ksp-mcpu9871.pdf.

de Craen, A. J., P. J. Roos, A. Leonard de Vries, and J. Kleijnen. "Effect of Colour of Drugs: Systematic Review of Perceived Effect of Drugs and of Their Effectiveness." *British Medical Journal* 313, no. 7072 (December 21, 1996): 1624–26.

de Craen, A. J., T. J. Kaptchuk, J. G. Tijssen, and J. Kleijnen. "Placebos and Placebo Effects in Medicine: Historical Overview." *Journal of the*

Royal Society of Medicine 92, no. 10 (October 1999): 511–15.

Dixon, Michael, and Kieran Sweeney. *The Human Effect in Medicine: Theory, Research and Practice.* Radcliffe Publishing, 2000.

Ernst, Edzard. "Homeopathy: What Does the 'Best' Evidence Tell Us?" *Medical Journal of Australia* 192, no. 8 (April 19, 2010): 458–60.

Ernst, Edzard. "Is Homeopathy a Clinically Valuable Approach?" *Trends in Pharmacological Sciences* 26, no. 11 (November 2005): 547–48. doi:10.1016/j.tips.2005.09.003.

Gaius, Plinius Secundus. "Pliny the Elder, the Natural History, Book XXVIII. Remedies Derived From Living Creatures. Chap. 18.—Remedies Derived From the Urine." Accessed April 17, 2016. http://www. perseus.tufts.edu/hopper/text?doc=Perseus%3Atext% 3A1999.02.0137%3Abook%3D28%3Achapter%3D18.

James Lind Library. "Louis Lasagna (1923–2003)." Accessed May 6, 2016. http://www.jameslindlibrary.org/articles/louis-lasagna -1923-2003.

Jellinek, E. M. "Clinical Tests on Comparative Effectiveness of Analgesic Drugs." *Biometrics* 2, no. 5 (October 1946): 87–91.

Jensen, Karin B., Ted J. Kaptchuk, Irving Kirsch, Jacqueline Raicek, Kara M. Lindstrom, Chantal Berna, Randy L. Gollub, Martin Ingvar, and Jian Kong. "Nonconscious Activation of Placebo and Nocebo Pain Responses." *Proceedings of the National Academy of Sciences* 109, no. 39 (September 25, 2012): 15959–64. doi:10.1073/pnas.1202056109.

Jensen, Karin, Irving Kirsch, Sara Odmalm, Ted J. Kaptchuk, and Martin Ingvar. "Classical Conditioning of Analgesic and Hyperalgesic Pain Responses Without Conscious Awareness." *Proceedings of the National Academy of Sciences of the United States of America* 112, no. 25 (June 23, 2015): 7863–67. doi:10.1073/pnas .1504567112.

Jussieu, Antoine Laurent de. *Rapport de l'un des commissaires chargés par le roi, de l'examen du magnétisme animal.* Herissant, 1784.

Kaptchuk, Ted J., Elizabeth Friedlander, John M. Kelley, M. Norma Sanchez, Efi Kokkotou, Joyce P. Singer, Magda Kowalczykowski, Franklin G. Miller, Irving Kirsch, and Anthony J. Lembo. "Placebos Without Deception: A Randomized Controlled Trial in Irritable Bowel Syndrome." *PLOS ONE* 5, no. 12 (2010): e15591. doi:10.1371/journal.pone.0015591.

Kong, Jian, Rosa Spaeth, Amanda Cook, Irving Kirsch, Brian Claggett, Mark Vangel, Randy L. Gollub, Jordan W. Smoller, and Ted J. Kaptchuk. "Are All Placebo Effects Equal? Placebo Pills, Sham Acupuncture, Cue Conditioning and Their Association." *PLOS ONE* 8, no. 7 (July 31, 2013): e67485. doi:10.1371/journal.pone.0067485.

Loudon, Irvine. "A Brief History of Homeopathy." *Journal of the Royal Society of Medicine* 99, no. 12 (December 2006): 607–10.

McCoy, Alfred W. "Science in Dachau's Shadow: Hebb, Beecher, and the Development of CIA Psychological Torture and Modern Medical Ethics." *Journal of the History of the Behavioral Sciences* 43, no. 4 (2007): 401–17. doi:10.1002/jhbs.20271.

Milne, Iain. "Who Was James Lind, and What Exactly Did He Achieve." *Journal of the Royal Society of Medicine* 105, no. 12 (December 2012): 503–8. doi:10.1258/jrsm.2012.12k090.

Moerman, Daniel E. *Meaning, Medicine and the "Placebo Effect."* Cambridge University Press, 2002.

Murphy, Helen. "A History of Gruesome Medical Cures." *HubPages.* Accessed April 17, 2016. http://hubpages.com/education/A-History-of-Gruesome-Cures.

Nejabat, M., B. Maleki, M. Nimrouzi, A. Mahbodi, and A. Salehi. "Avicenna and Cataracts: A New Analysis of Contributions to Diagnosis and

Treatment from the Canon." *Iranian Red Crescent Medical Journal* 14, no. 5 (May 2012): 265–70.

Pacheco-López, Gustavo, Harald Engler, Maj-Britt Niemi, and Manfred Schedlowski. "Expectations and Associations That Heal: Immunomodulatory Placebo Effects and Its Neurobiology." *Brain, Behavior, and Immunity* 20, no. 5 (September 2006): 430–46. doi:10.1016/j.bbi.2006.05.003.

Saljoughian, Payam, and Saljoughian Manouchehr. "The Placebo Effect: Usage, Mechanisms, and Legality." Accessed April 17, 2016. http://www.uspharmacist.com/content/d/in-service/c/31469.

Smith, Cedric M. "Origin and Uses of Primum Non Nocere—Above All, Do No Harm!" *Journal of Clinical Pharmacology* 45, no. 4 (April 2005): 371–77. doi:10.1177/0091270004273680.

United States Food and Drug Administration. "50 Years: The Kefauver-Harris Amendments." Accessed May 6, 2016. http://www.fda.gov/Drugs/NewsEvents/ucm320924.htm.

United States Food and Drug Administration. "Overviews on FDA History: FDA and Clinical Drug Trials—A Short History." Accessed May 6, 2016. http://www.fda.gov/AboutFDA/WhatWeDo/History/Overviews/ucm304485.htm.

Yapijakis, Christos. "Hippocrates of Kos, the Father of Clinical Medicine, and Asclepiades of Bithynia, the Father of Molecular Medicine." *In Vivo* 23, no. 4 (July 1, 2009): 507–14.

第二章

Chapin, Heather, Epifanio Bagarinao, and Sean Mackey. "Real-Time fMRI Applied to Pain Management." *Neuroscience Letters* 520, no. 2 (June 29, 2012): 174–81. doi:10.1016/j.neulet.2012.02.076.

Colloca, Luana, Daniel S. Pine, Monique Ernst, Franklin G. Miller, and Christian Grillon. "Vasopressin Boosts Placebo Analgesic Effects in Women: A Randomized Trial." *Biological Psychiatry*, August 4, 2015. doi:10.1016/j.biopsych.2015.07.019.

Hughes, J., T. W. Smith, H. W. Kosterlitz, Linda A. Fothergill, B. A. Morgan, and H. R. Morris. "Identification of Two Related Pentapeptides From the Brain With Potent Opiate Agonist Activity." *Nature* 258, no. 5536 (December 18, 1975): 577–79. doi:10.1038/258577a0.

Institute of Medicine, Committee on Advancing Pain Research and Education. *Relieving Pain in America: A Blueprint for Transforming Prevention, Care, Education, and Research.* National Academies Press, 2011.

Jensen, Karin, Irving Kirsch, Sara Odmalm, Ted J. Kaptchuk, and Martin Ingvar. "Classical Conditioning of Analgesic and Hyperalgesic Pain Responses Without Conscious Awareness." *Proceedings of the National Academy of Sciences of the United States of America* 112, no. 25 (June 23, 2015): 7863–67. doi:10.1073/pnas.1504567112.

Kaptchuk, Ted J., Elizabeth Friedlander, John M. Kelley, M. Norma Sanchez, Efi Kokkotou, Joyce P. Singer, Magda Kowalczykowski, Franklin G. Miller, Irving Kirsch, and Anthony J. Lembo. "Placebos Without Deception: A Randomized Controlled Trial in Irritable Bowel Syndrome." *PLOS ONE* 5, no. 12 (December 2010): e15591. doi:10.1371/journal.pone.0015591.

Keesner, Simon, Christian Sprenger, Katja Wiech, Nathalie Wrobel, and Ulrike Bingel. "Effect of Oxytocin on Placebo Analgesia: A Randomized Study." *Journal of the American Medical Association,* 310, no. 16 (October 23–30, 2013): 1733–35. doi: 10.1001/jama.2013.277446.

Koban, Leonie, and Tor D. Wager. "Beyond Conformity: Social Influences on Pain Reports and Physiology." *Emotion* 16, no. 1 (February 2016): 24–32. doi:10.1037/emo0000087.

Levine, J. D., N. C. Gordon, J. C. Bornstein, and H. L. Fields. "Role of Pain in Placebo Analgesia." *Proceedings of the National Academy of Sciences of the United States of America* 76, no. 7 (July 1979): 3528–31.

Levinovitz, Alan, and Jim Newell. "Chairman Mao Invented Traditional Chinese Medicine." *Slate*, October 22, 2013. http://www .slate.com/articles/health_and_science/medical_examiner/2013/10/ traditional_chinese_medicine_origins_mao_invented_it_but_didn_ t_believe.2.html.

Lidstone, Sarah C., Michael Schulzer, Katherine Dinelle, Edwin Mak, Vesna Sossi, Thomas J. Ruth, Raul de la Fuente-Fernández, Anthony G. Phillips, and A. Jon Stoessl. "Effects of Expectation on Placebo-Induced Dopamine Release in Parkinson Disease." *Archives of General Psychiatry* 67, no. 8 (August 2010): 857–65. doi:10.1001/archgenpsychiatry.2010.88.

National Institutes of Health. "NIH Clinical Center: 50th Anniversary, 1953–2003." Accessed April 20, 2016. http://clinicalcenter .nih.gov/about/news/anniver50/opening.shtml.

National Institutes of Health. "NIH Clinical Center: Patient Recruitment at the NIH Clinical Center." Accessed April 18, 2016. http://www. cc.nih.gov/recruit/index.html.

Petrovic, Predrag, Eija Kalso, Karl Magnus Petersson, and Martin Ingvar. "Placebo and Opioid Analgesia: Imaging a Shared Neuronal Network." *Science* 295, no. 5560 (March 1, 2002): 1737–40. doi:10.1126/ science.1067176.

Ramachandran, V. S., and Eric L. Altschuler. "The Use of Visual Feedback, in Particular Mirror Visual Feedback, in Restoring Brain Function." Accessed April 21, 2016. http://cbc.ucsd.edu/pdf/rama_brain.pdf.

Wager, Tor D., James K. Rilling, Edward E. Smith, Alex Sokolik, Kenneth L. Casey, Richard J. Davidson, Stephen M. Kosslyn, Robert M. Rose, and Jonathan D. Cohen. "Placebo-Induced Changes in fMRI in the

Anticipation and Experience of Pain." *Science* 303, no. 5661 (February 20, 2004): 1162–67. doi:10.1126/science.1093065.

Wilkinson, Missy. "Opium-Soaked Tampons Are the Thing Your Great-Great-Grandparents Hid From You." *Gambit*. Accessed April 20, 2016. http://www.bestofneworleans.com/blogofneworleans/archives/2011/12/02/opium-soaked-tampons-are-the-thing-your-great-great-grandparents-hid-from-you.

Woods, Joycelyn. "The Discovery of Endorphins." Accessed April 20, 2016. http://www.methadone.org/library/woods_1994_endorphin.html.

World Health Organization. "Malaria: Q&A on Artemisinin Resistance." Accessed April 21, 2016. http://who.int/malaria/media/artemisinin_resistance_qa/en.

Younger, Jarred, Arthur Aron, Sara Parke, Neil Chatterjee, and Sean Mackey. "Viewing Pictures of a Romantic Partner Reduces Experimental Pain: Involvement of Neural Reward Systems." *PLOS ONE* 5, no. 10 (2010): e13309. doi:10.1371/journal.pone.0013309.

第三章

Bartus, Raymond T., Marc S. Weinberg, and R. Jude Samulski. "Parkinson's Disease Gene Therapy: Success by Design Meets Failure by Efficacy." *Molecular Therapy* 22, no. 3 (March 2014): 487–97. doi:10.1038/mt.2013.281.

Brockner, J., and W. C. Swap. "Resolving the Relationships Between Placebos, Misattribution, and Insomnia: An Individual-Differences Perspective." *Journal of Personality and Social Psychology* 45, no. 1 (July 1983): 32–42.

Bryson, Ethan O., and Elizabeth A. M. Frost. *Perioperative Addiction: Clinical Management of the Addicted Patient.* Springer Science and Business Media, 2011.

Buckenmaier III, Chester. "It's Far More Important to Know What Person the Disease Has Than What Disease the Person Has." *U.S. Medicine.* Accessed April 21, 2016. http://www.usmedicine.com/editor-in-chief/ its-far-more-important-to-know-what-person-the -disease-has-than-what-disease-the-person-has.

Ducci, Francesca, and David Goldman. "The Genetic Basis of Addictive Disorders." *Psychiatric Clinics of North America* 35, no. 2 (June 2012): 495–519. doi:10.1016/j.psc.2012.03.010.

Fisher, Seymour, and Rhoda L. Fisher. "Placebo Response and Acquiescence." *Psychopharmacologia* 4, no. 4 (July 1963): 298–301. doi:10.1007/BF00408185.

Gallahan, W. C., D. Case, and R. S. Bloomfeld. "An Analysis of the Placebo Effect in Crohn's Disease Over Time." *Alimentary Pharmacology and Therapeutics* 31, no. 1 (January 2010): 102–7. doi:10.1111/j.1365-2036.2009.04125.x.

Goetz, Christopher. "The Placebo Effect, How It Complicates Parkinson's Disease Research." Parkinson's Disease Foundation." Accessed May 7, 2016. http://www.pdf.org/summer12_ placebo.

Goyal M. K., N. Kuppermann, S. D. Cleary, S. J. Teach, and J. M. Chamberlain. "Racial Disparities in Pain Management of Children With Appendicitis in Emergency Departments." *JAMA Pediatrics* 169, no. 11 (November 1, 2015): 996–1002. doi:10.1001/ jamapediatrics.2015.1915.

Hall, Kathryn T., Anthony J. Lembo, Irving Kirsch, Dimitrios C. Ziogas, Jeffrey Douaiher, Karin B. Jensen, Lisa A. Conboy, John M. Kelley, Efi

Kokkotou, and Ted J. Kaptchuk. "Catechol-O-Methyltransferase val-158met Polymorphism Predicts Placebo Effect in Irritable Bowel Syndrome." *PLOS ONE* 7, no. 10 (October 23, 2012): e48135. doi:10.1371/journal.pone.0048135.

Hall, Kathryn T., Christopher P. Nelson, Roger B. Davis, Julie E. Buring, Irving Kirsch, Murray A. Mittleman, Joseph Loscalzo, et al. "Polymorphisms in Catechol-O-Methyltransferase Modify Treatment Effects of Aspirin on Risk of Cardiovascular Disease." *Arteriosclerosis, Thrombosis, and Vascular Biology* 34, no. 9 (September 2014): 2160–67. doi:10.1161/ATVBAHA.114 .303845.

Hall, Kathryn T., Joseph Loscalzo, and Ted J. Kaptchuk. "Genetics and the Placebo Effect: The Placebome." *Trends in Molecular Medicine* 21, no. 5 (May 2015): 285–94. doi:10.1016/j.molmed .2015.02.009.

Hosák, Ladislav. "Role of the COMT Gene Val158Met Polymorphism in Mental Disorders: A Review." *European Psychiatry* 22, no. 5 (July 2007): 276–81. doi:10.1016/j.eurpsy.2007.02.002.

Hygen, Beate Wold, Jay Belsky, Frode Stenseng, Stian Lydersen, Ismail Cuneyt Guzey, and Lars Wichstrøm. "Child Exposure to Serious Life Events, COMT, and Aggression: Testing Differential Susceptibility Theory." *Developmental Psychology* 51, no. 8 (2015): 1098–104. doi:10.1037/dev0000020.

Massat, I., D. Souery, J. Del-Favero, M. Nothen, D. Blackwood, W. Muir, R. Kaneva, et al. "Association Between COMT (Val158Met) Functional Polymorphism and Early Onset in Patients With Major Depressive Disorder in a European Multicenter Genetic Association Study." *Molecular Psychiatry* 10, no. 6 (December 7, 2004): 598–605. doi:10.1038/sj.mp.4001615.

McCambridge, Jim, John Witton, and Diana R. Elbourne. "Systematic Review of the Hawthorne Effect: New Concepts Are Needed to Study

Research Participation Effects." *Journal of Clinical Epidemiology* 67, no. 3 (March 2014): 267–77. doi:10.1016/j.jclinepi.2013.08.015.

Nederhof, Anton J. "Methods of Coping With Social Desirability Bias: A Review." *European Journal of Social Psychology* 15, no. 3 (July 1, 1985): 263–80. doi:10.1002/ejsp.2420150303.

Olanow, C. Warren, Raymond T. Bartus, Tiffany L. Baumann, Stewart Factor, Nicholas Boulis, Mark Stacy, Dennis A. Turner, et al. "Gene Delivery of Neurturin to Putamen and Substantia Nigra in Parkinson Disease: A Double-Blind, Randomized, Controlled Trial." *Annals of Neurology* 78, no. 2 (August 2015): 248–57. doi:10.1002/ana.24436.

Owens, Justine E., and Martha Menard. "The Quantification of Placebo Effects Within a General Model of Health Care Outcomes." *Journal of Alternative and Complementary Medicine* 17, no. 9 (September 2011): 817–21. doi:10.1089/acm.2010.0566.

Samuels, A. S., and C. B. Edisen. "A Study of the Psychiatric Effects of Placebo." *Journal of the Louisiana State Medical Society* 113 (March 1961): 114–17.

Sheiner, Eli Oda, Michael Lifshitz, and Amir Raz. "Placebo Response Correlates With Hypnotic Suggestibility." *Psychology of Consciousness: Theory, Research, and Practice* 2, no. 4, (November 30, 2015). doi:10.1037/cns0000074.

Testa, Maria, Mark T. Fillmore, Jeanette Norris, Antonia Abbey, John J. Curtin, Kenneth E. Leonard, Kristin A. Mariano, et al. "Understanding Alcohol Expectancy Effects: Revisiting the Placebo Condition." *Alcoholism, Clinical and Experimental Research* 30, no. 2 (February 2006): 339–48. doi:10.1111/j.1530-0277.2006.00039.x.

Tufts Center for the Study of Drug Development. "Tufts CSDD Assessment of Cost to Develop and Win Marketing Approval for a New Drug Now Published." Accessed April 21, 2016. http://csdd.

tufts.edu/news/complete_story/tufts_csdd_rd_cost_study_now_
published.

第四章

Adler, Shelley R. *Sleep Paralysis: Night-Mares, Nocebos, and the Mind-Body Connection.* Rutgers University Press, 2011.

American Heart Association. "Is Broken Heart Syndrome Real?" Accessed May 10, 2016. http://www.heart.org/HEARTORG/ Conditions/More/Cardiomyopathy/Is-Broken-Heart-Syndrome -Real_UCM_448547_Article.jsp#.VzH1pYR97IV.

Benedetti, F., M. Lanotte, L. Lopiano, and L. Colloca. "When Words Are Painful: Unraveling the Mechanisms of the Nocebo Effect." *Neuroscience* 147, no. 2 (June 29, 2007): 260–71. doi:10.1016/j .neuroscience.2007.02.020.

Bicket, Mark C., Anita Gupta, Charlie H. Brown, and Steven P. Cohen. "Epidural Injections for Spinal Pain: A Systematic Review and Meta-Analysis Evaluating the 'Control' Injections in Randomized Con-trolled Trials." *Anesthesiology* 119, no. 4 (October 2013): 907–31. doi:10.1097/ALN.0b013e31829c2ddd.

Brodwin, Paul. *Medicine and Morality in Haiti: The Contest for Healing Power.* Cambridge University Press, 1996.

Cannon, Walter B. "'Voodoo' Death." *American Anthropologist* 44, no. 2 (April 6, 1942): 169–81. doi:10.1525/aa.1942.44.2 .02a00010.

Centers for Disease Control and Prevention. "Clinical Inquiries Regarding Ebola Virus Disease Received by CDC—United States, July 9–Novem-ber 15, 2014." Accessed May 4, 2016. http://www .cdc.gov/mmwr/preview/mmwrhtml/mm6349a8.htm.

Collier, Roger. "Imagined Illnesses Can Cause Real Problems for Medical Students." *Canadian Medical Association Journal* 178, no. 7 (March 25, 2008): 820. doi:10.1503/cmaj.080316.

Crichton, Fiona, George Dodd, Gian Schmid, Greg Gamble, and Keith J. Petrie. "Can Expectations Produce Symptoms From Infrasound Associated With Wind Turbines?" *Health Psychology* 33, no. 4 (April 2014): 360–64. doi:10.1037/a0031760.

Crichton, Fiona, George Dodd, Gian Schmid, Greg Gamble, Tim Cundy, and Keith J. Petrie. "The Power of Positive and Negative Expectations to Influence Reported Symptoms and Mood During Exposure to Wind Farm Sound." *Health Psychology* 33, no. 12 (December 2014): 1588–92. doi:10.1037/hea0000037.

Davis, E. Wade. "The Ethnobiology of the Haitian Zombi." *Journal of Ethnopharmacology* 9, no. 1 (November 1, 1983): 85–104. doi:10.1016/0378-8741(83)90029-6.

Faasse, Kate, Tim Cundy, and Keith J. Petrie. "Thyroxine: Anatomy of a Health Scare." *BMJ* 339 (December 29, 2009): b5613. doi:10.1136/bmj.b5613.

Haque, Farhana, Subodh Kumar Kundu, Md Saiful Islam, S. M. Murshid Hasan, Asma Khatun, Partha Sarathi Gope, Zahid Hayat Mahmud, et al. "Outbreak of Mass Sociogenic Illness in a School Feeding Program in Northwest Bangladesh, 2010." *PLOS ONE* 8, no. 11 (2013): e80420. doi:10.1371/journal.pone.0080420.

Kiernan, Ben. "The Cambodian Genocide, 1975–1979." Accessed May 4, 2016. http://www.niod.nl/sites/niod.nl/files/Cambodian %20genocide.pdf.

Littlewood, Roland, and Chavannes Douyon. "Clinical Findings in Three Cases of Zombification." *Lancet* 350, no. 9084 (October 1997): 1094–

96. doi:10.1016/S0140-6736(97)04449-8.

Macintyre, Pamela, David Rowbotham, and Suellen Walker. *Clinical Pain Management: Acute Pain.* 2nd ed. CRC Press, 2008.

Mackenzie, John. "The Production of the So-Called 'Rose Cold' by Means of an Artificial Rose." *American Journal of Medical Science* 181 (January 1886): 45–56.

Mary Baker Eddy Library. "The Anecdote of the Man with Cholera on Page 154 of *Science and Health*." Accessed April 1, 2013. http://www.marybakereddylibrary.org/research/the-anecdote-of-the-man-with-cholera-on-page-154-of-science-and-health.

McKay, Mike. "Ghost Haunts a Factory Toilet in Bangladesh, Sends Thousands Into Mass Hysteria." Accessed May 4, 2016. http://weekinweird.com/2013/06/23/ghost-haunts-a-factory-toilet-in-bangladesh-sends-thousands-into-mass-hysteria.

Plys, Cate. "Noriega's Curse." *Chicago Reader.* Accessed May 4, 2016. http://www.chicagoreader.com/chicago/noreigas-curse/Content?oid=878875.

Radford, Ben. "Mystery Illness Closes 57 Schools in Bangladesh." *DNews.* Accessed May 4, 2016. http://news.discovery.com/human/psychology/mystery-illness-closes-57-schools-in-bangladesh-160215.htm.

Rubin, G. James, Miriam Burns, and Simon Wessely. "Possible Psychological Mechanisms for 'Wind Turbine Syndrome.' On the Windmills of Your Mind." *Noise and Health* 16, no. 69 (2014): 116. doi:10.4103/1463-1741.132099.

Swancer, Brent. "The Mysterious Real Zombies of Haiti." *Mysterious Universe.* Accessed May 4, 2016. http://mysteriousuniverse.org/2014/08/the-mysterious-real-zombies-of-haiti.

Thompson, Dennis. "Americans Increasingly Anxious About Ebola: Poll." *Consumer HealthDay.* Accessed May 4, 2016. https://

consumer.healthday.com/mental-health-information-25/emotional -dis-
order-news-228/americans-increasingly-anxious-about-ebola
-poll-692545.html.

Varelmann, Dirk, Carlo Pancaro, Eric C. Cappiello, and William R.
Camann. "Nocebo-Induced Hyperalgesia During Local Anesthetic
Injection." *Anesthesia and Analgesia* 110, no. 3 (March 1, 2010): 868–
70. doi:10.1213/ANE.0b013e3181cc5727.

Wick, Joshua L. "Warrior Clinic Reduces Pain Medication Use." United
States Military. Accessed May 4, 2016. http://www.army
.mil/article/55754.

第五章

Bodie, W. *The Bodie Book: Hypnotism, Electricity, Mental Suggestion, Mag-
netic Touch, Clairvoyance, Telepathy.* Wood Library Museum. Accessed
May 10, 2016. http://www.woodlibrarymuseum
.org/rarebooks/item/451/bodie-w.-the-bodie-book:-hypnotism,
-electricity, -mental-suggestion,-magnetic-touch,-clairvoyance,
-telepathy,-1905.

Braid, James, and Michael Heap. *The Discovery of Hypnosis: The Complete
Writings of James Braid, the Father of Hypnotherapy.* Edited by Donald
Robertson. National Council for Hypnotherapy, 2009.

Eddy, Mary Baker. *Science and Health, Chapter V: Animal Magnetism
Unmasked.* Accessed May 10, 2016. http://christianscience.com/
the-christian-science-pastor/science-and-health/chapter-v-animal
-magnetism-unmasked.

Hilgard, Ernest R., André M. Weitzenhoffer, and Philip Gough. "Individ-
ual Differences in Susceptibility to Hypnosis." *Proceedings of the National
Academy of Sciences of the United States of America* 44, no. 12 (December

15, 1958): 1255–59.

Human Interface Technology Laboratory Projects. "Virtual Reality Pain Reduction." University of Washington and UW Harborview Burn Center. Accessed April 27, 2016. https://www.hitl.washington .edu/projects/ vrpain.

Hypnotism Act, 1952. Accessed April 26, 2016. http://www.legislation .gov.uk/ukpga/Geo6and1Eliz2/15-16/46.

Jensen, Mark P., Leslie H. Sherlin, Felipe Fregni, Ann Gianas, Jon D. Howe, and Shahin Hakimian. "Baseline Brain Activity Predicts Response to Neuromodulatory Pain Treatment." *Pain Medicine* 15, no. 12 (December 2014): 2055–63. doi:10.1111/pme.12546.

Jensen, Mark P., Shahin Hakimian, Leslie H. Sherlin, and Felipe Fregni. "New Insights Into Neuromodulatory Approaches for the Treatment of Pain." *Journal of Pain* 9, no. 3 (March 2008): 193–99. doi:10.1016/j. jpain.2007.11.003.

Lafferton, Emese. "Death by Hypnosis: An 1894 Hungarian Case and Its European Reverberations." *Endeavour* 30, no. 2 (June 2006): 65–70. doi:10.1016/j.endeavour.2006.04.005.

Mason, A. A. "Case of Congenital Ichthyosiform Erythrodermia of Brocq Treated by Hypnosis." *British Medical Journal* 2, no. 4781 (August 23, 1952): 422–23.

Mason, A. A. "Ichthyosis and Hypnosis." *British Medical Journal* 2, no. 4930 (July 2, 1955): 57–58.

Prentiss, D. W. "Hypnotism in Animals." *American Naturalist* 16, no. 9 (1882): 715–27.

Rainville, P., G. H. Duncan, D. D. Price, B. Carrier, and M. C. Bushnell. "Pain Affect Encoded in Human Anterior Cingulate but Not Somatosensory Cortex." *Science* 277, no. 5328 (August 15, 1997): 968–71.

Schrenck-Notzing, Albert von. "Phenomena of Materialisation: A

Contribution to the Investigation of Mediumistic Teleplastics (1923)."
Public Domain Review. Accessed April 25, 2016. http://publicdomainre-
view.org/collections/phenomena-of-materialisation -1923.

Scott, Sir Walter. *Delphi Complete Works of Sir Walter Scott (Illustrated)*.
Delphi Classics, 2013.

Shor, Ronald E., and Carota. O. E. "Harvard Group Scale of Hypnotic
Susceptibility, Form A." Consulting Psychologists Press, 1962.

Sommer, Andreas. "Policing Epistemic Deviance: Albert von
Schrenck-Notzing and Albert Moll." *Medical History* 56, no. 2 (April
2012): 255–76. doi:10.1017/mdh.2011.36.

Spiegel, H. "An Eye-Roll Test for Hypnotizability." *American Journal of
Clinical Hypnosis* 15, no. 1 (July 1972): 25–28. doi:10.1080/00029157.
1972.10402206.

Tellegen, Auke, and Gilbert Atkinson. "Openness to Absorbing and
Self-Altering Experiences ('Absorption'), a Trait Related to Hypnotic
Susceptibility." *Journal of Abnormal Psychology* 83, no. 3 (1974): 268–77.
doi:10.1037/h0036681.

U.K. College of Hypnosis and Hypnotherapy. "The History of Hypno-
tism for Childbirth: Excerpt From a Book Chapter by Platonov." Octo-
ber 22, 2010. http://www.ukhypnosis.com/2010/10/22/
the-history-of-hypnotism-in-childbirth-platonov.

Weitzenhoffer, A. M. and Hilgard, E. R. "Stanford Hypnotic
Susceptibility Scale, Form C." Consulting Psychologists Press, 1962.

White, M. M. "The Physical and Mental Traits of Individuals Susceptible
to Hypnosis." *Journal of Abnormal and Social Psychology* 25, no. 3
(1930): 293–98. doi:10.1037/h0075216.

第六章

Bernstein, Daniel M., and Elizabeth F. Loftus. "How to Tell If a Particular Memory Is True or False." *Perspectives on Psychological Science* 4, no. 4 (July 1, 2009): 370–74. doi:10.1111/j.1745-6924.2009 .01140.x.

Braun, Kathryn A., Rhiannon Ellis, and Elizabeth F. Loftus. "Make My Memory: How Advertising Can Change Our Memories of the Past." *Psychology and Marketing* 19, no. 1 (January 1, 2002): 1–23. doi:10.1002/mar.1000.

Clancy, Susan A., Richard J. McNally, Daniel L. Schacter, Mark F. Lenzenweger, and Roger K. Pitman. "Memory Distortion in People Reporting Abduction by Aliens." *Journal of Abnormal Psychology* 111, no. 3 (August 2002): 455–61.

Committee on Scientific Approaches to Understanding and Maximizing the Validity and Reliability of Eyewitness Identification in Law Enforcement and the Courts; Committee on Science, Technology, and Law; Policy and Global Affairs; Committee on Law and Justice; Division of Behavioral and Social Sciences and Education; and National Research Council. *Identifying the Culprit: Assessing Eyewitness Identification.* National Academies Press, 2015.

Courtney Hritz, Amelia, Caisa Elizabeth Royer, Rebecca K. Helm, Kayla A. Burd, Karen Ojeda, and Stephen J. Ceci. "Children's Suggestibility Research: Things to Know Before Interviewing a Child." *Anuario de Psicología Jurídica* 25 (2015). http://www.redalyc .org/resumen. oa?id=315040291002.

Dasse, Michelle N., Gary R. Elkins, and Charles A. Weaver. "Hypnotizability, Not Suggestion, Influences False Memory Development." *International Journal of Clinical and Experimental Hypnosis* 63, no. 1 (2015): 110–28. doi:10.1080/00207144.2014.961880.

Dewhurst, Stephen A., Rachel J. Anderson, and Lauren M. Knott. "A Gender Difference in the False Recall of Negative Words: Women DRM More Than Men." *Cognition and Emotion* 26, no. 1 (2012): 65–74. doi: 10.1080/02699931.2011.553037.

Goldstein, Eleanor, and Mark Pendergrast. "The Wrongful Conviction of Bruce Perkins." Accessed April 27, 2016. http://ncrj.org/wp -content/uploads/sponsored/Perkins.

Howe, Mark L. "Children (but Not Adults) Can Inhibit False Memories." *Psychological Science* 16, no. 12 (December 1, 2005): 927–31. doi:10.1111/j.1467-9280.2005.01638.x.

Hunt, Kathryn L., and Lars Chittka. "Merging of Long-Term Memories in an Insect." *Current Biology* 25, no. 6 (March 16, 2015): 741–45. doi:10.1016/j.cub.2015.01.023.

Laney, Cara, and Elizabeth F. Loftus. "Recent Advances in False Memory Research." *South African Journal of Psychology* 43, no. 2 (June 1, 2013): 137–46. doi:10.1177/0081246313484236.

Lanning, Kenneth V. *Investigator's Guide to Allegations of "Ritual" Child Abuse.* Behavioral Science Unit, National Center for the Analysis of Violent Crime, Federal Bureau of Investigation, FBI Academy, 1992.

Loftus, E. F., and J. E. Pickrell. "The Formation of False Memories." *Psychiatric Annals 25:12* (December 1995): 720–25.

Loftus, E. F., D. G. Miller, and H. J. Burns. "Semantic Integration of Verbal Information Into a Visual Memory." *Journal of Experimental Psychology: Human Learning and Memory* 4, no. 1 (January 1978): 19–31.

McFarlane, Felicity, Martine B. Powell, and Paul Dudgeon. "An Examination of the Degree to Which IQ, Memory Performance, Socio-Economic Status and Gender Predict Young Children's Suggestibility." *Legal and Criminological Psychology* 7, no. 2 (September 1, 2002): 227–39. doi:10.1348/135532502760274729.

Meyersburg, Cynthia A., Ryan Bogdan, David A. Gallo, and Richard J. McNally. "False Memory Propensity in People Reporting Recovered Memories of Past Lives." *Journal of Abnormal Psychology* 118, no. 2 (May 2009): 399–404. doi:10.1037/a0015371.

Morgan III, C. A., Steven Southwick, George Steffian, Gary A. Hazlett, and Elizabeth F. Loftus. "Misinformation Can Influence Memory for Recently Experienced, Highly Stressful Events." *International Journal of Law and Psychiatry* 36, no. 1 (January 2013): 11–17. doi:10.1016/j.ijlp.2012.11.002.

National Institutes of Health. "PTSD: A Growing Epidemic." *NIH MedlinePlus* 4, no. 1 (Winter 2009): 10–14. Accessed April 27, 2016. https://www.nlm.nih.gov/medlineplus/magazine/issues/winter09/articles/winter09pg10-14.html.

Neisser, Ulric, and Nicole Harsch. "Phantom Flashbulbs: False Recollections of Hearing the News About *Challenger*." In *Affect and Accuracy in Recall: Studies of "Flashbulb" Memories*, edited by E. Winograd and U. Neisser, 9–31. Emory Symposia in Cognition, 4. Cambridge University Press, 1992.

Okuda, Jiro, Toshikatsu Fujii, Hiroya Ohtake, Takashi Tsukiura, Kazuyo Tanji, Kyoko Suzuki, Ryuta Kawashima, Hiroshi Fukuda, Masatoshi Itoh, and Atsushi Yamadori. "Thinking of the Future and Past: The Roles of the Frontal Pole and the Medial Temporal Lobes." *NeuroImage* 19, no. 4 (August 2003): 1369–80.

Pace-Schott, Edward F., Anne Germain, and Mohammed R. Milad. "Sleep and REM Sleep Disturbance in the Pathophysiology of PTSD: The Role of Extinction Memory." *Biology of Mood and Anxiety Disorders* 5 (2015): 3. doi:10.1186/s13587-015-0018-9.

Patihis, Lawrence, Steven J. Frenda, Aurora K. R. LePort, Nicole Petersen, Rebecca M. Nichols, Craig E. L. Stark, James L. McGaugh, and

Elizabeth F. Loftus. "False Memories in Highly Superior Autobiographical Memory Individuals." *Proceedings of the National Academy of Sciences* 110, no. 52 (December 24, 2013): 20947–52. doi:10.1073/pnas.1314373110.

Price, Heather L., and Thomas L. Phenix. "True (but Not False) Memories Are Subject to Retrieval-Induced Forgetting in Children." *Journal of Experimental Child Psychology* 133 (May 2015): 1–15. doi:10.1016/j.jecp.2015.01.009.

Ramirez, Steve, Xu Liu, Pei-Ann Lin, Junghyup Suh, Michele Pignatelli, Roger L. Redondo, Tomás J. Ryan, and Susumu Tonegawa. "Creating a False Memory in the Hippocampus." *Science* 341, no. 6144 (July 26, 2013): 387–91. doi:10.1126/science .1239073.

Reyna, V. F., and C. J. Brainerd. "Fuzzy-Trace Theory and False Memory: New Frontiers." *Journal of Experimental Child Psychology* 71, no. 2 (November 1998): 194–209. doi:10.1006/jccp.1998.2472.

Riba, J., M. Valle, F. Sampedro, A. Rodríguez-Pujadas, S. Martínez-Horta, J. Kulisevsky, and A. Rodríguez-Fornells. "Telling True From False: Cannabis Users Show Increased Susceptibility to False Memories." *Molecular Psychiatry* 20, no. 6 (June 2015): 772–77. doi:10.1038/mp.2015.36.

Roediger, Henry L., Jason M. Watson, Kathleen B. McDermott, and David A. Gallo. "Factors That Determine False Recall: A Multiple Regression Analysis." *Psychonomic Bulletin and Review* 8, no. 3 (September 2001): 385–407. doi:10.3758/BF03196177.

Schacter, Daniel L. *The Seven Sins of Memory: How the Mind Forgets and Remembers.* 1st ed. Mariner Books, 2002.

Zhu, Bi, Chuansheng Chen, Elizabeth F. Loftus, Chongde Lin, Qinghua He, Chunhui Chen, He Li, Gui Xue, Zhonglin Lu, and Qi Dong. "Individual Differences in False Memory From Misinformation: Cognitive Factors." *Memory* 18, no. 5 (July 2010): 543–55. doi:10.1080/0965

8211.2010.487051.

第七章

Amanzio, M., and F. Benedetti. "Neuropharmacological Dissection of Placebo Analgesia: Expectation-Activated Opioid Systems Versus Conditioning-Activated Specific Subsystems." *Journal of Neuroscience* 19, no. 1 (January 1, 1999): 484–94.

American Society of Addiction Medicine. "Opioid Addiction: 2016 Facts and Figures." Accessed May 2, 2016. http://www.asam.org/docs/default-source/advocacy/opioid-addiction-disease-facts-figures.pdf.

Ariel, Gideon, and William Saville. "Anabolic Steroids: The Physiological Effects of Placebos." *Medicine and Science in Sports and Exercise* 4, no. 2 (1972): 124–26.

Beedie, Christopher J., and Abigail J. Foad. "The Placebo Effect in Sports Performance: A Brief Review." *Sports Medicine* 39, no. 4 (2009): 313–29.

Bradford, Andrea, and Cindy Meston. "Correlates of Placebo Response in the Treatment of Sexual Dysfunction in Women: A Preliminary Report." *Journal of Sexual Medicine* 4, no. 5 (September 2007): 1345–51. doi:10.1111/j.1743-6109.2007.00578.x.

Buscemi, N., B. Vandermeer, C. Friesen, L. Bialy, M. Tubman, M. Ospina, T. P. Klassen, and M. Witmans. "Manifestations and Management of Chronic Insomnia in Adults: Summary." June 2005. http://www.ncbi.nlm.nih.gov/books/NBK11906.

Childress, Anna Rose, Ronald N. Ehrman, Ze Wang, Yin Li, Nathan Sciortino, Jonathan Hakun, William Jens, et al. "Prelude to Passion: Limbic Activation by 'Unseen' Drug and Sexual Cues." *PLOS ONE* 3, no. 1 (2008): e1506. doi:10.1371/journal.pone.0001506.

Cole-Harding, Shirley, and Vicki J. Michels. "Does Expectancy Affect Alcohol Absorption?" *Addictive Behaviors* 32, no. 1 (January 2007): 194–98. doi:10.1016/j.addbeh.2006.03.042.

Colloca, Luana, and Franklin G. Miller. "The Nocebo Effect and Its Relevance for Clinical Practice." *Psychosomatic Medicine* 73, no. 7 (September 2011): 598–603. doi:10.1097/PSY.0b013e3182294a50.

Corder, G., S. Doolen, R. R. Donahue, M. K. Winter, B. L. Jutras, Y. He, X. Hu, et al. "Constitutive μ-Opioid Receptor Activity Leads to Long-Term Endogenous Analgesia and Dependence." *Science* 341, no. 6152 (September 20, 2013): 1394–99. doi:10.1126/science.1239403.

Crum, Alia J., and Ellen J. Langer. "Mind-Set Matters: Exercise and the Placebo Effect." *Psychological Science* 18, no. 2 (February 2007): 165–71. doi:10.1111/j.1467-9280.2007.01867.x.

Crum, Alia J., William R. Corbin, Kelly D. Brownell, and Peter Salovey. "Mind Over Milkshakes: Mindsets, Not Just Nutrients, Determine Ghrelin Response." *Health Psychology* 30, no. 4 (July 2011): 424–31. doi:10.1037/a0023467.

Derry, Fadel, Claes Hultling, Allen D. Seftel, and Marca L. Sipski. "Efficacy and Safety of Sildenafil Citrate (Viagra) in Men with Erectile Dysfunction and Spinal Cord Injury: A Review." *Urology* 60, no. 2, Suppl 2 (September 2002): 49–57.

Federal Trade Commission. "Green Coffee Bean Manufacturer Settles FTC Charges of Pushing Its Product Based on Results of 'Seriously Flawed' Weight-Loss Study." Accessed May 2, 2016. https://www.ftc.gov/news-events/press-releases/2014/09/green-coffee-bean-manufacturer-settles-ftc-charges-pushing-its.

Festa, Jessica. "Unusual Aphrodisiacs From Asian Countries." *Gadling*, March 3, 2012. http://gadling.com/2012/03/03/unusual-aphrodisiacs-from-asian-countries.

Haugtvedt, Curtis P., Richard E. Petty, and John T. Cacioppo. "Need for Cognition and Advertising: Understanding the Role of Personality Variables in Consumer Behavior." *Journal of Consumer Psychology* 1, no. 3 (January 1, 1992): 239–60. doi:10.1016/S1057-7408(08)80038-1.

Karlsson, Henry K., Lauri Tuominen, Jetro J. Tuulari, Jussi Hirvonen, Riitta Parkkola, Semi Helin, Paulina Salminen, Pirjo Nuutila, and Lauri Nummenmaa. "Obesity Is Associated With Decreased μ-Opioid but Unaltered Dopamine D2 Receptor Availability in the Brain." *Journal of Neuroscience* 35, no. 9 (March 4, 2015): 3959–65. doi:10.1523/JNEUROSCI.4744-14.2015.

Kasnoff. Craig. "Chinese Medicine." Accessed May 3, 2016. http://www.tigersincrisis.com/traditional_medicine.htm.

Korownyk, Christina, Michael R. Kolber, James McCormack, Vanessa Lam, Kate Overbo, Candra Cotton, Caitlin Finley, et al. "Televised Medical Talk Shows: What They Recommend and the Evidence to Support Their Recommendations: A Prospective Observational Study." *BMJ* 349 (December 17, 2014): g7346. doi:10.1136/bmj.g7346.

Lehmiller, Justin. "Sex Question Friday: Why Can't I Maintain Sexual Interest in One Person?" Sex and Psychology blog. Accessed May 3, 2016. http://www.lehmiller.com/blog/2014/12/19/sex-question-friday-why-cant-i-maintain-sexual-interest-in-one-person.

Lynch, C. D., R. Sundaram, J. M. Maisog, A. M. Sweeney, and G. M. Buck Louis. "Preconception Stress Increases the Risk of Infertility: Results From a Couple-Based Prospective Cohort Study—the LIFE Study." *Human Reproduction* 29, no. 5 (May 2014): 1067–75. doi:10.1093/humrep/deu032.

Mayberg, Helen S., J. Arturo Silva, Steven K. Brannan, Janet L. Tekell, Roderick K. Mahurin, Scott McGinnis, and Paul A. Jerabek. "The

Functional Neuroanatomy of the Placebo Effect." *American Journal of Psychiatry* 159, no. 5 (May 1, 2002): 728–37. doi:10.1176/appi .ajp.159.5.728.

National Center for Biotechnology Information. "Sildenafil Citrate." Accessed May 3, 2016. http://www.ncbi.nlm.nih.gov/mesh/? term=UK-92,480-10.

NPR. "'Two-Buck Chuck' Snags Top Wine Prize." Accessed May 2, 2016. http://www.npr.org/templates/story/story.php?story Id=1963794.

Park, Ji Kyung, and Deborah Roedder John. "Got to Get You Into My Life: Do Brand Personalities Rub Off on Consumers?" *Association for Consumer Research* 38. Accessed May 11, 2016. http://www.acrwebsite. org/volumes/15957/volumes/v38/NA-38.

Park, Ji Kyung, and Deborah Roedder John. "I Think I Can, I Think I Can: Brand Use, Self-Efficacy, and Performance." *Journal of Marketing Research* 51, no. 2 (March 5, 2014): 233–47. doi:10.1509/jmr.11.0532.

Perlis, Michael, Michael Grandner, Jarcy Zee, Erin Bremer, Julia Whin-nery, Holly Barilla, Priscilla Andalia, et al. "Durability of Treatment Response to Zolpidem With Three Different Maintenance Regimens: A Preliminary Study." *Sleep Medicine* 16, no. 9 (September 2015): 1160–68. doi:10.1016/j.sleep.2015.06.015.

Ross, Ramzy, Cindy M. Gray, and Jason M. R. Gill. "Effects of an Injected Placebo on Endurance Running Performance." *Medicine and Science in Sports and Exercise* 47, no. 8 (August 2015): 1672–81. doi:10.1249/ MSS.0000000000000584.

Substance Abuse and Mental Health Services Administration. "National Survey on Drug Use and Health." Accessed May 11, 2016. https:// nsduhweb.rti.org/respweb/homepage.cfm.

Vinson, Joe A., Bryan R. Burnham, and Mysore V. Nagendran.

"Randomized, Double-Blind, Placebo-Controlled, Linear Dose, Cross-over Study to Evaluate the Efficacy and Safety of a Green Coffee Bean Extract in Overweight Subjects." *Diabetes, Metabolic Syndrome and Obesity: Targets and Therapy* 5 (January 18, 2012): 21–27. doi:10.2147/DMSO.S27665.

第八章

Benedetti, Fabrizio, Elisa Carlino, and Antonella Pollo. "How Placebos Change the Patient's Brain." *Neuropsychopharmacology* 36, no. 1 (January 2011): 339–54. doi:10.1038/npp.2010.81.

Chvetzoff, Gisèle, and Ian F. Tannock. "Placebo Effects in Oncology." *Journal of the National Cancer Institute* 95, no. 1 (January 1, 2003): 19–29. doi:10.1093/jnci/95.1.19.

Huppert, Jonathan D., Luke T. Schultz, Edna B. Foa, David H. Barlow, Jonathan R. T. Davidson, Jack M. Gorman, M. Katherine Shear, H. Blair Simpson, and Scott W. Woods. "Differential Response to Placebo Among Patients With Social Phobia, Panic Disorder, and Obsessive-Compulsive Disorder." *American Journal of Psychiatry* 161, no. 8 (August 1, 2004): 1485–87. doi:10.1176/appi.ajp.161.8.1485.

Lewis, C. S., and Kathleen Norris. *Mere Christianity.* Rev. ed. Harper One, 2015.

New York State Office of the Attorney General. "A.G. Schneiderman Asks Major Retailers to Halt Sales of Certain Herbal Supplements as DNA Tests Fail to Detect Plant Materials Listed on Majority of Products Tested." Accessed May 9, 2016. http://www.ag.ny.gov/press-release/ag-schneiderman-asks-major-retailers-halt-sales-certain-herbal-supplements-dna-tests.

Newmaster, Steven G., Meghan Grguric, Dhivya Shanmughanandhan,

Sathishkumar Ramalingam, and Subramanyam Ragupathy. "DNA Barcoding Detects Contamination and Substitution in North American Herbal Products." *BMC Medicine* 11 (2013): 222. doi:10.1186/1741-7015-11-222.

Olshansky, Brian. "Placebo and Nocebo in Cardiovascular Health: Implications for Healthcare, Research, and the Doctor-Patient Relationship." *Journal of the American College of Cardiology* 49, no. 4 (January 30, 2007): 415–21. doi:10.1016/j.jacc.2006.09.036.

Quora. "Why Did Steve Jobs Choose Not to Effectively Treat His Cancer? Accessed May 9, 2016. https://www.quora.com/Why-did-Steve-Jobs-choose-not-to-effectively-treat-his-cancer.

作者簡介

　　艾瑞克・文斯（Erik Vance），獲獎科普作家。基督科學教會學校普林西皮亞學院（Principia College）1999 年榮譽畢業生，取得生物學文憑。曾任多項海豚智能與海岸生態研究計畫的科學家，之後擔任科學教育人員與環境顧問。2005 年加入加州大學聖克魯茲分校聲譽卓著的科學傳播計畫，開啟了對新聞的熱情，體會到唯有透過具有說服力的人物，報導才有感動與啟迪人心的力量。此後持續以報導社會上具有啟發性或爭議性的科學人物為職志。2012 年入圍美國國家雜誌獎決選，2015 年贏得美國國家科學作家協會首獎。作品散見於《哈潑雜誌》、《紐約時報》、《優涅讀者》、《科學人》和《國家地理》雜誌，並擔任《發現》雜誌特約編輯。現與家人住在墨西哥市。